OPIc SOS(Skills Of Speaking) (개정판)

초   판 1쇄 발행   2012년 5월 31일
개정1판 1쇄 인쇄   2014년 1월 17일
개정2판 1쇄 인쇄   2020년 8월 14일

저자 멀티캠퍼스 외국어연구소
기획 멀티캠퍼스 외국어연구소

펴낸이 박민우
기획팀 송인성, 김선명, 박종인
편집팀 박우진, 김영주, 김정아, 최미라, 전혜련
관리팀 임선희, 정철호, 김성언, 권주련
펴낸곳 멀티캠퍼스 하우
주소 서울시 중랑구 망우로68길 48
전화 (02)922-7090
팩스 (02)922-7092
홈페이지 http://www.hawoo.co.kr
e-mail hawoo@hawoo.co.kr
등록번호 제2014-18호

값 16,500원
ISBN 979-11-87549-15-4 13740

Copyright ⓒ 2020 by Multicampus Co., Ltd.

All rights reserved.
No part of this publication may be reproduced, stored in a retrieval system,
or transmitted in any form or by any means, electronic, mechanical, photocopying, recording,
or otherwise, without the prior permission of the publisher.

이 책은 저작권법에 따라 보호받는 저작물이므로 무단 전재와 무단 복제를 금지하며,
이 책 내용의 전부 또는 일부를 이용하려면 반드시 저작권자와 출판권자의 서면 동의를 받아야 합니다.

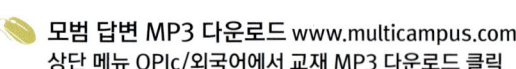 모범 답변 MP3 다운로드 www.multicampus.com
상단 메뉴 OPIc/외국어에서 교재 MP3 다운로드 클릭

Oral Proficiency Interview–computer

OPIc SOS

Skills Of Speaking

멀티캠퍼스 외국어연구소 저

Intermediate 공략

multicampus

머리말

OPIc시험의 필요성

기존의 듣기·읽기 위주의 영어평가 시험에서 현재 말하기와 쓰기영역이 도입되어 영어평가를 위한 영어능력 향상을 위한 변화가 일어나고 있다. 실질적인 영어 구사능력에 대한 사회적 요구가 증대되고 있다. 이런 배경으로 영어 구사력을 공신력 있게 평가하는 **OPIc(Oral Proficiency Interview-computer)**의 역할이 점점 커지고 있다. **OPIc**은 현재 **삼성그룹, CJ그룹, LG전자, SK** 등 국내 많은 기업들의 신입사원 채용 용도로 쓰이는 것은 물론 승진 및 인사고과에도 활용되고 있어 해마다 응시자의 수가 늘어나고 앞으로도 **OPIc**의 필요성은 증가될 것으로 보인다.

OPIc시험이 다른 영어시험들에 비해 몇 가지 특징들을 가지고 있으므로 다른 시험들과의 차별성을 가지고 있다.

첫째, 시험 종료 후 보통 일주일 이내에 시험성적이 나온다는 것이 수험자들에게 가장 큰 장점으로 손꼽히고 있다.

둘째, 시험 전 **Background Survey**(하는 일, 경험, 관심 분야, 선호도 조사)와 **Self Assessment**(본인의 말하기 수준)를 통한 맞춤형 평가이다. 기존의 공인영어점수와 영어실력의 차이가 가장 큰 문제였던 시험들에 비하여 **OPIc**은 **Background Survey**를 통해 본인의 말하기 실력을 세분화하여 전문적으로 측정하고 있다.

셋째, 오리엔테이션을 제외한 총 40분의 시험시간으로 많은 발화 기회가 주어지기 때문에 수험자의 영어실력을 가장 정확하게 측정할 수 있다.

따라서 앞으로도 영어 말하기의 중요성이 강조되는 현 상황에서 정확한 말하기 실력을 측정하기 위해서는 실생활의 목적들과 가장 유사한 유형의 시험인 **OPIc**의 위상은 높아질 것으로 예상된다. 이에 수동적인 영어 학습 형태에서 벗어나 능동적인 영어 학습자로서 꾸준한 말하기 연습을 통해 **OPIc**시험에서 고득점을 받기 위해 노력해보자.

2012 New ACTFL Proficiency Guidelines

새롭게 적용된 2012 ACTFL Proficiency Guidelines는 2011년까지 사용되어 왔던 것을 발전시켜 구성에는 크게 차이가 없지만 최고급 수준이었던 Superior보다 더 높은 수준인 Distinguished 수준을 새로 설정한 것이 가장 큰 변화이다. 하지만 Distinguished level은 평가에서 직접 부여하여 사용하지 않고 Superior의 수준을 평가할 때의 참고 자료로만 활용하도록 되어있다. 그 밖에 구체적인 언어 수준 기술의 명료성을 위하여, 특히 Intermediate High와 Advanced Low, Advanced High와 Superior 사이의 능력 수준 확정을 보다 명료하게 할 수 있도록 용어 사용이나 중복 기술 등의 문제를 제거하여 체계성을 확립하였다. 또한 듣기, 말하기, 읽기, 쓰기의 네 기능 모두를 종합적으로 고려하여 ACTFL Proficiency Guidelines를 기술하였다는 점에서 언어능력 수준 기술의 체계성과 완결성이 훨씬 더 커졌다고 할 수 있겠다.

OPIc SOS (Skills of Speaking)

OPIc 시험 준비 하시느라 많이 힘드시죠? 때때로 혼자 섬에서 갇혀있는 기분이 든다고요? 누가 나를 구해줄 수 없나요? 뭐 이런 생각을 한 적이 있을지도 모른다. 이제는 OPIc SOS (Skills Of Speaking)가 OPIc 고민에서 탈출을 도와줄 것이다. SOS (Skills Of Speaking)는 OPIc 주관사 멀티캠퍼스가 다양한 Speaking Skill로 분석한 OPIc 전략서이다. OPIc 시험 답변에서 반드시 중요한 skill을 제공하여 다양한 주제에서도 유연하게 쓸 수 있도록 skill에 대한 설명과 예문을 제공하고 무작정 외우는 답변에서 벗어나 전략적인 말하기를 향한 도전을 가능하게 한다.
또한 이 책에서는 시험을 처음 준비하는 학습자들도 스스로 답안을 완성할 수 있도록 자세한 Guide를 제공하여 논리적인 답안을 만들어 나갈 수 있도록 도와주고 있다. 이제부터 영어에 대한 자신감을 가지고 OPIc SOS (Skills Of Speaking)와 함께 시작해 보자.

포기하지 마세요! Never Give Up!

차 례

- 학습 Schedule — 8
- Structure and Features — 10
- OPIc 소개 — 12
- Background Survey — 14
- OPIc FAQ — 16

| 학습 목차 |

Lesson 01 **Self Introduction** • Idea Flow (Organization) — 18

Lesson 02 **Family** • Brainstorming (Mind Map) — 26

Lesson 03 **Housing** • Place (Descriptive Speaking) — 34

Lesson 04 **Work** • Tense (Speaking Accuracy) — 42

Lesson 05 **Travel** • Word Order (Speaking Accuracy) — 50

Lesson 06 **School** • Person (Descriptive Speaking) — 58

Lesson 07 **Cooking** • Process (Narrative Speaking) — 66

Lesson 08 **Health** • Cause and Effect (Narrative Speaking) — 74

Lesson 09 **Sports** • Supporting your opinion (Descriptive Speaking) — 82

Lesson 10 **Holidays** • Experience (Narrative Speaking) — 90

Lesson 11	**Daily Life** • Chronological Order (Narrative Speaking)	98
Lesson 12	**Music** • Things (Descriptive Speaking)	106
Lesson 13	**Movies** • Understanding OPIc Questions	114
Lesson 14	**TV** • Adverbs of Manner (Narrative Speaking)	122
Lesson 15	**Eating Out** • Problem Solving (Role Play)	130
Lesson 16	**SNS** • Explaining (Descriptive Speaking)	138
Lesson 17	**Exercise** • Giving Advice (Role Play)	146
Lesson 18	**Books** • Persuading / Suggesting (Role Play)	154
Lesson 19	**Shopping** • Asking (Role Play)	162
Lesson 20	**Places** • Combo	170

- Actual Test 1 — 178
- Actual Test 2 — 186
- Listening Practice-OPIc Questions — 194
- Translation(해석) — 201

학습 Schedule

■ 한 달 완성: 주5일 / 20강(90분 강의기준)

Week	월	화	수	목	금
Week 1	Lesson 01	Lesson 02	Lesson 03	Lesson 04	Lesson 05
Week 2	Lesson 06	Lesson 07	Lesson 08	Lesson 09	Lesson 10
Week 3	Lesson 11	Lesson 12	Lesson 13	Lesson 14	Lesson 15
Week 4	Lesson 16	Lesson 17	Lesson 18	Lesson 19	Lesson 20

1주차 (월~금)	1강	2강	3강	4강	5강
	Lesson 01	Lesson 02	Lesson 03	Lesson 04	Lesson 05
	Self Introduction	Family	Housing	Work	Travel
2주차 (월~금)	6강	7강	8강	9강	10강
	Lesson 06	Lesson 07	Lesson 08	Lesson 09	Lesson 10
	School	Cooking	Health	Sports	Holidays
3주차 (월~금)	11강	12강	13강	14강	15강
	Lesson 11	Lesson 12	Lesson 13	Lesson 14	Lesson 15
	Daily Life	Music	Movies	TV	Eating Out
4주차 (월~금)	16강	17강	18강	19강	20강
	Lesson 16	Lesson 17	Lesson 18	Lesson 19	Lesson 20
	SNS	Exercise	Books	Shopping	Places

■ 두 달 완성: 주3일 (월,수,금) / 24강(90분 강의기준)

Week	월	수	금
Week 1	Lesson 01	Lesson 02	Lesson 03
Week 2	Lesson 04	Lesson 05	Lesson 06
Week 3	Lesson 07	Lesson 08	Lesson 09
Week 4	Lesson 10	Lesson 11	Lesson 12
Week 5	Lesson 13	Lesson 14	Lesson 15
Week 6	Lesson 16	Lesson 17	Lesson 18
Week 7	Lesson 19	Lesson 20	Lesson 21
Week 8	Lesson 22	Lesson 23	Lesson 24

	1강	2강	3강
1주차 (월/수/금)	Lesson 01 Self Introduction	Lesson 02 Family	Lesson 03 Housing
	4강	5강	6강
2주차 (월/수/금)	Lesson 04 Work	Lesson 05 Travel	Lesson 06 School
	7강	8강	9강
3주차 (월/수/금)	Lesson 07 Cooking	Lesson 08 Health	Lesson 09 Sports
	10강	11강	12강
4주차 (월/수/금)	Lesson 10 Holidays	Lesson 11 Daily Life	Lesson 12 Music
	13강	14강	15강
5주차 (월/수/금)	Lesson 13 Movies	Lesson 14 TV	Lesson 15 Eating Out
	16강	17강	18강
6주차 (월/수/금)	Lesson 16 SNS	Lesson 17 Exercise	Lesson 18 Books
	19강	20강	21강
7주차 (월/수/금)	Lesson 19 Shopping	Lesson 20 Places	Lesson 21 Actual Test 1 (Q1~8)
	22강	23강	24강
8주차 (월/수/금)	Lesson 22 Actual Test 1 (Q9~15)	Lesson 23 Actual Test 2 (Q1~8)	Lesson 24 Actual Test 2 (Q9~15)

Structure and Features

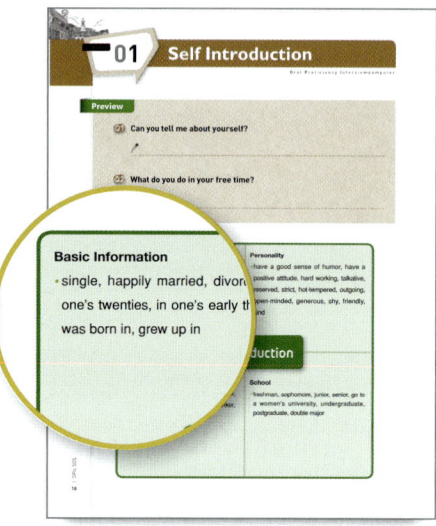

◀ Vocabulary and Key Expression
해당 주제에서 사용할 수 있는 핵심 단어들과 표현들을 제공하였다. 같은 주제에서 유연하게 대처할 수 있도록 다양한 단어를 제시하고 있다.

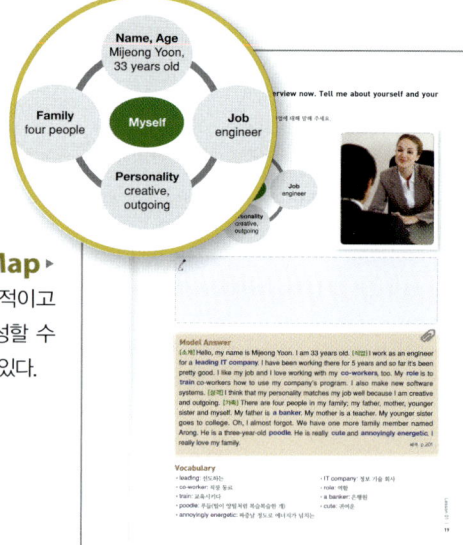

Idea Map ▶
브레인스토밍을 통하여 논리적이고 전략적인 답변을 연습하고 완성할 수 있도록 Idea Map을 제공하고 있다.

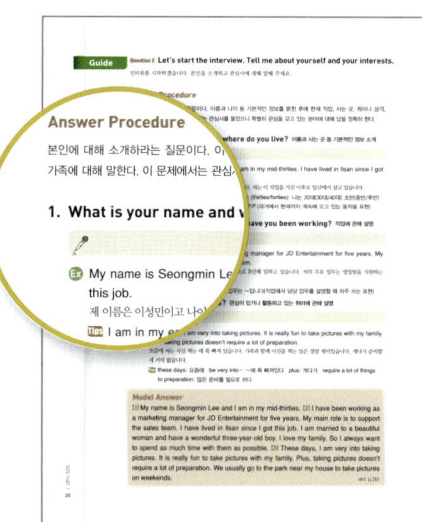

◀ Guide
답변을 쉽게 완성할 수 있는 Answer Procedure를 제공하여 학습자들이 Full Story를 순차적으로 완성할 수 있도록 짜임새 있는 답변의 뼈대를 제시하고 있다.

10

Oral Proficiency Interview-computer

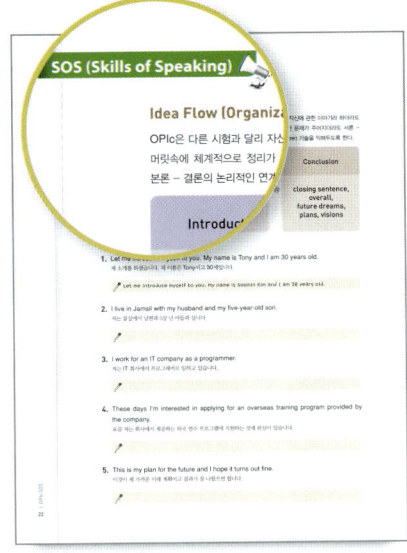

◀ SOS (Skills of Speaking)
OPIc 시험 답변에서 반드시 필요한 skill을 제공하여 다른 주제에서도 유연하게 쓸 수 있도록 skill에 대한 설명과 예문을 제공하고 있다.

Role Play Question ▶
OPIc시험에서 자주 출제되고 난이도가 높은 돌발문제 유형인 Role Play 문제를 각 주제별로 제공하여 문제에 대한 적응력을 높이고 적용력 높은 답변을 제공하고 있다.

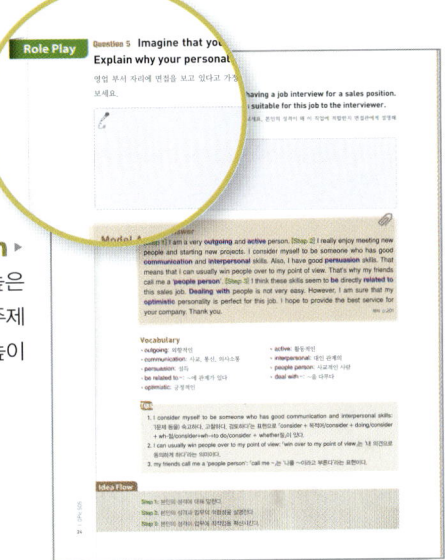

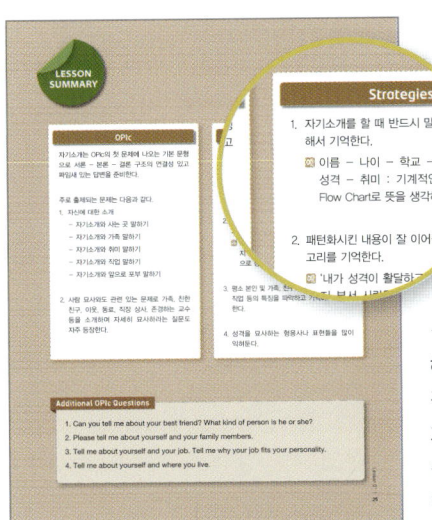

◀ Lesson Summary
해당 주제에서의 OPIc 출제경향을 정리하고 답변을 완성하는 전략을 제공하고 있다. 실제 시험에서도 같은 주제와 skill에 완벽하게 대비할 수 있도록 하였다.

OPIc 평가란?

OPIc이란?

OPIc(Oral Proficiency Interview-computer)은 면대면 외국어 인터뷰인 OPI와 최대한 가깝게 만든 iBT 기반의 외국어 말하기 평가로서, 외국어 전문 교육 연구 단체인 ACTFL(American Council on the Teaching of Foreign Languages)에서 개발한 공신력 있는 말하기 평가입니다. OPIc은 단순히 문법이나 어휘 등을 얼마나 많이 알고 있는가보다는 실제 상황에서 얼마나 효과적이고 적절하게 언어를 구사하는지를 측정하는 객관적인 평가로, 국내에서는 2007년 시작되어 현재 약 1,700여 개 기업 및 기관에서 OPIc을 채용과 인사고과 등에 활발하게 활용하고 있습니다. 현재 OPIc은 영어뿐만 아니라 중국어, 일본어, 러시아어, 스페인어, 한국어 그리고 최근 추가된 베트남어까지 총 7개의 언어 평가를 제공함으로써 다양한 언어를 동일한 기준으로 평가할 수 있는 유일한 외국어 말하기 평가로 자리매김하였습니다.

OPIc 진행과정

ORIENTATION(20분)

1. **Background Survey** — 인터뷰 문항을 위한 사전 설문
2. **Self Assessment** — 시험의 난이도 결정을 위한 자가 평가
3. **Overview of OPIc** — 화면 구성, 문항 청취 및 답변 방법 안내
4. **Sample Question** — 실제 답변 방법 연습

시험시간(40분)

1. **1st Session**
   - 개인 맞춤형 문항
   - 질문 청취 2회
   - 문항별 답변 시간 제한 無
   - 약 7문항 출제
2. **난이도 재조정**
   - Self Assessment(2차 시험 난이도 선택)
   - 쉬운 질문 / 비슷한 질문 / 어려운 질문 中 선택
3. **2nd Session**
   - 개인 맞춤형 문항
   - 질문 청취 2회
   - 문항별 답변 시간 제한 無
   - 약 5~8문항 출제

OPIc 등급

OPIc의 등급은 크게 세 가지, 작게는 일곱 가지로 세분화됩니다.

- **Novice**: '초보자'라는 뜻으로 OPIc에서는 '초급' 단계입니다.
- **Intermediate**: '중간'이라는 뜻으로 OPIc에서는 '중급' 단계입니다.
- **Advanced**: '고급의'라는 뜻으로 OPIc에서는 가장 높은 '고급' 단계입니다.

이 세 가지의 등급을 세분화해서 다음과 같이 구분하게 됩니다.

- Novice Low, Novice Mid, Novice High
- Intermediate Low, Intermediate Mid(1~3), Intermediate High
- Advanced Low

OPIc의 모체인 OPI에서는 Advanced도 Low, Mid, High로 구분되지만, 컴퓨터로 시험을 보는 OPIc에서는 Advanced Low라는 등급 하나만 부여됩니다.

AL	Advanced **LOW**	사건을 서술할 때 일괄적으로 동사 시제를 관리하고, 사람과 사물을 묘사할 때 다양한 형용사를 사용한다. 적절한 위치에서 접속사를 사용하기 때문에 문장 간의 결속력도 높고 문단의 구조를 능숙하게 구성할 수 있다. 익숙하지 않은 복잡한 상황에서도 문제를 설명하고 해결할 수 있는 수준의 능숙도이다.
IH	Intermediate **HIGH**	개인에게 익숙하지 않거나 예측하지 못한 복잡한 상황을 만날 때, 대부분의 상황에서 사건을 설명하고 문제를 효과적으로 해결한다. 발화량이 많고, 다양한 어휘를 사용한다.
IM	Intermediate **MID**	일상적인 소재뿐 아니라 개인적으로 익숙한 상황에서는 문장을 나열하며 자연스럽게 말할 수 있다. 다양한 문장 형식이나 어휘를 실험적으로 사용하려고 하며 상대방이 조금만 배려해 주면 오랜 시간 대화가 가능하다.
IL	Intermediate **LOW**	일상적인 소재에서는 문장으로 말할 수 있다. 대화에 참여하고 선호하는 소재에서는 자신감을 가지고 말할 수 있다.
NH	Novice **HIGH**	일상적인 대부분의 소재에 대해서 문장으로 말할 수 있다. 개인 정보라면 질문을 하고 응답을 할 수 있다.
NM	Novice **MID**	이미 암기한 단어나 문장으로 말하기를 할 수 있다.
NL	Novice **LOW**	제한적인 수준이지만 영어 단어를 나열하며 말할 수 있다.

* Intermediate Mid의 경우 Mid 1, Mid 2, Mid 3로 세분화하여 제공합니다.

Background Survey (배경 설문)

OPIc의 개인 맞춤형 문제는 Background Survey에 대한 응답을 기초로 출제됩니다. 나에게는 어떤 맞춤형 문제가 출제될지 미리 생각해 보세요.

1 현재 귀하는 어느 분야에 종사하고 계십니까?
☐ 사업/회사   ☐ 재택근무/재택사업   ☐ 교사/교육자   ☐ 군 복무   ☐ 일 경험 없음

1.1. 현재 귀하는 직업이 있으십니까?
☐ 네   ☐ 아니요

1.1.1. 귀하의 근무 기간은 얼마나 되십니까?
☐ 첫 직장 – 2개월 미만   ☐ 첫 직장 – 2개월 이상   ☐ 첫 직장 아님 – 경험 많음

1.1.1.1. 당신은 부하 직원을 관리하는 관리직을 맡고 있습니까?
☐ 네   ☐ 아니요

문항 1에서 교사/교육자로 답변했을 경우

1.1. 당신은 어디에서 학생을 가르치십니까?
☐ 대학 이상   ☐ 초등/중/고등학교   ☐ 평생교육

1.1.1. 현재 귀하는 직업이 있으십니까?
☐ 네   ☐ 아니요

1.1.1.1. 귀하의 근무 기간은 얼마나 되십니까?
☐ 2개월 미만 – 첫 직장
☐ 2개월 미만 – 교직은 처음이지만 이전에 다른 직업을 가진 적이 있음
☐ 2개월 이상

1.1.1.1.1. 귀하는 부하직원을 관리하는 관리직을 맡고 있습니까?
☐ 네   ☐ 아니요

2 현재 귀하는 학생이십니까?
☐ 네   ☐ 아니요

2.1. 현재 어떤 강의를 듣고 있습니까?
☐ 학위 과정 수업   ☐ 전문 기술 향상을 위한 평생 학습   ☐ 어학 수업

2.2. 최근 어떤 강의를 수강했습니까?
☐ 학위 과정 수업
☐ 전문 기술 향상을 위한 평생 학습
☐ 어학 수업
☐ 수업 등록 후 5년 이상 지남

3 현재 귀하는 어디에 살고 계십니까?
☐ 개인주택이나 아파트에 홀로 거주
☐ 친구나 룸메이트와 함께 주택이나 아파트에 거주
☐ 가족(배우자/자녀/기타 가족 일원)과 함께 주택이나 아파트에 거주
☐ 학교 기숙사   ☐ 군대 막사

아래의 4~7번 문항에서 12개 이상을 선택해 주시기 바랍니다.

4 귀하는 여가 활동으로 주로 무엇을 하십니까? (두 개 이상 선택)
☐ 영화 보기   ☐ 클럽/나이트클럽 가기   ☐ 공연 보기   ☐ 콘서트 보기
☐ 박물관 가기   ☐ 공원 가기   ☐ 캠핑하기   ☐ 해변 가기
☐ 스포츠 관람   ☐ 주거 개선   ☐ 술집/바에 가기   ☐ 카페/커피전문점 가기
☐ 게임하기(비디오, 카드, 보드, 휴대폰 등)   ☐ 당구 치기   ☐ 체스하기
☐ SNS에 글 올리기   ☐ 친구들과 문자대화하기 ☐ 시험 대비 과정 수강하기
☐ 뉴스를 보거나 듣기   ☐ 차로 드라이브하기   ☐ 스파/마사지샵 가기
☐ 구직활동하기   ☐ 자원봉사하기   ☐ 쇼핑하기
☐ TV 시청하기   ☐ 리얼리티 쇼 시청하기   ☐ 요리 관련 프로그램 시청하기

5 귀하의 취미나 관심사는 무엇입니까? (한 개 이상 선택)
☐ 아이에게 책 읽어주기   ☐ 음악 감상하기   ☐ 악기 연주하기
☐ 혼자 노래 부르거나 합창하기 ☐ 춤추기   ☐ 글쓰기(편지, 단문, 시 등)
☐ 그림 그리기   ☐ 요리하기   ☐ 애완동물 기르기
☐ 주식투자하기   ☐ 신문읽기   ☐ 여행 관련 잡지나 블로그 읽기
☐ 사진촬영하기   ☐ 독서

6 귀하는 주로 어떤 운동을 즐기십니까? (한 개 이상 선택)
☐ 농구   ☐ 야구/소프트볼   ☐ 축구   ☐ 미식축구
☐ 하키   ☐ 크리켓   ☐ 골프   ☐ 배구
☐ 테니스   ☐ 배드민턴   ☐ 탁구   ☐ 수영
☐ 자전거   ☐ 스키/스노보드   ☐ 아이스 스케이트   ☐ 조깅
☐ 걷기   ☐ 요가   ☐ 하이킹/트레킹   ☐ 낚시
☐ 헬스   ☐ 태권도   ☐ 운동 수업 수강하기 ☐ 운동을 전혀 하지 않음

7 당신은 어떤 휴가나 출장을 다녀온 경험이 있습니까? (한 개 이상 선택)
☐ 국내 출장   ☐ 해외 출장   ☐ 집에서 보내는 휴가   ☐ 국내 여행   ☐ 해외여행

OPIc FAQ

01 **OPIc 시험 중 필기구를 사용하여 답변을 준비해도 되나요?**

OPIc 응시자는 필기구를 가지고 시험장에 입실할 수 없습니다. 따라서 시험 중에 필기구를 이용하여 메모 등을 하실 수 없으며, 적발 시 부정행위로 처리되어 OPIc 시험 규정에 따라 향후 시험 응시 기회에 제한을 받습니다.

02 **무조건 길게 말하는 것이 도움이 되나요?**

짜임새 없이 내용으로 길게만 말하는 것보다는 질문이 요구하는 내용에 충실한 답변을 정확한 문법과 표현을 사용하여 논리적으로 표현할 때 좋은 평가를 받을 수 있습니다. 또한 기-승-전-결 혹은 서론-본론-결론의 짜임새 있는 구성으로 답변해야 합니다. 공식적인 수치는 아니지만 주어진 시간 내 모든 문제에 풍부한 내용으로 답변을 하려면 한 문항당 짧으면 1분, 일반적으로 2분~2분 30초 이상 말할 수 있도록 준비하는 것이 좋습니다.

03 **Background Survey 응답 내용으로만 출제되나요?**

아닙니다. 시험 전에 체크한 Background Survey 결과는 나에게 맞는 맞춤형 문항이 출제되는 데 영향을 주지만, 그 외 시스템적으로 선별된 문항도 출제됩니다. 즉, 여러분이 선택하지 않은 내용에서도 문제가 출제됩니다. 일반적으로 여러분의 일상생활에서 일어나는 일들을 위주로 문제가 출제되며 전문적인 내용이 출제되더라도 일상생활과 연결되어 있는 질문들이 출제됩니다. OPIc 등급 향상을 위해서는 Background Survey 항목에 관련된 답변만을 무조건 외우기보다는 평소에 다양한 말하기 연습을 하는 것이 도움이 될 것입니다.

04 **OPIc 문제 중 Background Survey 내용과 관련이 없는 내용이 나오면 답변하지 않아도 되나요?**

아닙니다. 수험자는 주어진 문항에 대해서 모두 답변을 진행해야 합니다. OPIc은 Background Survey를 통해 수험자의 개인 맞춤형 문항의 출제가 가능하지만 다른 영역의 질문 또한 출제되어 수험자의 예상하지 못한 문제에 대해 답변을 하는 능력 또한 평가합니다. 따라서, 질문에 대한 답변이 진행되지 않은 경우 감점의 요인이 될 수 있습니다. 그러므로 Background Survey에서 선택한 내용과 다른 문제가 출제되더라도 당황하지 말고 최선을 다해 성실히 답변하는 것이 좋습니다.

05 **시험 보는 중간에 Self-Assessment로 레벨을 변경하는 것이 성적에 영향이 있나요?**

처음에 높은 레벨로 시작했다가 중간에 낮은 레벨로 바꾸거나, 그 반대로 낮은 레벨에서 높은 레벨로 바꾸는 그 자체로 성적이 바뀌지는 않습니다. 철저히 주어진 답변에 얼마나 충실하게 답변하는지가 성적을 좌우한다고 보면 됩니다. 그러나, 나의 영어 실력과 너무 동떨어진 레벨을 선택하는 것은 바람직하지 않습니다.

06 **모범 답안을 외워서 답변하면 성적에 영향을 주나요?**

질문과 무관한 답변 및 시중의 모범 답안을 그대로 외워서 대답하는 것은 성적 결과에 좋지 않은 영향을 줄 수 있습니다.

07 문제를 반복해서 들으면 성적이 좋지 않게 나오는 것이 사실인가요?

문제 풀기 전략 중 하나로 문제를 습관적으로 반복해서 듣는 사람들이 있습니다. 문제를 반복 청취하는 것이 성적에 직접적으로 영향을 미치는 것은 아니지만, 문제를 반복 청취했을 때 답변 시간이 줄어들 수밖에 없으므로 시간 관리에 어려움을 느낄 수 있습니다. OPIc 문제의 답변 시간은 질문 청취 시간을 제외하고 약 35분 가량입니다. 따라서 주어진 시간 내 모든 문제를 효율적으로 답변할 수 있도록 시간을 활용해야 합니다.

08 발음이 안 좋거나 더듬거리면 성적에 나쁜 영향을 주나요?

발음은 이해가 가능한 수준일 경우 크게 영향을 미치지 않는 것으로 알려져 있습니다. 그러나 메시지 전달이 안 될 정도로 말이 매끄럽지 못한 경우에는 당연히 채점이 어려울 수밖에 없습니다.

09 OPIc 시험은 현장에서 결과를 직접 확인할 수 있나요?

OPIc은 응시일로부터 일주일 후 OPIc 홈페이지에서 성적 확인이 가능합니다. (일반적으로 오후 1시 발표이나 사정에 따라 변경될 수 있습니다.) 취업 시즌 등의 경우 수험자 편의를 위해 성적 조기 발표(시험일로부터 3~5일)를 시행합니다.

10 OPIc 시험 일정은 1년에 몇 번 정도 있나요?

OPIc은 연중 상시 시행 시험입니다. (일부 공휴일 제외) 다만 지역/센터별로 차이가 있을 수 있으니 자세한 사항은 OPIc 홈페이지(http://opic.or.kr)에서 확인해 주시기 바랍니다.

11 성적이 UR이라고 나오는 것은 무엇을 의미하나요?

'UR'은 Unable to rate을 의미합니다. UR이 나오는 경우는 녹음 불량, 녹음 음량이 너무 작은 경우, 수험자가 자신이 없어 답변을 하지 않은 경우입니다. 수험자의 과실인 경우 응시료 환불은 없으며 재시험의 기회도 없습니다. 시스템적인 오류로 UR이 나왔을 경우 한 번의 재시험 기회를 드립니다.

12 시험에 필요한 규정 신분증은 무엇인가요?

OPIc의 규정신분증은 주민등록증, 운전면허증, 공무원증, 기간만료 전 여권이며, 군인 등 특정 할인 신청의 경우 규정신분증 외 시험 당일 추가 증명 서류를 지참하여야 응시 가능합니다. 자세한 사항은 OPIc 홈페이지(http://opic.or.kr)에서 확인해 주시기 바랍니다.

13 OPIc 세부진단서란 무엇인가요?

OPIc Rater(채점자)가 수험자 답변 내용을 바탕으로 언어 항목에 대해 진단 및 안내를 제공하는 유료 피드백 서비스이며 가격은 30,000원입니다.

Lesson 01 Self Introduction

Oral Proficiency Interview-computer

Preview

Q1 Can you tell me about yourself?

_____

Q2 What do you do in your free time?

_____

Self Introduction

Basic Information
- single, happily married, divorced, in one's twenties, in one's early thirties, was born in, grew up in

Personality
- have a good sense of humor, have a positive attitude, hard working, talkative, reserved, strict, hot-tempered, outgoing, open-minded, generous, shy, friendly, kind

Work
- office worker, businessman, freelancer, engineer, programmer, teacher, banker, lawyer, accountant

School
- freshman, sophomore, junior, senior, go to a women's university, undergraduate, postgraduate, double major

Idea Map

Question 1 Let's start the interview now. Tell me about yourself and your job.

인터뷰를 시작하겠습니다. 자신과 자신의 직업에 대해 말해 주세요.

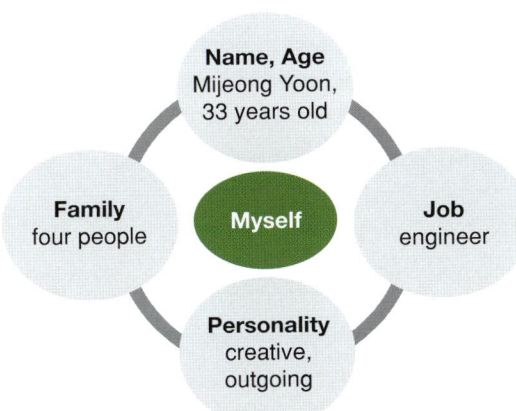

Model Answer

[소개] Hello, my name is Mijeong Yoon. I am 33 years old. [직업] I work as an engineer for a **leading IT company**. I have been working there for 5 years and so far it's been pretty good. I like my job and I love working with my **co-workers**, too. My **role** is to **train** co-workers how to use my company's program. I also make new software systems. [성격] I think that my personality matches my job well because I am creative and outgoing. [가족] There are four people in my family; my father, mother, younger sister and myself. My father is **a banker**. My mother is a teacher. My younger sister goes to college. Oh, I almost forgot. We have one more family member named Arong. He is a three-year-old **poodle**. He is really **cute** and **annoyingly energetic**. I really love my family.

해석 p.201

Vocabulary

- leading: 선도하는
- co-worker: 직장 동료
- train: 교육시키다
- poodle: 푸들(털이 양털처럼 복슬복슬한 개)
- annoyingly energetic: 짜증날 정도로 에너지가 넘치는
- IT company: 정보 기술 회사
- role: 역할
- a banker: 은행원
- cute: 귀여운

Guide

Question 2 Let's start the interview. Tell me about yourself and your interests.

인터뷰를 시작하겠습니다. 본인을 소개하고 관심사에 대해 말해 주세요.

Answer Procedure

본인에 대해 소개하라는 질문이다. 이름과 나이 등 기본적인 정보를 밝힌 후에 현재 직업, 사는 곳, 취미나 성격, 가족에 대해 말한다. 이 문제에서는 관심사를 물었으니 특별히 관심을 갖고 있는 분야에 대해 답을 정확히 한다.

1. What is your name and where do you live? 이름과 사는 곳 등 기본적인 정보 소개

> **Ex** My name is Seongmin Lee and I am in my mid-thirties. I have lived in Ilsan since I got this job.
> 제 이름은 이성민이고 나이는 30대 중반입니다. 저는 이 직업을 가진 이후로 일산에서 살고 있습니다.
>
> **Tips** I am in my early (mid/late) twenties (thirties/forties): 나는 20대(30대/40대) 초반(중반/후반)입니다. have lived: 현재완료, have + P.P (과거에서 현재까지 계속해 오고 있는 동작을 표현)

2. Talk about your job. How long have you been working? 직업에 관해 설명

> **Ex** I have been working as a marketing manager for JD Entertainment for five years. My main role is to support the sales team.
> 저는 JD 엔터테인먼트에서 마케팅 과장으로 5년째 일하고 있습니다. 저의 주요 업무는 영업팀을 지원하는 것입니다.
>
> **Tips** my main role is ~: 저의 주요 업무는 ~입니다(직업에서 담당 업무를 설명할 때 자주 쓰는 표현)

3. What are your interests? 관심이 있거나 활동하고 있는 취미에 관해 설명

> **Ex** These days, I am very into taking pictures. It is really fun to take pictures with my family. Plus, taking pictures doesn't require a lot of preparation.
> 요즘에 저는 사진 찍는 데 푹 빠져 있습니다. 가족과 함께 사진을 찍는 일은 정말 재미있습니다. 게다가 준비할 게 거의 없습니다.
>
> **Tips** these days: 요즘에 be very into ~: ~에 푹 빠져있다 plus: 게다가 require a lot of things to preparation: 많은 준비를 필요로 하다

Model Answer

[1] My name is Seongmin Lee and I am in my mid-thirties. [2] I have been working as a marketing manager for JD Entertainment for five years. My main role is to support the sales team. I have lived in Ilsan since I got this job. I am married to a beautiful woman and have a wonderful three-year-old boy. I love my family. So I always want to spend as much time with them as possible. [3] These days, I am very into taking pictures. It is really fun to take pictures with my family. Plus, taking pictures doesn't require a lot of preparation. We usually go to the park near my house to take pictures on weekends.

해석 p.201

Write It

Question 3 Tell me a little bit about yourself and what you enjoy doing on weekends.

본인에 대해 말하고 주말에 즐겨 하는 일을 말해 보세요.

Model Answer

My name is Minho Kim and I am in my early thirties. I **currently** work for a cell phone company. I love my job and I really try to **do my best when it comes to** work. I live in a **studio apartment** near my company. I am single, but I have a girlfriend. I want to **marry** her someday, but I'm not **in a** big **hurry at the moment**. I sometimes **go to work** on weekends but usually I meet my girlfriend. My girlfriend is an active person. She likes to **go bike hiking**, go to parks or do something **outdoors**. So, I usually go outside with her and do **whatever she wants to do**. At first, it was **a bit annoying**, but now I don't mind. As for me, I just like to relax in my free time.

해석 p.201

Vocabulary

- currently: 현재, 지금
- when it comes to A: A에 관해서는
- marry A: A와 결혼하다
- at the moment: 현재로는
- go bike hiking: 자전거로 하이킹을 하다
- whatever she wants to do:
  그녀가 했으면 하는 것은 뭐든지
- do one's best: 최선을 다하다
- studio apartment: 원룸형 아파트
- in a hurry: 서둘러
- go to work: 출근하다
- outdoors: 외부에서, 밖에서
- a bit: 조금, 약간
- annoying: 짜증나는

Tips

1. So, I usually go outside with her and do whatever she wants to do: 「want A to B」는 'A가 B하기를 바란다'는 의미로 쓰이는 구문이다.

   Ex My parents <u>wanted me to</u> be a doctor.
   I <u>want you to</u> go home and sleep on it.

2. At first, it was a bit annoying, but now I don't mind: 「a bit」은 annoying을 수식하는 부사이다.

SOS (Skills of Speaking)

Idea Flow (Organization)

OPIc은 다른 시험과 달리 자신의 정보를 기본으로 하여 답변하는 형태이다. 그러나 자신에 관한 이야기라 하더라도 머릿속에 체계적으로 정리가 되어있지 않으면 정확하게 말하기 쉽지 않다. 따라서 어떤 문제가 주어지더라도 서론 – 본론 – 결론의 논리적인 연계성을 갖고 구체적으로 정리하는 organization (idea flow) 기술을 익혀두도록 한다.

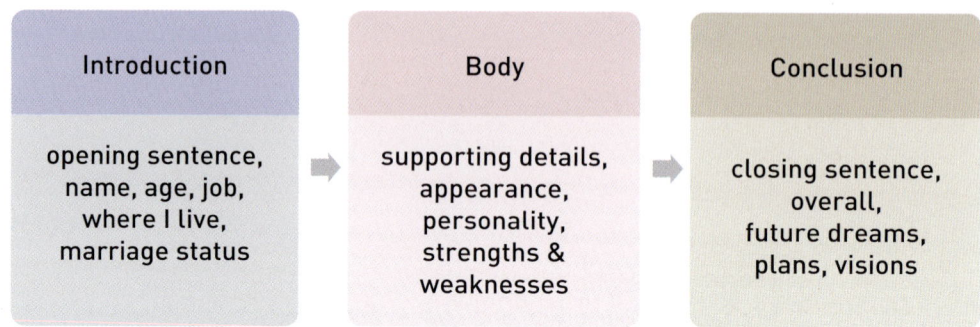

Writing : Sample Sentences

1. Let me introduce myself to you. My name is Tony and I am 30 years old.
제 소개를 하겠습니다. 제 이름은 Tony이고 30세입니다.

> Let me introduce myself to you. My name is Soomin Kim and I am 28 years old.

2. I live in Jamsil with my husband and my five-year-old son.
저는 잠실에서 남편과 5살 난 아들과 삽니다.

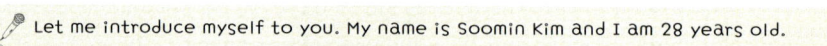

3. I work for an IT company as a programmer.
저는 IT 회사에서 프로그래머로 일하고 있습니다.

4. These days I'm interested in applying for an overseas training program provided by the company.
요즘 저는 회사에서 제공하는 외국 연수 프로그램에 지원하는 것에 관심이 있습니다.

5. This is my plan for the future and I hope it turns out fine.
이것이 제 가까운 미래 계획이고 결과가 잘 나왔으면 합니다.

Practice

Question 4 Tell me about yourself and what you want to do in the future.

본인에 대해 소개하고 미래에 하고 싶은 일에 대해 말해 보세요.

Model Answer

[Step 1] Let me introduce myself to you. My name is Soomin Kim and I am 28 years old. I live in Jamsil with my husband and my five-year-old son. I **am married to** a **typical 9 to 5 office worker** and I also work for an IT company as a programmer. My mom **takes care of** my son on weekdays. [Step 2] I think my job is very interesting and I am learning a lot of new information which is necessary for my **career**. Right now, I don't have any plans to quit or transfer to another company any time soon. [Step 3] These days I'**m interested in** applying for an overseas training program **provided** by the company. I think it is a great chance to **enhance** my **job capability**. But the competition is really high. This is my plan for the future and I hope it turns out fine.

해석 p.201

Vocabulary

- be married to ~: ~와 결혼한 상태이다 (**with kids**로 아이가 있는지 설명할 수 있다)
- typical 9 to 5 office worker: 보통 샐러리맨
- career: 경력
- provide: 제공하다
- job capability: 직무 능력
- take care of: 돌보다(= **look after**)
- be interested in ~: ~에 관심이 있다
- enhance: 넓히다, 확장하다(= **broaden**)

Tips

1. new information which is necessary for my career: 관계대명사 which를 이용해 문장을 간결히 만든다.
2. chance to enhance my job capability: 「chance to enhance」는 '향상시킬 수 있는 기회'라는 뜻을 표현한다.

Idea Flow

Step 1: 기본 인적 사항(이름, 거주지, 결혼 유무)을 소개한다.
Step 2: 직업에 대해 구체적으로 소개한다.
Step 3: 근래 갖고 있는 계획에 대한 설명으로 마무리한다.

Role Play

Question 5 Imagine that you are having a job interview for a sales position. Explain why your personality is suitable for this job to the interviewer.

영업 부서 자리에 면접을 보고 있다고 가정해 보세요. 본인의 성격이 왜 이 직업에 적합한지 면접관에게 설명해 보세요.

Model Answer

[Step 1] I am a very **outgoing** and **active** person. **[Step 2]** I really enjoy meeting new people and starting new projects. I consider myself to be someone who has good **communication** and **interpersonal** skills. Also, I have good **persuasion** skills. That means that I can usually win people over to my point of view. That's why my friends call me a '**people person**'. **[Step 3]** I think these skills seem to **be** directly **related to** this sales job. **Dealing with** people is not very easy. However, I am sure that my **optimistic** personality is perfect for this job. I hope to provide the best service for your company. Thank you.

해석 p.201

Vocabulary

- outgoing: 외향적인
- communication: 사교, 통신, 의사소통
- persuasion: 설득
- be related to ~: ~에 관계가 있다
- optimistic: 긍정적인
- active: 활동적인
- interpersonal: 대인 관계의
- people person: 사교적인 사람
- deal with ~: ~을 다루다

Tips

1. I consider myself to be someone who has good communication and interpersonal skills: '(문제 등을) 숙고하다, 고찰하다, 검토하다'는 표현으로 「consider + 목적어/consider + doing/consider + wh-절/consider+wh-+to do/consider + whether절」이 있다.
2. I can usually win people over to my point of view: 「win over to my point of view」는 '내 의견으로 동의하게 하다'라는 의미이다.
3. my friends call me a 'people person': 「call me ~」는 '나를 ~이라고 부른다'라는 표현이다.

Idea Flow

Step 1: 본인의 성격에 대해 말한다.
Step 2: 본인의 성격과 업무의 적합성을 설명한다.
Step 3: 본인의 성격이 업무에 최적임을 확신시킨다.

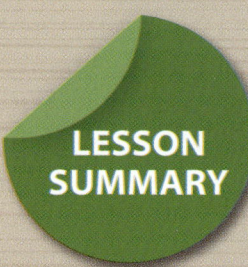

LESSON SUMMARY

OPIc

자기소개는 OPIc의 첫 문제에 나오는 기본 문형으로 서론 – 본론 – 결론 구조의 연결성 있고 짜임새 있는 답변을 준비한다.

주로 출제되는 문제는 다음과 같다.

1. 자신에 대한 소개
   - 자기소개와 사는 곳 말하기
   - 자기소개와 가족 말하기
   - 자기소개와 취미 말하기
   - 자기소개와 직업 말하기
   - 자기소개와 앞으로 포부 말하기

2. 사람 묘사와도 관련 있는 문제로 가족, 친한 친구, 이웃, 동료, 직장 상사, 존경하는 교수 등을 소개하며 자세히 묘사하라는 질문도 자주 등장한다.

Strategies

1. 자기소개를 할 때 반드시 말할 내용을 패턴화해서 기억한다.
   - 예 이름 – 나이 – 학교 – 직업 – 부서 – 성격 – 취미 : 기계적인 암기보다 Idea Flow Chart로 뜻을 생각하며 말한다.

2. 패턴화시킨 내용이 잘 이어질 수 있도록 연결 고리를 기억한다.
   - 예 '내가 성격이 활달하고 긍정적이어서 그런지 부서 사람들하고도 잘 지낸다'는 내용으로 성격과 직장생활을 연결한다.

3. 평소 본인 및 가족, 친구 등에 관해 외모, 성격, 직업 등의 특징을 파악하고 기억하도록 노력한다.

4. 성격을 묘사하는 형용사나 표현들을 많이 익혀둔다.

Additional OPIc Questions

1. Can you tell me about your best friend? What kind of person is he or she?
2. Please tell me about yourself and your family members.
3. Tell me about yourself and your job. Tell me why your job fits your personality.
4. Tell me about yourself and where you live.

Lesson 02 Family

Oral Proficiency Interview-computer

Preview

Q1 Can you tell me about your family?

🎤 ....

Q2 Can you tell me about a family trip?

🎤 ....

Family

Basic Information
- There are four people in my family.
- I live by myself.
- an only child, siblings, the eldest child, the second of three children, the last of three children
- I'm close to ~ / I'm married to ~

Members
- grandma, grandpa, grandparents
- mother-in-law, father-in-law
- brother-in-law, sister-in-law
- younger brother, older sister
- cousin, nephew, niece
- uncle, aunt

Activities
- read a newspaper, watch soap operas (dramas), watch movies, play games, play with kids, take a nap, do housework, cook, search the Internet, listen to music, take care of daily housework

House Chores
- do the dishes, do the laundry
- make breakfast/lunch/dinner, make my bed
- vacuum, take out the trash, go grocery shopping

Idea Map

Question 1 You indicated in the survey that you live with your family. Can you tell me about your family members in as much detail as possible? What do they look like? What kind of people are they?

설문 조사에서 가족과 함께 산다고 했습니다. 가족에 대해 자세하게 말해 주시겠습니까? 외모가 어떤가요? 성격은 어떤가요?

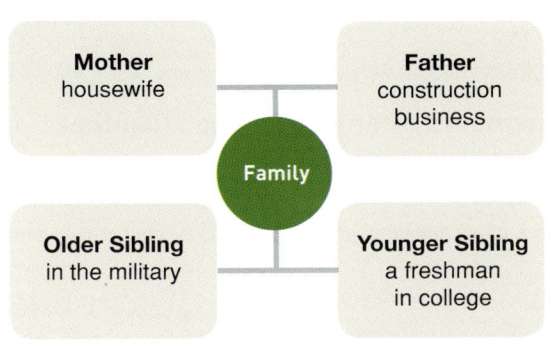

Model Answer

[가족 구성원 소개] **There are** five **people in my family**: my mother, my father, my older brother, my younger brother, and me. [어머니 소개] My mother is a **housewife**. She is very **understanding**. I'm very **close to** her. [아버지 소개] My father works in the **construction business**. He always looks very tired because he works very hard. [오빠 소개] My older brother **is in the Korean military**. A few days ago, he **came home for a vacation**. I was surprised because he is now **muscular** and **mature**. [동생 소개] My younger brother is **a freshman** in college. He is **plump** and **has pimples**. He is very **outgoing**.

해석 p.201

Vocabulary

- there are ~ people in my family: 우리 가족은 ~ 명이다
- be close to ~: ~와 친하다, 가깝다
- be in the Korean military: 군복무 중이다
- muscular: 근육의, 근육이 발달한
- a freshman: 대학 1학년
- have pimples: 여드름이 있다
- housewife: 전업주부
- understanding: 이해심 있는
- construction business: 건설업
- come home for a vacation: 휴가차 집에 오다
- mature: 성숙한
- plump: 통통한
- outgoing: 외향적인, 사교적인

Guide

Question 2 What do your family members usually do when they have free time? Tell me about their activities on weekdays and weekends. Also, tell me about what you usually do at home.

당신의 가족은 시간이 날 때 주로 무엇을 하나요? 주중과 주말에 하는 활동에 대해서 말해 주세요. 당신이 집에서 주로 무엇을 하는지도 말해 보세요.

Answer Procedure

가족의 주중 활동과 주말 활동을 이야기하고 마지막으로 자신이 집에서 하는 일을 말한다.

1. Do your family members often do activities together? 가족 활동에 관해 설명

> My husband cooks lunch on weekends.

Ex We don't really do a lot of activities at home. Besides, we rarely communicate with each other.
우리 가족은 집에서 별로 다양하게 하는 게 없네요. 더군다나 서로 얘기를 많이 하는 편도 아닙니다.
Tips activities: 활동 rarely: 거의 ~하지 않다 communicate: 대화하다 each other: 서로

2. What kind of activities do your family members do on weekdays and weekends? 가족 구성원의 주중 활동과 주말 활동

>

Ex My mother is usually busy taking care of daily housework. When she has free time, she likes to watch Korean dramas. My father doesn't like watching dramas. However, there is one thing my parents do together on weekends: they go hiking.
어머니께서는 보통 집안일을 하느라 바쁘시지만, 시간이 나면 한국 드라마를 즐겨 보십니다. 아버지께서는 드라마를 안 좋아하세요. 하지만 주말에는 꼭 함께 하시는게 있는데요, 등산이에요.
Tips be busy ~ing: ~하느라 바쁘다 daily: 매일 일어나는, 하루의

3. What do you usually do when you are at home? 집에서 하는 활동

>

Ex I normally get home late from work. There is not much time to do anything. Still, I check facebook before going to bed.
저는 늦게 퇴근하는 편이라, 뭘 할 시간이 없지만, 자기 전에 잠시 facebook을 합니다.
Tips normally: 주로 get home: 집에 오다 check facebook: 페이스북 하다

Model Answer

[1] We don't really do a lot of activities at home. Besides, we rarely communicate with each other. [2] My mother is usually busy taking care of daily housework. When she has free time, she likes to watch Korean dramas. My father doesn't like watching dramas. However, there is one thing my parents do together on weekends: they go hiking. As for my younger sister, she is into online-shopping these days. [3] I normally get home late from work. There is not much time to do anything. Still, I check facebook before going to bed. Most of all, what I like to do most is taking a nap.

해석 p.202

Write It

Question 3 Tell me about a difficult experience you had with one of your family members. What was the problem? How did you solve the problem?

가족 중의 한 사람과 있었던 힘들었던 경험에 대해서 말해 주세요. 무슨 문제였나요? 어떻게 해결되었나요?

Model Answer
My parents are very **conservative**. **For instance**, they do not like me coming home late, so they **set my curfew** at 10 P.M. One day, I went to a Noraebang, a Korean-style karaoke, with my friends. I didn't **notice** that the time had already passed 10 o'clock. I forgot to call my parents. **Even worse**, I didn't get my parents' call because it was very **noisy**. **In the end**, I missed my curfew. I thought they were going to **yell at** me, but they didn't. They were more **anxious for my safety** than angry. When I saw them, I could see how worried they were. We **had a serious talk** that day. Finally, I **persuaded** my parents **to** make my curfew 11 P.M. I also **promised** to call them when I stay **outside** late, so they would not get worried.

해석 p.202

Vocabulary

- conservative: 보수적인
- set my curfew: 통금 시간을 정하다
- even worse: 더 나쁜 것은
- in the end: 결국
- anxious for my safety: 안전을 걱정하는
- persuade someone to do:
  ~가 ~하도록 설득하다

- for instance: 예를 들면
- notice: 알아차리다
- noisy: 시끄러운
- yell at ~: ~에게 소리지르다
- have a serious talk: 심각한 대화를 하다
- promise: 약속하다
- outside: 밖에서

Tips

1. I forgot to call my parents: forget은 다음에 '~ing' 동사가 오면 '과거에 ~한 것을 잊어버리다'라는 의미이고, 'to부정사'를 쓰면 '~할 것을 잊어버리다'라는 미래의 뜻이 된다. 구별해서 사용한다.
   Ex I <u>forgot to</u> turn off the oven.

2. I also promised to call them when I stay outside late, so they would not get worried:
   - get+형용사: '전에는 안 그랬는데 이제 그렇게 되었다'는 의미
   - be+형용사: '원래 그렇다는 현재 사실'을 보여주는 의미
   Ex He <u>got sick</u> after eating the seafood.

SOS (Skills of Speaking)

Brainstorming (Mind Map)

브레인스토밍(brainstorming)은 아이디어를 정리하는 과정으로, 출제될 수 있는 상황을 예상해 보고 관련된 아이디어를 열거한 후 문제에서 요구하는 방향으로 이야기를 구성한다. 브레인스토밍 단계는 다음과 같다.

1. 1차 브레인스토밍: 순서에 상관없이 관련 아이디어를 전부 나열해 본다.
   예 예를 들어 집안일을 설명해야 하는 문제일 경우, 먼저 집안일에 관련된 단어를 순서 없이 나열한다.
2. 2차 브레인스토밍: 1차적으로 나열한 아이디어 중에서 문제에서 요구하는 내용과 맞는 것을 골라내는데, wh-questions을 이용해 구체적인 내용을 가지고 2차 브레인 스토밍을 한다.
   예 누가, 언제, 어디서, 어떤 일을 하는지 정리한다.
3. 가장 핵심적인 내용, 강조할 부분을 정하고 전체적으로 어떻게 이야기를 구성할 것인지 결정한다.
   예 집안일 중에 강조해서 언급할 부분을 정하고, 설명의 순서와 전개 방식 등을 결정한다.

Responsibilities	Who is responsible?
make/cook dinner vacuum take out the trash do/fold the laundry set the table do the dishes clean the bathroom	mom: make/cook dinner, do the dishes dad: vacuum, take out the trash my sister: do/fold the laundry my sister and I: set the table, do the dishes me: clean the bathroom

Writing : Sample Sentences

1. My wife cooks dinner most of the time.
저녁은 주로 아내가 합니다.

 My husband cooks lunch on weekends.

2. We fold the laundry together.
같이 빨래를 갭니다.

3. I take out the garbage before going to bed.
제가 자기 전에 쓰레기를 갖다 버립니다.

4. There is one thing I am in charge of on weekends.
주말에 제가 담당하는 것이 하나 있습니다.

5. I vacuum the house because it is a very tiring task for her.
아내가 진공청소기 돌리는 것이 힘든 것 같아서 제가 합니다.

Practice **Question 4** Let's talk about household chores. Who is responsible for each household chore? What are you usually responsible for at home? Tell me in detail.

집안일에 대해서 이야기해 봅시다. 누가 어떤 집안일을 담당하나요? 당신은 집에서 주로 어떤 일을 하나요? 자세하게 말해 보세요.

Model Answer

[Step 1] My wife and I both work. We are usually very tired after work. That's why I try to help her **as much as I can**. [Step 2] My wife cooks dinner **most of the time**. Then, I **do the dishes**. She **does the laundry** and I help her **hang the laundry**. We **fold the laundry** together while watching TV. I **take out the garbage** before going to bed. On Sundays, we **go grocery shopping** together. I sometimes help her **clean the bathroom**. [Step 3] There is one thing I **am in charge of** on weekends. I **vacuum** the house because it is **a** very **tiring task** for her.

해석 p.202

Vocabulary

- as much as I can: 내가 할 수 있는 한 많이
- do the dishes: 설거지하다
- hang the laundry: 빨래를 널다
- take out the garbage: 쓰레기를 버리다
- clean the bathroom: 욕실을 청소하다
- vacuum: 진공청소기로 청소하다
- most of the time: 대개는
- do the laundry: 빨래를 하다
- fold the laundry: 빨래를 개다
- go grocery shopping: 시장 가다
- be in charge of ~: ~를 담당하다
- a tiring task: 힘이 드는 일

Tips

1. She does the laundry and I help her hang the laundry: 집안일(housework)을 표현할 때 쓰는 동사 'do'와 'make'를 구별하여 사용하도록 한다. 「do the dishes」, 「do the laundry」와 「make my bed」, 「make breakfast/lunch/dinner」가 있다.
2. On Sunday, we go grocery shopping together: 「go+~ing」는 '~하러 가다' '~한다'는 뜻이 된다. 「go+for+~ing」에서 전치사 for가 생략되고 동명사만 온다고 생각하면 된다. 이 형식으로 쓰일 수 있는 것들에는 'go bowling, go fishing, go hiking, go shopping, go skiing, go dancing, go swimming, go sightseeing' 등이 있다.

Idea Flow

Step 1: 가족 구성원에 대해서 말한다.
Step 2: 가족 구성원의 가사일 분담에 대해서 구체적으로 이야기한다.
Step 3: 특별하게 자신이나 가족이 꼭 하는 집안일을 말하고 자신의 느낌을 말한다.

Role Play **Question 5** I'd like to give you a situation and ask you to act it out. You have a family gathering this weekend, but you have to go on a business trip. Call your family and explain the situation. Also, offer other options.

상황을 드릴 테니 연기를 해보세요. 이번 주말에 가족 모임이 있는데 출장을 가게 되었습니다. 가족에게 전화 해서 상황을 설명하세요. 그리고 대안을 제시해 보세요.

Model Answer

[Step 1] Hello, mother. This is Taeho. I'm calling about the **family gathering** this Saturday. I heard uncle's family is coming. I was **looking forward to seeing** all of you. But my boss told me I have to **go on a business trip** on Friday. I'm coming back Saturday afternoon. I don't think I can **make it** on time. [Step 2] We are supposed to meet at 6 at Castle Hotel, right? However, the hotel **is** very **far from** the airport. So I can't arrive before 9 o'clock that night. [Step 3] I can see you guys another time. Or, are you going home together after dinner? Then, I'll **drop by** home directly from the airport so that I can see all of you.

해석 p.202

Vocabulary

- family gathering: 가족 모임
- go on a business trip: 출장 가다
- be far from ~: ~에서 멀다
- look forward to ~ing: ~를 학수고대하다
- make it: 시간 맞추어 가다
- drop by ~: ~에 들르다

Tips

1. I was looking forward to seeing all of you: 「look forward to ~」에서 to는 전치사이다. 따라서 to 부정사의 원형 동사를 쓰면 안 되고, 동명사 '~ing'형을 써야 한다.
   Ex) I'm <u>looking forward to</u> meeting you in a few days.

2. I don't think I can make it on time: 「on time」은 '정확히 예정된 때, 정시에' 란 뜻으로 예정된 시간에 정확히 맞춘다는 뜻이고, 「in time」은 '늦지 않고, 알맞은 때로' 예정된 시간 안에 들어왔다는 의미이다.
   Ex) I want to get home <u>in time</u> to see the soccer game on TV.

3. We are supposed to meet at 6 at Castle Hotel, right?: 「be supposed to do」는 '~하기로 되어 있다' 는 뜻으로, '~할 예정이다'라는 의미로 해석 가능하다.

Idea Flow

Step 1: 인사를 하고 전화 건 목적, 즉 모임에 못 갈 것 같다고 말한다.
Step 2: 모임에 참석 못하는 이유를 구체적으로 설명한다.
Step 3: 모임에 가지 못하는 대신 할 수 있는 다른 대안을 제시한다.

LESSON SUMMARY

OPIc

1) 집과 가족 소개
   - 가족 구성원의 외모, 성격, 하는 일, 나와의 관계
   - 살고 있는 집, 어렸을 적 살던 집 묘사하기
   - 가구, 방에 있는 물건 묘사하기

2) 가족들의 활동: 가족들이 집에서 하는 일, 가족들의 주중 또는 주말 활동

3) 집안일: 집안일의 종류와 누가 담당하는지 이야기하기, 휴일에 하는 집안 일, 어릴 때 했던 집안 일

4) 에피소드: 특별히 기억나는 집안 행사, 가족 간의 갈등과 해결

5) 가족 여행: 여행 장소와 여행가서 하는 일, 과거 가족 여행의 추억

6) 변화: 집이나 가족에게 있었던 가장 큰 변화, 가장 최근에 있었던 집안의 변화

7) Role Play: 가족 모임에 앉거나 참석하지 못하는 경우에 상황을 이야기하고 해결책 제시하기, 해야 할 집안일을 하지 못하는 경우 상황을 이야기하고 대책 제시하기

Strategies

브레인스토밍을 통해 질문에서 주어진 상황에 맞게 아이디어를 정리하는 연습을 한다.

1. 평소에 익숙하지 않은 주제일수록, 출제될 수 있는 상황을 예상하고 관련된 아이디어를 열거해 본다.
2. 주제를 세부화해서 열거한 단어들을 그룹화시키는 연습을 한다.
   1) 1차 브레인스토밍을 통해서 순서에 상관 없이 관련 아이디어를 전부 나열해 본다.
   2) 2차 브레인스토밍을 통해서 1차에서 나열한 아이디어 중에서 상황에 맞는 아이디어를 추려낸다.
   3) wh-questions(누가, 언제, 어디서, 무엇을, 왜, 어떻게 했는가)을 이용해서 예상 질문을 구성한 다음 아이디어를 그룹화시킨다.
3. 전체적으로 이야기를 구성해본 후, 이야기를 어떻게 풀어갈지 순서를 정한다.
4. 가장 핵심적인 내용, 강조할 부분을 정리해 둔다.
5. 실제 시험에서 질문을 두 번 들을 수 있는 기회가 있으니 첫번째에서 관련 아이디어를 떠올려 보고, 두 번째에 질문을 다시 들으면서 필요한 아이디어를 추리고 핵심 아이디어를 정한다.

Additional OPIc Questions

1. Let's talk about your family vacations. What do you do on holidays? Where do you go?
2. Recently, has anything changed with your family? What changed? Is your family happy about it? Please tell me about this change in detail.
3. What were your responsibilities at home when you were a child? Did you like them? Did you always do your job? What happened when you didn't?
4. I'm sorry, but you have a problem to resolve. You are supposed to do the housework this evening. But you want to meet your friends. Call your mother and explain the situation. Then offer two or three other options.

Lesson 03 Housing

Preview

Q1 Can you describe your home?

Q2 Is it better to live in a house or an apartment?

Housing

Types of Housing
- apartment complex, studio apartment, town house, villa, condo, hotel, house, dormitory, military barracks, cottage, mansion

Types of Rooms
- bedroom, bathroom, kitchen, dining room, study room, library, den, game room, computer room, attic

Near My House
- park, shop, restaurant, supermarket, hospital, school, church, bus stop, library, post office, bakery

My Neighbors
- kind, young, old, warm, cold, noisy, quiet, helpful, annoying, funny, boring, sensitive

Idea Map

Question 1 Can you describe your favorite room in your home?

당신 집에서 가장 좋아하는 방을 묘사해 주시겠어요?

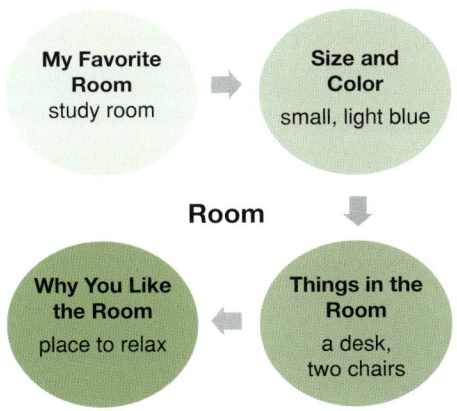

Model Answer

[소개] There are **several** rooms in my home. However, my **favorite room** is the **study room**. [형태] The room is neither big nor **luxurious**. Actually, it's rather small and **simple**. It was **painted in light blue**, which is my favorite color. [가구] It has a big black desk, two chairs, a **bookshelf**, and a **comfy couch**. It is the room where our family keeps all of our books. [좋아하는 이유] **The truth is**, I don't like reading a lot, but I really enjoy sitting on the couch and just **relaxing**. Sometimes I **listen to music** there too. If I'm **stressed out** after a **long day** at work, it is the best place to relax. That's why I like my study room so much.

해석 p.202

Vocabulary

- several: 여러 개
- study room: 서재, 공부방
- simple: 단순한
- bookshelf: 책장
- couch: 소파
- relax: 휴식하다
- stressed out: 스트레스를 받는
- favorite room: 가장 좋아하는 방
- luxurious: 화려한
- painted in light blue: 연청색 페인트로 칠해진
- comfy: 편안한(= comfortable)
- the truth is: 사실은
- listen to music: 음악을 듣다
- long day: 힘든 하루

Guide **Question 2** Let's talk about your house. Describe your neighborhood in detail. Tell me about a place around your house or apartment building. What does it look like? Why do you like that place?

당신의 집에 대해서 말해 봅시다. 당신의 집 또는 아파트 주변 지역에 대해 자세히 묘사해 보세요. 어떻게 생겼고, 왜 그곳을 좋아하나요?

Answer Procedure

집의 위치와 인근에 자주 가는 장소에 대해 자세하게 묘사해 본다.

1. Talk about your house and describe the place nearby. 집과 인근에 대해 설명

Ex I think my neighborhood is a very convenient and quiet place for families to live. It has a good mix of modern facilities and natural beauty.

저희 동네는 가족들이 살기 매우 편리하고 조용한 곳입니다. 현대적인 시설과 자연의 아름다움이 잘 어우러진 곳입니다.

Tips convenient: 편리한   have a good mix of A and B: A와 B의 조화가 잘 이루어져있다

2. Where is the place that you most often go to? What did you do there?
자주 가는 장소와 그 장소에서 주로 하는 일

Ex There's a large playground where my kids can play in my apartment complex. I often go there. There are a lot of trees, so I normally spend time reading books on a bench while my kids are playing in the playground.

우리 아파트 단지 내에는 아이들이 놀 수 있는 큰 놀이터가 있어요. 거기 자주 가요. 나무도 많아요. 그래서 저는 제 아이들이 놀이터에서 노는 동안 벤치에서 책을 읽으면서 시간을 보내요.

Tips apartment complex: 아파트 단지

3. What is the best thing about that place? 자주 가는 장소의 가장 좋은 점

Ex When I want to get some fresh air, I can take a relaxing walk to the playground and ride on the swings.

신선한 공기를 마시고 싶을 때, 공원에서 느긋하게 산책을 하거나 그네를 타요.

Tips get some fresh air: 신선한 공기를 마시다   take a walk: 산책하다

Model Answer

[1] I think my neighborhood is a very convenient and quiet place for families to live. It has a good mix of modern facilities and natural beauty. [2] For example, there's a large playground where my kids can play in my apartment complex. I often go there. There are a lot of trees, so I normally spend time reading books on a bench while my kids are playing in the playground. [3] When I want to get some fresh air, I can take a relaxing walk to the playground and ride on the swings. All in all, my neighborhood is really nice.

해석 p.202

Write It

Question 3 Tell me about the place you lived in when you were a child. Describe your home in detail.

어렸을 때 살았던 장소에 대해 말해 보세요. 그리고 어렸을 때 살던 집에 대해 자세히 묘사해 보세요.

Model Answer
When I was young, I **used to** live in a big house in the country. We had a big family so it was nice to live there. **As I remember**, there were three bedrooms and a big living room in my old home. Our family spent a lot of time in the living room, watching TV and talking to each other. And there was **the basement where** my mom **kept** things like **old clothes**, **toys** and books. My older sisters and I used to **play hide-and-seek** there a lot. I miss my old home because I made a lot of happy memories there. I hope I can live in a house like that again **someday**.

해석 p.202

Vocabulary
- used to ~: ~하곤 했다
- the basement where (주어) + (동사): (주어)가 (동사)했던 지하실
- old clothes: 헌 옷들
- play hide-and-seek: 숨바꼭질하다

- as I remember: 내 기억에 따르면
  (= from what I remember)
- keep: 두다, 보관하다
- toy: 장난감
- someday: 언젠가

Tips

1. When I was young, I used to live in a big house in the country: 「used to~」는 '~했었다'라는 과거 표현을 말할 때 쓴다.
   - Ex) I <u>used to</u> play soccer in a playground.

2. There were three bedrooms and a big living room in my old home: 「There were(was)~」는 '~가 있었다'라는 뜻으로 장소를 묘사할 때 흔히 쓰는 표현이다.

3. Our family spent a lot of time in the living room, watching TV: 「spend+time+~ing」는 '~하느라 시간을 보내다'라는 뜻의 구문이다.
   - Ex) You should <u>spend</u> more <u>time</u> exercising.

SOS (Skills of Speaking)

Place (Descriptive Speaking)

장소와 관련된 묘사에는 자신의 집, 방, 살고 있는 동네, 대학교 캠퍼스, 자주 가는 공원 등의 특정 장소의 분위기, 시설, 주변 환경, 특징 등이 포함된다. 거주자 관련 질문과 함께 자신의 집이 위치한 동네, 주변 이웃들에 대한 질문도 준비해야 한다.

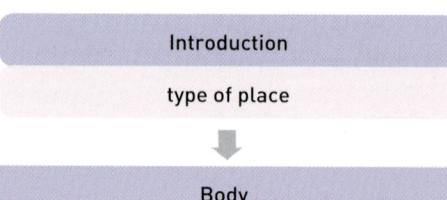

Introduction
type of place

Body
description of place (design, location, facilities, rooms, furniture)
descriptive expressions: brand new apartment complex, on the seventh floor, in front of my house, next to the lake, near the subway station, downtown, with a great view

Conclusion
overall impression

Writing : Sample Sentences

1. I live in an apartment in the Hongdae area.
저는 홍대 지역에 있는 아파트에 삽니다.

> *I live in a studio apartment near my company.*

2. It's not one of those fancy apartment complexes.
여기는 그렇게 화려한 아파트 단지는 아닙니다.

3. There are two bedrooms, one guest room, and a bathroom.
두 개의 방과 1개의 손님 방, 그리고 화장실이 있습니다.

4. It doesn't even have a great view.
좋은 전망을 가진 것도 아닙니다.

5. It is quite close to my work place.
제 일터랑 꽤 가깝습니다.

Practice **Question 4** Now describe where you live. Please tell me something about your neighbors or people who live near your apartment. How often do you meet them? Also, what do you usually do with them?

당신이 사는 곳을 묘사해 보세요. 당신 동네 또는 당신의 아파트 근처에 사는 이웃에 대해 말해 주세요. 얼마나 자주 이웃들을 만나나요? 그리고 이웃들과 주로 무엇을 합니까?

Model Answer

[Step 1] I live in an apartment in the Hongdae area. There are two bedrooms, one guest room, and a bathroom. I've lived here for three years but I don't like the neighborhood that much. Hongdae is a place where there are a lot of cafes, nightclubs, and bars. The only reason I live here is because it's quite close to my work place. [Step 2] I hardly know my neighbors but I do know one person very well. Her name is Jinny. She **lives** right **next door to** me. On the day I **moved into** my apartment, I was **having a hard time moving** my boxes and **kindly enough** she offered to help me. [Step 3] **It turned out** we **had a lot in common**. We instantly **bonded**. We see each other at least once or twice a week. We normally have **harmless conversations** over coffee.

해석 p.202

Vocabulary

- live next door to ~: ~옆집에 살다
- have a hard time ~ing: ~하느라 고생하다
- it turns out (주어) + (동사): 알고 보니 (주어)가 (동사)하더라
- harmless conversation: 가벼운(진지하지 않은) 대화
- move into ~: ~로 이사 오다
- kindly enough: 친절하게도
- have a lot in common: 공통점이 많다
- bond: 마음이 통하다

Tips

1. where there are a lot of cafes, nightclubs, and bars: 「where A and B」는 'A와 B가 있는 곳'이라는 의미이다.

2. the only reason I live here is: 「the only reason+(주어)+(동사)+is ~」는 '(주어)가 (동사)하는 유일한 이유는 ~ 이다'라는 뜻의 표현이다.

Idea Flow

Step 1: 홍대 근처 아파트에 3년 정도 살고 있다.
Step 2: 옆집에 사는 Jinny와 친하며 내 이삿짐 나르는 걸 도와준 후 친구가 되었다.
Step 3: 공통점도 많아서 자주 만나 커피를 마신다.

Role Play

Question 5 I'm sorry, but there is a problem you need to resolve. Imagine that on the day you move, your refrigerator doesn't work. Call the service center, explain what is going on and ask for a repair as soon as possible.

유감스럽게도 당신이 해결해야 할 문제가 있습니다. 이사하는 날 냉장고가 작동하지 않는다고 가정해 보세요. 수리공에게 전화해서 상황을 설명하고 가능한 빨리 수리를 해 달라고 부탁해 보세요.

Model Answer

[Step 1] Hello? Is this the SM **Electronics** repair service center? [Step 2] I have a little problem here at home. Actually, I moved today and had a really **hectic day**. After moving my furniture, I realized that my **refrigerator** was not working **properly**. So, I was wondering if you could send a **repairman** to my home **as soon as possible**. I know it is **short notice** and that also today is Sunday. [Step 3] However, I really need to fix it **immediately**. Can you come right now? Thank you. I live in Mapo. It should only take you about 15 minutes to get here. Thank you. See you soon.

해석 p.203

Vocabulary

- electronics: 가전제품
- refrigerator: 냉장고
- repairman: 수리하는 사람
- short notice: 짧은 안내
- hectic day: 힘든 하루
- properly: 적절하게
- as soon as possible: 가능한 빨리
- immediately: 즉시(= right now)

Tips

1. Is this the SM Electronics repair service center?: 「Is this ~?」는 '거기 ~ 맞나요?'라는 뜻으로 전화할 때 상대방을 물어보는 표현이다.
2. I was wondering if you could send a repairman: 「I was wondering if ~」는 무언가를 부탁할 때 쓰는 대표적 표현이다.

Idea Flow

Step 1: 인사말과 함께 자신이 고객임을 밝힌다.
Step 2: 자신의 문제점을 말하고 대책을 제안한다.
Step 3: 제안에 대한 답변을 기다린다거나 감사하다는 말로 마무리한다.

LESSON SUMMARY

OPIc

주거지에 대한 묘사는 장소의 내부, 외부에 대한 객관적 설명과 느낌이 들어가 있어야 한다.

큰 부분에서 작은 부분, 밖에서 안으로 일반적인 것에서부터 구체적인 것의 방향으로 기술하는 것이 논리적이다.

※ 시험에 자주 등장하는 장소 관련 문제
- 자신이 살고 있는 동네, 집, 내 방, 이웃, 집안일, 대학교 캠퍼스, 자주 가는 공원, 여행 장소, 영화관, 캠핑장 등이 있다.

Strategies

1. 유도부사를 사용하여 장소 표현하기
   - there is + 단수
   - there are + 복수
   ex) There is a big rectangular table in the middle of the room.

2. 부사구를 사용하여 구체적으로 장소 묘사하기
   ex) You can see the beautiful sunset from the banks of the river.

3. 살고 있는 집/방/학교/직장 등 장소를 묘사할 때, 장소 바깥 부분부터 내부 순서로 설명하기

4. 형용사를 사용하여 장소 묘사하기
   ex) My apartment is not that big of fancy.

5. 관계 대명사와 관계 부사를 사용하여 건물이나 장소 묘사하기
   ex) Bundang is the city where I live.
   There aren't many restaurants or cafes in my neighborhood.

Additional OPIc Questions

1. What do you like and dislike about your house? Tell me all the details.
2. Can you describe a park near your home that you frequently visit?
3. When you were a child, did you do any chores at home? If so, what were your responsibilities? Tell me about them in detail.
4. Let's talk about your room. What kinds of furniture do you have in your room? Please describe your room in detail.

Lesson 04 Work

Oral Proficiency Interview-computer

Preview

Q1 Tell me all about your job. What kind of work do you do?

Q2 Tell me about your co-workers.

Work

Types of Companies
- the head office, a branch, a subsidiary
- an electronics company, a trading company
- advertising company, construction company, bank, insurance company

Types of Departments/Teams
- IT Department, Sales Department, R&D Department
- HR Team, Finance Team, Marketing Team, Advertising Team
- Customer Support Center

Types of Jobs
- businessman, engineer, accountant, computer programmer, salesperson, researcher, bank manager, bank teller, designer, financial advisor, financial trader

Types of Positions
- CEO (Chief Executive Officer), CFO (Chief Finance Officer), Managing Director
- General Manager, Deputy General Manager, Manager
- Assistant Manager, staff

Idea Map

Question 1 You indicated that you are currently working. Tell me about your company. What kind of products or services does it offer? What is your impression of the company?

직장에 근무하신다고 표시하셨습니다. 당신의 회사에 대해 말해 주세요. 당신의 직장은 어떤 상품이나 서비스를 제공하나요? 직장에 대한 인상은 어떤가요?

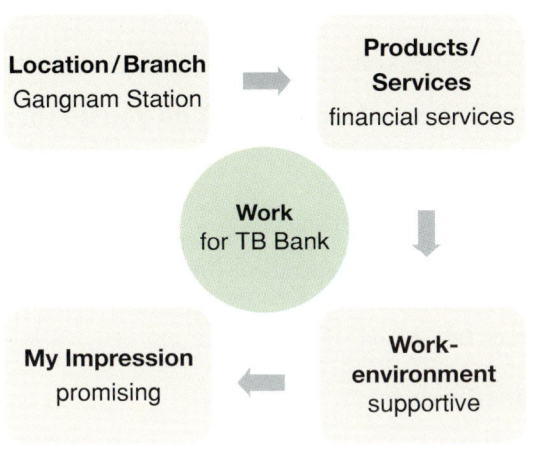

Model Answer

[직장 소개] I work for TB bank as a **bank teller**. TB bank **was established** around 32 years ago and has 132 **branches nationwide**. [위치] I work at the Gangnam branch. It is located near Gangnam station. [서비스 설명] We **provide** bank customers **with** all kinds of **financial services**. There are funds, **deposits** and **loans**. Specifically, we accept cash for deposit. We also deal with cash **withdrawals**. Also, we open new **accounts** and sometimes recommend suitable products to customers. [환경] I chose this bank because my company is very supportive. It offers various activities and clubs. Many **colleagues** take part in volunteering. [의견] I believe my company is **promising** and **efficient**.

해석 p.203

Vocabulary

- bank teller: 은행 직원
- branch: 지점
- provide A with B: A에게 B를 제공하다, 주다
- deposit: 예금
- withdrawals: 인출
- colleague: 회사 동료
- efficient: 능률적인
- be established: 설립되다
- nationwide: 전국적인
- financial services: 금융 업무
- loan: 대출금, 융자금
- accounts: 계좌
- promising: 유망한, 촉망되는

Guide

Question 2 You indicated that you are currently working. Which department do you work in? What are your responsibilities during working hours? Tell me all about your duties in detail.

현재 직장 생활을 한다고 했습니다. 어느 부서에서 일하나요? 근무 시간에 하는 일이 무엇인가요? 업무에 관하여 자세히 이야기해 주세요.

Answer Procedure

부서를 말하고, 주 업무를 포괄적으로 언급한 다음, 그 중 한 두 가지 업무를 골라서 구체적으로 자세하게 소개한다.

1. Which department do you work in? What do you do there?
부서 소개와 업무 개요

> **Ex** I work in the Human Resources Department. I'm in charge of all the work related to employees. 저는 인사부에서 일합니다. 직원 관련 업무 담당입니다.
> **Tips** Human Resources Department: 인사부   be in charge of ~: ~를 책임지고 있다, ~ 담당이다

2. What are your specific duties? 주요 업무 소개

> **Ex** Mainly, I handle documents for the employees. Also, I look over applicants' résumés. I also contact employees and talk about the contracts. In addition, I update our records when there is new information. 주로 직원들 서류를 하는데요. 지원자 이력서도 검토합니다. 계약 관련으로 직원들과 통화하구요. 거기다가 새로운 정보는 추가도 합니다.
> **Tips** document: 서류   look over: 검토하다   in addition: 게다가

3. How do you feel about your responsibilities? What do you most care about? 업무에 대한 본인의 느낌과 가장 신경 쓰는 부분

> **Ex** We have around 1,000 employees in our company. I sometimes get stressed out from managing all their documents. However, I never leave for home without organizing things because I don't want to misplace any files. 회사 전체 직원 1000명의 서류를 다루다 보면, 가끔 녹초가 될 때가 있습니다. 하지만, 모든 것을 다 정리해야 퇴근합니다. 서류가 섞이지 않도록 말입니다.
> **Tips** get stressed out from ~: ~ 때문에 녹초가 되다   leave for home: 퇴근하다

Model Answer

[1] I work in the human resources department. I'm in charge of all the work related to employees. [2] Mainly, I handle documents for the employees. Also, I look over applicants' résumés. I also contact employees and talk about the contracts. In addition, I update our records when there is new information. [3] We have around 1,000 employees in our company. I sometimes get stressed out from managing all their documents. However, I never leave for home without organizing things because I don't want to misplace any files.

해석 p.203

Write It   **Question 3** Describe a memorable co-worker. Which department was he or she in? Why does that person stick in your memory? Tell me all the details.

가장 기억에 남는 동료는 누구인가요? 어떤 부서 사람이었나요? 어떤 잊지 못할 기억이 있나요? 자세히 말해 주세요.

Model Answer

There was one **co-worker** I can never forget. His name was Jungtae Kim. He was working in the **General Affairs Team**, so he **was familiar with how things were going around** in the company. He helped me **fit in** at work. I joined the company right after I graduated from college. It was my first job, so I was very **nervous** at first. **Moreover**, I didn't know anyone in the office. Jungtae introduced me to the other co-workers. He also showed me where everything was. Thanks to his kindness, I was able to **smoothly adjust to** a new work **environment**. We became very good friends. We are still very good friends and co-workers **to this day**.

해석 p.203

Vocabulary

- co-worker: 동료
- be familiar with ~: ~에 익숙하다
- fit in ~: ~와 어울리다, 맞다
- nervous: 긴장한, 초조한
- smoothly: 부드럽게
- environment: 환경

- General Affairs Team: 총무과
- how things were going around: 일이 어떻게 돌아가고 있는지
- moreover: 게다가
- adjust to ~: ~에 적응하다
- to this day: 오늘까지

Tips

1. I joined the company right after I graduated from college: 'graduate'는 '~를 졸업하다'의 뜻으로, 자동사임에 주의하자. 따라서 다음에 목적어가 오지 않고, 전치사 from 다음에 명사를 써 준다.
   Ex He <u>graduated from</u> YS University in 1988.

2. Thanks to his kindness, I was able to smoothly adjust to a new work environment: 「be able to」는 조동사 can처럼 '~할 수 있다'는 뜻으로, 주어에 따라 be동사를 바꾸어 준다. can은 미래 시제를 만들 수 없지만, 「will be able to」처럼 조동사 will을 붙여서 미래 시제를 만들 수 있다.
   Ex I'll <u>be able to</u> finish it if I have more time.

Lesson 04 | 45

SOS (Skills of Speaking)

Tense (Speaking Accuracy)

시제의 잘못된 사용은 감점의 요인이 된다. 문제에서 요구하는 상황에 맞는 시제를 택하여 사용해야 한다.

1. 현재: 현재의 습관, 가정이나 직장에서의 일상을 표현할 때 사용하며, 빈도부사를 사용해 보자.
2. 현재 진행형: 현재 진행 중인 프로젝트나 과제, 갈등하고 있는 문제를 이야기할 때 사용한다.
3. 과거: 과거에 있었던 일. 과거 시제와 사용하는 부사를 익혀 둔다.
4. 현재 완료: 완료된 행동이나 경험을 이야기할 때, 과거부터 계속 이어진 행동을 말할 때 쓴다.
5. 미래: will, be going to 앞으로의 계획을 말할 때 사용한다.

과거 Past
- 시제: was/were, 과거 동사
- 부사: yesterday, five months ago, last year

현재 Present
- 시제
  1) 현재 동사: 습관이나 일상생활을 말할 때
  2) 진행형 (be+~ing): 현재 벌어지고 있는 일 묘사할 때
- 빈도부사: always, sometimes, often, rarely, hardly

미래 Future
- 시제: will, be going to
- 부사: this Saturday, next year, two years later

현재 완료 Present Participle
- 시제: have + p.p.
  1) 완료: 이미 끝난 일을 말할 때
  2) 경험: 예전에 겪은 경험을 말할 때
  3) 계속: 과거에 시작해서 현재까지 계속되고 있는 일을 말할 때
- 부사: already, for ~ years, since, ever, never, yet

Writing : Sample Sentences

1. My company was founded by Jaemin Lee in 1967.
우리 회사는 1967년 이재민이라는 사람에 의해 설립되었습니다.

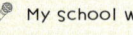 My school was founded by a missionary in 1946.

2. After Mr. Lee died, his son became the owner.
이재민 사장님께서 돌아가시고 그의 아들이 사장이 되었습니다.

3. Our company is famous for semiconductors.
저희 회사는 반도체로 유명합니다.

4. Our company will build up new local bases all over the world.
우리 회사는 세계 곳곳에 현지 지사를 건설할 것입니다.

Practice

Question 4 I'd like to know about the history of your company. When was it founded and who was the founder? What were your company's first products? Explain the background and vision of your company in detail.

회사 연혁에 관해 알고 싶습니다. 언제 설립되었고, 창업자는 누구인가요? 첫번째 상품은 무엇이었나요? 회사 배경과 비전에 대해서도 자세히 말씀해 주십시오.

Model Answer

[Step 1] My company **was founded** by Jaemin Lee in 1967. Originally, it was a small **electronics importing** company. Soon, the company became an electronics **manufacturer**. It took only several years for our company to become one of the top electronic manufacturers in the country. [Step 2] After Mr. Lee passed away, his son became the owner. He was very **enthusiastic** and he **expanded** our production lines into **semiconductors**. Many factories were opened in China, Europe and East Asia after he became the CEO. Thanks to him, our company became one of the world's top brands. [Step 3] This year, he announced our company's **long term strategy**. According to him, our company will **build up** new **local bases** all over the world by 2020.

해석 p.203

Vocabulary

- be founded: 설립되다
- import: 수입하다
- enthusiastic: 열렬한, 열광적인
- semiconductor: 반도체
- build up: 건설하다
- electronics: 전자제품
- manufacturer: 제조사, 생산회사
- expand: 확장하다
- long term strategy: 장기 전략
- local bases: 현지 기지

Tips

1. It took only several years for our company to become one of the top electronic manufacturers: '시간이 걸리다'는 표현은 「It takes ~」를 쓴다. '~가 ~하는데 ~이 걸리다'라고 할 경우에는 「It+takes+사람+시간+to부정사」를 쓰면 된다.
2. Our company became one of the world's top brands: 「one of+복수 명사」는 '~ 중 하나'라는 의미이다. '많은 대상이 있는데 그 중에서 하나' 이기 때문에 one of 뒤에는 복수명사가 온다.

Idea Flow

Step 1: 회사가 언제, 누구에 의해서 설립되었는지, 회사의 첫 상품은 무엇이었는지 말한다.
Step 2: 회사의 발전과 확장 과정을 시간 순으로 전개한다. 현재 주력 상품, 현재 회사 위치도 언급한다.
Step 3: 회사의 미래, 비전으로 마무리한다.

Lesson 04 | 47

Role Play

Question 5 I'm going to give a situation for you to act out. Your boss just asked you to stay to work overtime tonight. However, you must leave on time tonight. Explain the situation to your boss and give reasons why you cannot work overtime.

상황을 드릴테니 연기를 해 보세요. 당신의 상사가 오늘 야근을 하라고 합니다. 하지만, 당신은 오늘 제 시간에 퇴근해야 합니다. 상사에게 상황을 설명하고 왜 야근을 할 수 없는지 이유를 말해 보세요.

Model Answer

[Step 1] Excuse me, sir. Do you have a minute? I'd like to talk about **working overtime** tonight. I understand we're **extremely** busy with the project. I'm also aware that we need to work overtime to **meet the deadline**. [Step 2] However, there is a problem. Tonight, my family has **a memorial service** for my **deceased** father. I am **the only son** in my family, so I am responsible for holding the service. If I don't go, my mother would have to take care of everything by herself. I'm sorry that I have to **leave on time** tonight. [Step 3] However, I've already finished 95% of the project and I **handed** it **over** to Jongchan to finish it. **If needed**, I can come this Sunday to **complete** it. May I do that?

해석 p.203

Vocabulary

- work overtime: 시간 외(초과) 근무를 하다
- meet the deadline: 마감 기한을 맞추다
- deceased: 사망한, 고인의
- leave on time: 정시에 떠나다
- if needed: 필요하면
- extremely: 극도로, 심하게
- a memorial service: 추도식, 제사
- the only son: 외아들
- hand ~ over: ~를 넘겨 주다
- complete: 완결하다

Tips

1. Do you have a minute?: '잠시 이야기를 나눌 시간이 있으세요?'라고 묻는 표현이다. 할 이야기가 있을 경우, 단도직입적으로 '할 말 있다'고 말하기 보다 '이야기할 시간이 있느냐'고 물으면 매끄럽다.

2. I'm also aware that we need to work overtime to meet the deadline: '~에 대해 잘 알고 있습니다' 라고 할 때 'I know' 이외에 'I understand', 'I'm aware that~' 등의 표현으로 다양하게 사용해 본다.

Idea Flow

Step 1: 상사에게 야근을 해야 하는 상황은 이해하지만 문제가 생겼다고 말한다.
Step 2: 야근을 못하는 상황과 이유를 구체적으로 설명한다.
Step 3: 야근에 하지 못한 일을 대체할 수 있는 방법을 제시한다.

LESSON SUMMARY

OPIc

회사에 대한 문제는 미리 준비하지 않으면 전문적일 수 있어서 답하기 힘들 수 있다. 문제 유형은 일정하지만, 일상부터 전문적인 업무까지 포괄적이기 때문이다. 회사와 자신의 업무에 대한 관련 어휘 및 표현을 익히고 이야깃거리를 다양하게 준비한다.

1. 회사관련
    - 회사 소개: 이름, 위치, 역사
    - 사업 분야와 주요 제품
    - 직장 환경, 동료 및 상사
2. 사무실 관련
    - 사무실 묘사, 사무실에서 사용하는 기기 설명
3. 업무 관련
    - 주요 업무 설명
    - 현재 하고 있는 프로젝트, 가장 인상에 남는 프로젝트
4. 출퇴근 방법, 점심시간
    - 교통수단, 출퇴근에 걸리는 시간, 출퇴근 시간
    - 점심시간: 누구와 어디서 어떤 음식을 먹는지, 점심시간을 보내는 방법, 사내 식당 소개
5. 출장
    - 어떤 일로, 어디로 출장을 갔는지, 출장 관련 가장 인상 깊었던 일
6. Role Play
    - 제 시간에 기한을 맞추지 못하는 업무나 회의에 대해 상황을 설명하고 다른 방법 제시하기

Strategies

1. 문제 유형에 따라 주로 사용하는 시제를 익혀둔다.
    - 묘사하기, 설명하기: 현재, 현재 진행
    - 경험, 에피소드 이야기하기: 과거, 현재 완료
    - 자신의 느낌으로 마무리하기: 미래

2. 맥락에 맞는 시제를 사용해서 문법적 오류를 범하지 않도록 한다.
    - 현재: 현재의 습관, 가정이나 직장에서의 일상
    - 현재 진행형: 현재 진행 중인 프로젝트나 과제, 갈등하고 있는 문제
    - 과거: 과거에 있었던 일
    - 현재완료: 완료된 행동, 경험, 과거부터 계속 이어진 행동
    - will, be going to: 앞으로의 계획

3. 시제를 보여 줄 수 있는 빈도부사나 부사구를 다양하게 사용한다.
    - 현재(빈도부사): always, sometimes, often, rarely, hardly
    - 과거: yesterday, five months ago, last year
    - 현재 완료: already, for ~ years, since, ever, never, yet
    - 미래: this Saturday, next year, two years later

Additional OPIc Questions

1. Tell me about your lunch break at work. Where do you have lunch? Who do you eat lunch with? What do you usually have?
2. Let's talk about the tasks you usually do at work. Please tell me in detail.
3. You indicated in the survey that you work. Can you tell me about your workplace? Describe it in detail.
4. Have you had any problems with your co-workers or your boss? What was the problem and how did you solve it? Tell me in detail.

Lesson 05 Travel

Oral Proficiency Interview-computer

Preview

Q1 Can you describe your latest trip?

Q2 What country or city would you like to travel to in the future?

Travel

Type of Travel
- overseas trip, domestic trip
- take a field trip, go backpacking, take a business trip, take a road trip
- package tour, group tour
- honeymoon

Types of Transportation
- fly, take the plane, take the train, drive a car, take a ferry, take a boat, go on foot
- public transport

Itinerary
- visit the Eiffel Tower, take a bus tour around the city, go sightseeing, eat local delicacies, go shopping, drop by duty-free shops

Traveler's Checklist
- book flights, hotel reservation, book in advance, make a passport, get a visa, get the best price, check the weather, rent a car, arrange for a pickup, set a meeting point

Idea Map

Question 1 You indicated in the survey that you like to travel. Can you describe one of the countries or cities you have traveled to? What was it like? Describe in detail.

여행하는 걸 좋아한다고 설문에 답했습니다. 여행했던 나라 혹은 도시를 묘사할 수 있나요? 어땠나요? 자세히 묘사해 보세요.

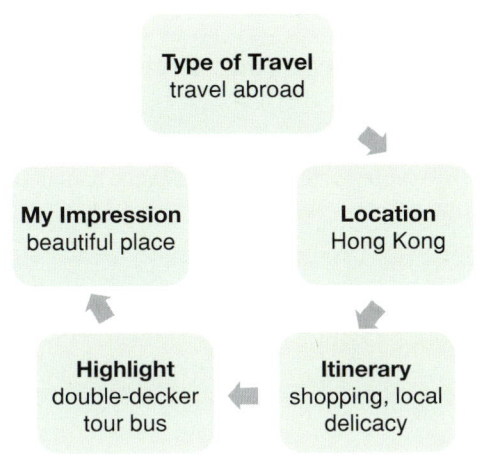

Model Answer

[여행 종류] I like to travel. I **especially** like to **travel abroad**. [목적지] During my last summer vacation, I **took a** short **trip to** Hong Kong. I went there with my friends. [일정] **Even though** we stayed there for only a week, we did many things. We **did** some **shopping** and ate some **local delicacies** at famous restaurants. [여행 하이라이트] **Best of all**, we **took** one of those **double-decker sightseeing buses**. [인상] Hong Kong was so **amazingly** beautiful at night. I could understand why Hong Kong was called 'the **pearl** of Asia'. Someday, I'd like to visit Hong Kong again.

해석 p.204

Vocabulary

- especially: 특별히
- take a trip to ~: ~로 여행하다
- do shopping: 쇼핑하다
- best of all: 무엇보다도
- double-decker sightseeing bus: 이층 관광버스

- travel abroad: 해외로 여행하다
- even though ~: 비록 ~하기는 했지만
- local delicacy: 현지 별미
- take the bus: 버스를 타다
- amazingly: 놀랍게도
- pearl: 진주

Guide

Question 2 What is the most memorable tourist attraction in your country? Why is the place so unforgettable? Please tell me in detail.

당신의 나라에서 가장 인상적인 기억에 남는 여행지는 어디인가요? 왜 그곳이 잊혀지지 않나요? 자세히 말해 보세요.

Answer Procedure
여행에 대한 경험을 바탕으로 인상 깊었던 여행지를 소개한다.

1. Do you like to travel? How often do you travel? 여행 빈도수

(Ex) I love to travel a lot. So, I travel quite often, and I've been to a lot of places in Korea.
여행을 많이 좋아합니다. 그래서 꽤 자주 여행을 하고 한국의 많은 곳을 가봤습니다.
Tips a lot: 많이   have been to ~: ~를 가봤다

2. What's the most memorable place you've ever traveled to? Why was it so special? 여행해 본 곳 중 가장 기억에 남는 곳과 이유

(Ex) Jeju Island was the most memorable because it's such an amazing place. It's famous for nice breezes, warm weather, and incredibly beautiful exotic scenery.
제가 가장 좋아하는 곳은 제주도입니다. 그곳이 멋진 곳이기 때문이죠. 그곳은 기분 좋은 바람과 따뜻한 날씨, 놀라울 만큼 아름다운 이국적인 풍경으로 유명합니다.
Tips be famous for ~: ~로 유명하다   breeze: 산들바람   exotic: 이국적인   scenery: 풍경

3. What did you do there? Tell me about it in as much detail as you can.
여행지에서 한 일에 대해 묘사

(Ex) When I went to Jeju Island, I climbed Halla Mountain, which is one of the most beautiful mountains in Korea. It took almost five hours to go all the way up and another five hours to come down.
제주도에 갔을 때 저는 한라산을 올랐습니다. 그 산은 한국의 가장 아름다운 산 중 하나죠. 정상에 오르는데 5시간이 걸렸고 내려오는데 다시 5시간이 걸렸어요.
Tips all the way up: 그 끝까지

Model Answer

[1] I love to travel, so I've traveled to a lot of places in Korea. [2] Jeju Island was the most memorable because it's such an amazing place. It's famous for nice breezes, warm weather, and incredibly beautiful exotic scenery. [3] Another thing that Jeju Island is famous for is Halla Mountain, which is one of the most beautiful mountains in Korea. It took me almost five hours to go all the way up and another five hours to come down. But when I was up there, I felt like I owned the world. So next time I go to Jeju Island, I will definitely climb that mountain again.

해석 p.204

Write It

Question 3 You indicated in the survey that you like to travel. What is the most memorable country or city you've ever traveled to? What was it like? What did you like about it? What did you not like about it?

설문에 여행을 좋아한다고 했습니다. 여행했던 가장 기억에 남는 나라 혹은 도시는 어디인가요? 어땠나요? 무엇이 그렇게 좋았나요? 그리고 그곳의 무엇이 마음에 들지 않았나요?

Model Answer

I love to travel. However, I can't do it often because **I'm** usually **busy working** and studying. So every vacation I get, I try to travel. I **have been to** quite a few places but I love New York the most. The beautiful **skyscrapers** and streets, **the Smithsonian Museum**, **the Statue of Liberty**, Broadway musicals.... I just loved everything about it except the traffic. The traffic was terrible. It **kind of** reminded me of Seoul, but Seoul has a better subway. Well, of course it's not a competition. Anyway **what I really liked about** New York is that it was really a **melting pot** of a city. I **got to** meet a lot of people **from all over the world**. It was an amazing experience.

해석 p.204

Vocabulary

- be busy ~ing: ~하느라 바쁘다
- skyscraper: 고층 건물, 마천루
- the Statue of Liberty: 자유의 여신상
- kind of: 조금
- melting pot: (인종과 문화가 섞여있는) 도가니
- get to ~: ~하게 되다
- have been to ~: ~에 가봤다
- the Smithsonian Museum: (뉴욕에 있는) 스미소니언 박물관
- what I really liked about A: 내가 A에서 가장 좋아했던 점은
- from all over the world: 전 세계에서 온

Tips

1. every vacation I get: 「every (명사)+(주어)+(동사)」는 '~하는 족족'이라는 의미이다.
   Ex You're responsible for every decision you've made.

2. It kind of reminded me of Seoul: 「remind A of B」는 'A에게 B를 상기시키다'라는 표현이다.
   Ex That reminds me of what I had to go through in my freshman year.

3. What I really liked about New York is that it was really a melting pot of a city: 「What I really like about A is B」는 '내가 A에게서 가장 마음에 들었던 것은 B이다'라는 의미이다.
   Ex What I like about my apartment is that it's big enough for me.

SOS (Skills of Speaking)

Word Order (Speaking Accuracy)

어순(Word Order)이란 단어의 배열을 의미한다. 문장을 만드는 가장 기본적인 문법으로, 가장 기본이 되지만 또한 가장 많은 실수가 일어나는 부분이기도 하다. 어순 실수는 글쓰기에서보다 말하기에서 더 일어나기 쉽다. 말할 때는 상대적으로 집중력이 떨어지기 때문이다. OPIc에서 가장 많이 사용하는 평서문과 의문문을 반복 연습하여 영어의 어순을 우리말처럼 습관화하는 것이 중요하다.

의문문에서 많이 쓰이는 Word Order Pattern

Pattern	Examples
Do you ~?	• Do you enjoy traveling? • Do you know anyone from England?
Did you ~?	• Did you like the place? • How long did you stay there?
Have you ~?	• Have you been to Europe? • How long have you known him?
Will you ~? Are you going to ~? Are you ~ing ~?	• Will you go to the travel agency with me? • Are you going to go to the Smithsonian Institution? • Are you planning on taking a trip this summer?
Can you ~?	• Can you spell it out for me? • Why can't you go there with me?
Would you ~?	• Would you do me a favor? • What would you buy for your mother?

Writing : Sample Sentences

1. **Have you ever been to Busan?**
   부산에 가본 적이 있나요?

    Have you ever been to Paris?

2. **Can you help me with this project?**
   이 프로젝트를 좀 도와주시겠습니까?

3. **Do you think that Seoul is a good place to live?**
   서울이 살기 좋은 곳이라고 생각합니까?

4. **Are you planning on visiting Hong Kong again?**
   홍콩에 다시 방문할 계획이십니까?

Practice

Question 4 **You indicated in the survey that you like to travel. What place in Korea would you like to recommend to foreign travelers? Why would you like to recommend this place?**

설문에 여행을 좋아한다고 답했습니다. 외국인 여행자들에게 한국의 어디를 추천하고 싶은가요? 왜 그곳을 추천하고 싶죠?

Model Answer
[Step 1] **As you may know**, Korea is a country with a long history. So there are many **tourist attractions** in Korea. [Step 2] Among them I would definitely like to recommend Gyeongju to foreigners. It's located in southeast of Gyeongsang Province and it's about **a four-hour train ride from** Seoul. Gyeongju was the **capital** of Shilla, which was one of the three kingdoms of ancient Korea. [Step 3] There are wonderful temples, towers and palaces there. In Gyeongju, you can experience the **essence** of Korean temples. They are not as **fancy** as the ones in European countries. But they are simple, **quaint** and graceful, which I think is the true beauty of Korean **architecture**.

해석 p.204

Vocabulary
- as you may know: 아실지 모르겠지만
- a four-hour train ride from A:
  A에서 기차로 4시간 거리인
- fancy: 화려한
- architecture: 건축
- tourist attraction: 관광 명소
- capital: 수도
- essence: 정수
- quaint: 고풍스러운, 아취가 있는

Tips
1. which was one of the three kingdoms of ancient Korea: 콤마를 찍고 which를 써서, 앞에 나온 단어나 문장 전체에 대한 부가적인 내용을 기술할 수 있다.
   Ex She decided to stay in school, which was a really smart decision.

Idea Flow
Step 1: 한국에 관광지가 많다고 소개한다.
Step 2: 경주에 대해 설명한다.
Step 3: 경주의 불국사를 소개하며 마무리한다.

Role Play Question 5 **I'd like to give you a situation for you to act out. Imagine that you would like to send your parents to a nice place for their 30th wedding anniversary. Call a travel agency and ask a few questions about the place.**

당신이 행동할 상황을 드리겠습니다. 부모님의 30번째 결혼 기념일에 좋은 곳으로 여행을 보내드리고 싶습니다. 여행사에 전화해서 그곳에 대한 몇몇 질문을 하세요.

Model Answer

[Step 1] Is this KS travel agency? Hi. I'm calling to ask you a few questions. [Step 2] My parents' 30th wedding **anniversary** is coming up. My sisters and I are thinking about sending my parents to a really nice place for about a week. Would you **recommend** a place **for** my parents? My parents don't like cold weather, so is the place you're recommending **warm enough for** my parents? And if it's possible, we would prefer a beautiful **beach front villa** or **something like that**, not a hotel. So how much would that be **including** the flight, the villa, the food and everything else? [Step 3] Oh... **I almost forgot**! I have the most important question to ask: Is this place safe? Okay, so the place is safe. **Good to know**. Let me **check with** my sisters and **get back to** you on that. Thank you! Have a nice day!

해석 p.204

Vocabulary

- anniversary: 기념일
- warm enough for ~: ~에 맞게 충분히 따뜻한
- something like that: 뭐 그런 것
- I almost forgot: 잊어버릴 뻔했네요
- check with ~: ~와 상의하다
- recommend A for/to B: B에게 A를 추천해 주다
- beach front villa: 해변을 마주보고 있는 빌라
- including (명사): (명사)를 포함하여
- good to know: 다행이군요
- get back to ~: ~에게 다시 연락하다

Tips

1. Is this KS travel agency?: 「Is there a KS travel agency?」가 아니라 「Is this a KS travel agency?」임에 유의한다.
2. I'm calling to ask you a few questions: 「I'm calling to(about)~」은 전화 한 목적에 관해 말할 때 쓰는 표현이다.

Idea Flow

Step 1: KS 여행사에 전화를 걸어 확인하고 인사말을 한다.
Step 2: 여행이 필요한 상황에 대해 설명하고 본격적인 질문(날씨, 숙소, 가격 등)을 한다.
Step 3: 마지막으로 해당 지역의 안정성에 대한 질문과 인사말을 한다.

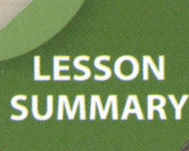

LESSON SUMMARY

OPIc

[여행 관련 내레이션 유형에서 많이 출제되는 문제]
- 인상적이었던 여행지, 가보고 싶은 여행지
- 여행 중 기억에 남는 경험, 별로 마음에 들지 않았던 경험, 여행시 있었던 문제점 말하기
- 여행 갈 때 챙기는 물품에 대해 말하기
- 집에서 보내는 휴가나 전형적인 휴가 모습 묘사하기

[롤플레이 유형]
- 여행사에 연락하기
- 좋은 여행지 추천해주기
- 여행 비행 시간 변경에 대해 여행사에 전화해서 물어보기
- 호텔 예약이 안된 경우 대책 마련하기
- 출장 중 미팅 시간 변경하기
- 서류를 가지오지 못한 상황에 대해 설명하고 방법 제안하기

Strategies

1. 문장을 말할 때, 기본적인 문형을 지켜서 문장을 만들도록 한다.

2. 우리나라 사람들이 어려움을 많이 느끼는 의문문의 어순을 많이 연습해 두어야 한다. 롤플레이 문제에서 반드시 출제되는 유형 중에 하나가 '질문하기'이기 때문이다.
   - Ex) Do you enjoy traveling?
     How long did you stay there?
     Have you been to Europe?
     Can you spell it out for me?

3. 여행사에 전화를 하거나 혹은 여행에 관한 질문, 설득을 하는 문제에 대비해서 여행에 대한 일반적인 질문들을 익혀두면 유용하다.
   - Ex) How much is the bus fare to the hotel?
     How much does the tour cost?
     How long does it take to fly to New York?

Additional OPIc Questions

1. Which do you prefer, traveling alone or traveling with other people? Please explain your reason in detail.
2. Who is the most memorable person you've ever met while traveling?
3. Can you describe your last trip in as much detail as possible?
4. I'd like to give you a situation for you to act out. You would like to travel overseas with your friends but you haven't decided on where to go. Call a travel agency and ask three or four questions about a good place to travel to.

Lesson 06 School

Oral Proficiency Interview-computer

Preview

Q1 Describe your University Campus.

Q2 What is/was your favorite subject or course?

School

School
- a national university, a private university, a community college, academy

Campus
- the main building, the lecture hall, a student center, a dormitory, a library, an auditorium, a cafeteria

Extra Activities
- go to the cafeteria, work out at a gym
- hold a festival, attend a graduation ceremony, go on a graduation trip, join a club
- run for School President

For Studying
- semester, freshman, sophomore, junior, senior
- attend/take a class, attend night class, do homework, take a test, take a midterm/final exam
- check out books in the library, do an experiment in the lab, take a field trip, give a presentation

Majors
- Computer Science, Business Management, Marketing, Social Sciences, Engineering, Psychology
- double major
- core course, selective course
- prerequisites

Idea Map

Question 1 Let's talk about your University. Where is it located? Are there any famous things or places on your campus? Also tell me about the area around the campus. Describe it in as much detail as you can.

대학교에 대해 이야기해 봅시다. 위치가 어디인가요? 유명한 장소나 사물이 있나요? 학교 주변 지역도 말해 주세요. 자세하게 묘사해 보세요.

School or Campus
- **Location**: in Seoul
- **Buildings**: marble
- **Popular Places**: a pond
- **Around the Campus**: many shops

Model Answer

[소개, 위치] I **went to** Kookmin **University** in Seoul. [건물] The campus **reminded** me **of** a huge castle. **Most of** the buildings **are built of marble**. The walls **are covered with ivy**. There are gardens all around the campus. [유명한 장소] There is also a big pond **in front of the main building**. The benches around the pond are **popular** places for students. Students like to sit there and read books or **take a rest**. **Most of all**, it is the most popular **spot** for couples. [학교 주변] When you walk out of **the main entrance**, you can see many shops and restaurants. I want to visit my school one day again because I miss everything.

해석 p.204

Vocabulary

- went to ~ University: ~대학을 다녔다
- most of: 대부분의
- marble: 대리석
- ivy: 담쟁이 덩굴
- the main building: 본관
- take a rest: 쉬다
- spot: (특정) 장소
- remind A of B: A에게 B가 생각나게 하다
- be built of ~: ~로 지어지다
- be covered with ~: ~로 덮여 있다
- in front of ~: ~의 앞에
- popular: 유명한
- most of all: 무엇보다도
- the main entrance: 정문

Guide

Question 2 Tell me about your favorite class while you were at school. What did you like about it? Give me all the details.

학창 시절 가장 좋아했던 수업에 대해서 말해 주세요. 왜 그 수업이 좋았나요? 자세하게 이야기해 주세요.

Answer Procedure

수업에 대한 소개와 수업 중에 일어난 에피소드를 말하고 본인의 느낌이나 인상으로 마무리한다.

1. Introduce the course or the class. 강좌나 수업 소개

Ex I majored in Business Management. All subjects were helpful, but I especially learned a lot from my Business Administration class.
저는 경영학 전공입니다. 모든 과목이 다 도움이 되었지만, 특히 경영학 수업을 통해 많은 것을 배웠습니다.
Tips major in~: ~를 전공하다   Business Management: 경영학(= Business Administration)

2. Tell me about something interesting that happened during the class/course. 수업 관련 기억에 남는 에피소드

Ex We took a field trip one day. The professor took us to one of the top Korean companies because the CEO of the company graduated from our school.
하루는 교수님과 함께 우리 나라 최고 기업 중 한 곳으로 견학을 갔습니다. 우리 학교 선배님이 그 회사의 CEO였어요.
Tips take a field trip: 견학 가다   graduate from ~: ~를 졸업하다

3. How did you feel? Why was the class/course special for you?
수업에 대한 본인의 느낌, 인상

Ex After an hour-long conversation with him, we could see why he succeeded in his field. It was a really practical and educational field trip.
한 시간의 대화를 통해서 우리는 왜 그분이 그의 분야에서 성공했는지 알겠더군요. 정말 실질적이고 많이 배운 견학이었습니다.
Tips succeed in ~: ~에 성공하다   field: 분야   practical: 실질적인   educational: 교육적인

Model Answer

[1] I majored in Business Management. All subjects were helpful, but I especially learned a lot from Business Administration. [2] We took a field trip one day. The professor took us to one of the top Korean companies because the CEO of the company graduated from our school. It was really fantastic to meet a famous CEO in person. He explained his management philosophy and his vision of the company. We learned about leadership skills. [3] After an hour-long conversation with him, we could see why he succeeded in his field. It was a really practical and educational field trip.

해석 p.204

Write It

Question 3 What is the most memorable experience you had while you were in school? What happened? Tell me about the experience in detail.

학창 시절 가장 기억에 남는 일은 무엇인가요? 어떤 일이 있었나요? 자세하게 이야기해 보세요.

Model Answer
I can never forget what happened to me **back in 8th grade**. One day, we **had a race** during **PE** class. I was very good at running. I easily **beat** everyone. While I was celebrating my victory, I **accidentally bumped into** one girl. We both screamed and **fell backwards**. Both of our noses bled a lot. All the students in the field **laughed out loud**. My face turned red. Ever since, my friends called us 'The Crash Couple'. My nickname **embarrassed** me. Looking back, it is a pleasant memory now. I **burst out laughing whenever** my friends **bring** it **up**. Do you know what happened to the girl I bumped into? She is living with me. She is my wife.

해석 p.205

Vocabulary

- back in 8th grade: 과거 8학년(중 2) 때
- PE: 체육(Physical Education의 줄임말)
- accidentally: 우연히
- fall backwards: 뒤로 넘어지다
- burst out laughing: 웃음보가 터지다
- bring ~ up: ~에 대한 이야기를 꺼내다
- have a race: 달리기 경주를 하다
- beat: 이기다
- bump into ~: ~와 부딪히다, ~와 우연히 만나다
- laugh out loud: 큰 소리로 웃다
- embarrass: 당황하게 하다
- whenever: ~할 때마다

Tips

1. One day we had a race during PE class: 기간을 나타내는 표현으로는 during과 for가 있다. during 다음에는 vacation, summer 같은 명사가 오고, for 다음에는 for five months처럼 숫자가 온다.
2. I was very good at running: '~를 잘 하다/못하다'는 표현은 「be good at ~/be bad at ~」을 사용한다. at이 전치사라서 동사가 올 경우 동명사 형태를 취한다.
   Ex He used to <u>be good at</u> dancing, but not anymore.

SOS (Skills of Speaking)

Person (Descriptive Speaking)

묘사하기는 인물, 장소, 활동, 사물 등을 그림 그리듯 이야기하는 과제이다. 인물을 소개할 경우에는 전반적인 특징 위주로 나열하거나, 특징을 간략히 언급한 후 구체적인 예를 부각해서 묘사할 수도 있다. 인물의 외모와 성격을 잘 표현할 수 있는 다양한 형용사를 익혀 둔다.

Basic Information	Appearance	Personality
• single, married • in his/her early thirties • in his/her mid forties • in his/her late fifties • was born in~ • was raised in~	• tall, short • muscular, weak • plump, skinny • have curly hair • stylish • wear glasses	• outgoing • cheerful • hot-tempered • positive, negative • fair, unfair • be a people person • have good people skills

Writing : Sample Sentences

1. Mr. Kim was a 10th grade math teacher.
   김 선생님은 10학년 수학 선생님이었습니다.

    Mrs. Park was a 6th grade music teacher.

2. He was very short and wore big glasses.
   그 분은 키가 매우 작고 커다란 뿔테 안경을 쓰셨습니다.

3. He liked to wear a black hat.
   검은 중절모 쓰는 것을 좋아하셨습니다.

4. It made him look like a detective.
   그것 때문에 탐정 같아 보였어요.

5. His door was always open to us.
   그 분은 우리와 가까이 하려고 항상 노력했습니다.

6. He was the most popular teacher in my school.
   그 분은 학교에서 제일 인기가 많았어요.

Practice

Question 4 Tell me about a teacher or professor you had when you were a student. What did he/she look like? Why was he/she special to you? Tell me about him/her in as much detail as you can.

학창 시절 선생님이나 교수님에 대해서 말해 주세요. 어떻게 생기셨나요? 왜 특별히 기억에 남나요? 선생님이나 교수님에 대해 자세히 말해 보세요.

Model Answer

[Step 1] Let me tell you about one of my high school teachers. Mr. Kim was my 10th grade math teacher. [Step 2] He was very short and **wore** big glasses. He liked to wear a black hat. It made him look like a **detective**. We called him 'Detective K'. His door was always open to us. He was **the most popular** teacher in my school. [Step 3] There was one thing we didn't like about him. He gave us too many **pop quizzes. Even though** it was hard, it was a good chance to **review what we had learned**.

해석 p.205

Vocabulary

- wear: 쓰다, 입다
- the most popular: 가장 인기 있는
- even though~: 비록 ~일지라도
- what we had learned: 우리가 배웠던 것
- detective: 형사
- pop quiz: 돌발 퀴즈
- review: 복습하다

Tips

1. Let me tell you about one of my high school teachers: '제가 ~할게요, 제게 맡겨 주세요'라는 표현은 「Let me do something」을 사용한다. let은 사역동사라서 그 다음에 목적어로 사람이 오고 원형동사가 온다.
2. He was very short and wore big glasses: glasses는 안경알이 두 개이므로 항상 복수로 쓴다는 점에 유의한다. 이와 같이 한 쌍이라서 항상 복수로 쓰는 명사에는 pants(바지), socks(양말), shoes(구두), gloves (장갑) scissors(가위) 등이 있다.
3. We called him 'Detective K': '~를 ~라고 부르다'는 뜻의 5형식 문형이다. 「call+사람(목적어)+명사(목적 보어)」 순서로 쓰고, 목적 보어 자리에 형용사를 쓰면 목적어의 감정이나 상태를 표현할 수도 있다.
   > Ex All my friends <u>called</u> me 'Mr. Geeky.'

Idea Flow

Step 1: 가장 기억에 남는 선생님을 소개한다.
Step 2: 선생님의 외모, 성격, 특징을 말한다.
Step 3: 가장 좋았던 점, 가장 싫었던 점도 언급한다.

Role Play

Question 5 I'm sorry, but there is a problem that you need to resolve. You signed up for the English class, but you just found out the class time has changed. So you can't take the class. Call the school office and explain the situation. Ask questions that will help you solve the problem.

미안하지만, 해결해야 할 문제가 생겼습니다. 영어 수업을 신청했는데 수업 시간표가 바뀌었습니다. 그래서 수업을 들을 수가 없습니다. 사무실에 전화해서 상황을 설명하세요. 그리고 문제 해결을 위해 질문을 해 보세요.

Model Answer

[Step 1] Hello? Is this the **registrar's office**? I'm calling about the English class on Mondays and Wednesdays. I **signed up for** Professor Park's class. I just found out the class time has changed from 5 p.m. to 1 p.m. [Step 2] Here is the problem. I have a **business administration** class at 1 o'clock. The other business classes are already full. **The** 1 o'clock **class** is the only one I can **take**. Besides, this is the **core course** for this **semester**, so I can't miss it. Is there another English class on 5 p.m. on Mondays and Wednesdays? I don't have any classes in the mornings on Mondays and Wednesdays. Any morning classes will work for me. If not, are there any other classes on Tuesdays and Thursdays? [Step 3] Please let me know if there are other options for me. Thank you.

해석 p.205

Vocabulary

- registrar's office: 교무처
- business administration: 경영학
- core course: 전공 과목
- sign up for ~: ~에 등록하다
- take the class: 수업을 듣다
- semester: 학기

Tips

1. Is this the registrar's office?: 전화 상에서 '거기 ~인가요?'는 'Is this ~?'를 사용하며, '저는 ~입니다'는 'This is ~.'로 표현한다.

2. Any morning classes will work for me: 나한테 무엇이 잘 맞는다고 말할 때는 「~ works for me」로 표현한다.
   Ex This medicine usualiy works for me.

Idea Flow

Step 1: 어디인지 확인 후 전화 건 목적을 설명한다.
Step 2: 수업을 들을 수 없는 이유를 말하고 다른 수업이 있는지 질문한다.
Step 3: 다른 사항이 있으면 알려 달라는 부탁으로 마무리한다.

LESSON SUMMARY

OPIc

학교에 관한 문제는 크게 캠퍼스 묘사, 학교생활, 학업, 학교 관련 경험에 관한 문제 등이 출제된다.

1) 캠퍼스 묘사
   - 학교 위치와 배경, 강의실, 학교 내의 건물이나 유명한 장소, 학교 식당 묘사
2) 학교생활
   - 하루 일과, 등·하교 방법, 학기 중에 하는 일, 방학 때 생활, 학교의 장점, 교수나 학교 친구 묘사, 선생님, 교수 또는 친구와의 에피소드
3) 학업
   - 전공 과목, 최근 들었던 강의, 현재 듣고 있는 수업, 가장 인상에 남는 강의나 과목, 강의 시간의 에피소드, 인상에 남는 견학이나 야외 수업
4) 과제
   - 최근 끝냈던 과제, 가장 힘들었던 과제, 진행 중인 과제나 프로젝트
5) 관련 경험
   - 교수나 친구와의 경험, 학교 첫인상, 졸업식 행사, 학교 행사 소개와 관련 에피소드
6) 테크놀러지
   - 학교에서 사용하는 기기, 소프트웨어 소개
7) 동아리
   - 활동했던 동아리 설명과 활동 내용, 관련 에피소드

Strategies

1. 사람을 묘사할 때는 그림을 그리듯이 시각, 청각, 촉각을 나타내는 다양한 형용사를 사용한다.
2. 사람에 대한 전반적인 특징을 객관적으로 나열할 수 있다. 생김새, 특징, 성격 등을 표현할 수 있는 형용사를 익혀 둔다.
3. 인물의 특징을 보여줄 수 있는 관련 에피소드나 경험담을 중점적으로 이야기 한다. 묘사에 대한 관련 표현은 다음과 같다.

- Basic Information
  - single, married
  - in his/her early/mid/late thirties
  - was born in~   - was raised in~
- Appearance
  - tall, short   - muscular, weak
  - plump, skinny   - have curly hair
  - wear glasses   - stylish
- Personality
  - outgoing   - cheerful
  - hot-tempered   - positive, negative
  - fair, unfair   - be a people person
  - have good people skills

Additional OPIc Questions

1. What was your major? Why did you choose it? Please tell me about your major in detail.
2. Let's talk about your first visit to the campus. What was your first impression when you visited your campus? How did you get there? Who did you go with? What did you do on the campus on that occasion? Tell me all of the details.
3. What was a memorable event that took place at your school? How about a memorable school trip or special ceremony? What happened on the day of the event?
4. There is a problem you have to resolve. You have an assignment due this week, but you don't think you can make the deadline. Call the professor and explain why you need an extension.

Lesson 07 Cooking

Oral Proficiency Interview-computer

Preview

Q1 What is your favorite food?

Q2 What kind of foods do you like to cook?

Cooking

Cooking Methods
- boiling, stewing, roasting, baking, frying, grilling, slicing, blending, chopping, mixing
- preheat, heat up, stir fry, add, pour
- cook over an open fire

Types of Cooking Tools
- pot, bowl, blender, frying pan, cutting board, wooden spoon, measuring cup
- breadmaker, yogurt maker

Tastes
- hot, spicy, bland, sweet, salty, crispy, delicious, bitter, have a sweet flavor
- extra spicy, finger licking good

Seasonings
- sesame seed oil, red pepper paste, soybean paste, sugar, salt, black pepper, vinegar, soy sauce
- cajun seasoning
- herbs and spices

Idea Map

Question 1 You indicated in the survey that you like to cook. What kind of food do you like to cook? Describe the process.

요리하는 것을 좋아한다고 했습니다. 어떤 음식을 만들기를 좋아합니까? 만드는 과정을 묘사해 보세요.

Spaghetti

\<Step 1\> Cook ground beef

\<Step 2\> Add tomato sauce

\<Step 3\> Cook spaghetti noodles

\<Step 4\> Add the sauce

Model Answer

[소개] I love cooking and I especially love to cook spaghetti because it's **super delicious**. But **most of all**, it's so easy to make. [요리 절차 1] First, I need to cook **ground beef** with onion and **garlic** in olive oil in a **fry pan**. [절차 2] And then I have to add tomato sauce and some **salt**. [절차 3] Next, I cook spaghetti noodles in a large **pot according to** the **package directions** and **drain** them well. [절차 4] Last, I have to **add** the noodles **to** the beef and tomato sauce in the fry pan, mix it all up, and **cook** another **five minutes or so**. It's so easy.

해석 p.205

Vocabulary

- super delicious: 매우 맛있는(= very delicious)
- ground: 갈아 낸, 으깬
- garlic: 마늘
- salt: 소금
- according to ~: ~에 따라
- drain: 물을 빼내다
- cook: 익히다

- most of all: 무엇보다도
- beef: 쇠고기
- fry pan: 프라이팬(= skillet)
- pot: 솥
- package direction: 제품 설명
- add A to B: B에 A를 더하다
- five minutes or so: 5, 6분 정도

Guide

Question 2 You indicated in the survey that you cook. How did you first start cooking? What kind of food did you cook? Why did you cook it?

당신은 설문지에 요리를 한다고 표시했습니다. 그 음식을 어떻게 처음 만들게 됐죠? 어떤 요리를 만들었나요? 왜 그 음식을 요리했나요?

Answer Procedure

요리를 어떻게 시작하게 됐고 특정 음식을 요리하기 좋아하는 이유와 과정을 나만의 이야기로 전개해 답하도록 한다.

1. How did you first start cooking? 어떻게 음식을 처음 만들게 됐는지 소개

Ex I had no choice but to cook because my wife was out and the children were hungry.
아내가 외출을 해서 음식할 사람이 없었고 아이들이 배고프다고 해서 어쩔 수 없이 시작하게 됐습니다.
Tips have no choice but to (동사): (동사) 할 수 밖에 달리 선택의 여지가 없다   be out: 외출한 상태다

2. What did you cook and why? 만든 요리와 이유

Ex I made kimchi fried rice. It's a very popular dish in Korea. I made kimchi fried rice for two reasons. First, I didn't have a lot of ingredients in the refrigerator at that time. All I had was kimchi, steamed rice and some tuna. And another reason is because my children are not very patient when it comes to food.
김치 볶음밥을 만들었는데요. 이건 한국에서는 매우 인기있는 요리죠. 두 가지 이유로 김치 볶음밥을 만들었죠. 우선 그 때 냉장고에 재료가 많이 없었어요. 가진 것이라곤 김치와 밥 그리고 참치가 전부였죠. 그리고 또 다른 이유는 제 아이들은 음식에 있어서는 별로 참을성이 없기 때문이에요.
Tips ingredients: 식재료   patient: 인내심 있는   when it comes to ~: ~에 있어서는

3. Do you still cook that food often? 아직도 종종 그 음식을 만드는지 서술

Ex My children really loved my kimchi fried rice. I still cook it every now and then.
제 아이들은 정말 제 김치 볶음밥을 좋아했어요. 저는 아직도 종종 그걸 만들곤 한답니다.
Tips really loved: 정말 좋아했다   every now and then: 종종

Model Answer

From what I remember, it was a weekend a couple of years ago. [1] My wife was out for some reason and my children were hungry. So I had no choice but to cook myself. [2] I made kimchi fried rice. I made kimchi fried rice for two reasons. First, I didn't have a lot of ingredients in the refrigerator at that time. All I had was kimchi, steamed rice and some tuna. And another reason is because my children are not very patient when it comes to food. So I thought kimchi fried rice would be a perfect choice and that turned out to be right. [3] My children really loved my kimchi fried rice. I still cook it every now and then.

해석 p.205

Write It

Question 3 Describe how to make a Korean dish in detail. Please include all the ingredients, utensils and equipment you need to make the dish.

구체적으로 한국 음식을 만드는 방법을 설명하세요. 그 요리를 만들 때 쓰이는 모든 재료와 요리 도구, 주방 도구들을 설명하세요.

Model Answer
I would like to tell you how to make ramyeon, or instant noodles. I cook these at least twice a week but I am trying to **cut back on** them. The recipe is simple and preparation is **child's play**. All you need is a packet of ramyeon, some water, an egg, some cheese, a pot and a stove. First boil some water in a pot, then add the content of the ramyeon packet and boil **vigorously** for 3 and a half minutes. Then turn the gas down and add a **whisked** egg while stirring the noodles. The crucial part of the whole cooking process is to **keep an eye on** the level of soup in the pot. It should be enough to just cover the noodles. Anything over this level and the soup becomes too **watery**. Then for **the finishing touch** pour the **piping hot** noodles and soup into a large bowl and place a thin slice of cheese on top and watch as it melts and **oozes over** the ramyeon. I know this dish is not rocket science but you'll **be hard pressed to** find a tastier snack that can be made so easily.

해석 p.205

Vocabulary
- cut back on: ~의 양을 줄이다
- vigorously: 열정적으로, 격하게
- keep an eye on: ~을 주시하다
- the finishing touch: 마지막 마무리
- ooze over: ~ 위에서 녹다
- child's play: 쉬운 죽 먹기
- whisked: 거품을 낸
- watery: 싱거운, 묽은
- piping hot: 아주 뜨거운
- be hard pressed to: ~하는데 큰 어려움을 겪다

Tips
1. You'll be hard pressed to find a tastier snack: 「be hard pressed to」는 to 이하 하기 위해 엄청난 압력을 받다, 란 말이기 때문에 '…하는게 큰 어려움을 겪다'란 표현이다. 「be very difficult to」보다 훨씬 더 '어려운' 뉘앙스를 가진다.
   Ex I'm hard pressed to find the answer.
2. I know this dish is not rocket science: 「rocket science」는 주로 「not rocket science」란 부정적 표현으로 쓰이며 '생각보다 쉬운 일'의 뉘앙스로 쓰인다.
   Ex It's not rocket science to fix the car.

SOS (Skills of Speaking)

★★★★★

Process (Narrative Speaking)

이 패턴은 어떤 일의 과정 또는 진행 상황을 순서에 따라 기술하는 말하기 유형이다. 가능하다면 흥미로운 소재를 선택하는 것이 좋고 한 과정에 대한 프로세스를 진술함에 있어서 동일한 시제를 사용해야 함을 유의한다. 즉, 과거에 있었던 순서의 경우, 과거형을 지속적으로 사용하고, 남이 수행해야 하는 과정을 설명할 때는 현재형을 지속적으로 사용해야 한다. 또한 시간 부사를 적절히 사용하여 보다 자연스러운 문장의 흐름을 만들도록 한다. 도입 부분에서 과정 설명을 하는 이유 및 목적을 소개하면 뒤에 보다 많은 이야깃거리를 만들어 낼 수 있다. 전체 과정을 시간 순으로 차례대로 기술한다. 음식 만들기, 통장 및 신분증 개설하기 등이 이에 해당된다.

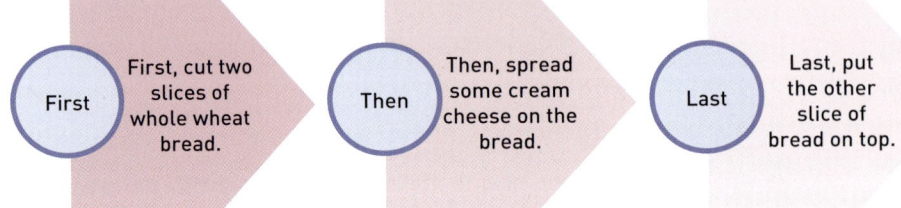

Writing : Sample Sentences

1. Let me tell you how I make my favorite sandwich.
제가 좋아하는 샌드위치를 만드는 방법을 알려드리겠습니다.

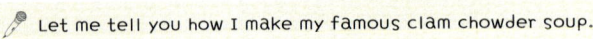
Let me tell you how I make my famous clam chowder soup.

2. First, cut two slices of whole wheat bread.
첫번째로 통밀빵 두 조각을 얇게 자릅니다.

3. Then, spread some cream cheese on the bread.
그리고 빵에 약간의 크림 치즈를 바릅니다.

4. After that, add a little lemon juice and black pepper to the salmon.
그리고 나서 연어에 약간의 레몬즙과 후추를 뿌립니다.

5. Last, put the other slice of bread on top.
마지막으로 나머지 빵으로 그 위에 올립니다.

Practice **Question 4** You indicated in the survey that you like cooking. What do you usually cook? How do you cook it? Describe the process in the proper order.

설문에 요리를 좋아한다고 답했습니다. 주로 무엇을 요리합니까? 요리할 때의 모든 과정을 순서에 맞게 말해 보세요.

Model Answer

[Step 1] Actually, I'm not **a good cook** and I don't even have much time to cook. So when I have to cook, I usually choose a quick and easy food like a sandwich. [Step 2] Let me tell you how I make my favorite sandwich. First, cut two slices of **whole wheat bread**. Then, spread some cream cheese on one slice and place a few pieces of **smoked salmon** on the cream cheese. **After that**, add a little lemon juice and **black pepper** to the salmon. Last, put the other slice of bread on top. [Step 3] It only **takes a few minutes** and it tastes really good. Besides, this sandwich is good for your body because you can eat healthy ingredients like salmon and whole wheat bread. You should try it someday.

해석 p.205

Vocabulary

- a good cook: 요리 잘하는 사람
- smoked salmon: 훈제 연어
- black pepper: 후추
- whole wheat bread: 통밀빵
- after that: 그 이후에
- take a few minutes: 시간이 짧게 걸리다

Tips

1. I don't even have much time to cook: 「don't have time to ~」는 '~할 시간이 없다'는 의미로 to부정사가 명사 time을 수식한다.
2. Let me tell you how I make my favorite sandwich: 「Let me tell you how ~」는 어떤 일의 순서나 방법에 대해 말할 때 시작하는 표현이다.

Idea Flow

Step 1: 특정 요리를 자주 선택하는 개인적 이유를 이야기한다.
Step 2: 즐겨하는 요리의 조리 방법을 소개한다.
Step 3: 음식에 대한 개인적인 느낌이나 생각으로 마무리한다.

Role Play

Question 5 I'd like to give you a situation for you to act out. Imagine that you are going to have a housewarming party at your home. Ask your family members and friends several questions to find a good day and time for the party. Also, ask what they'd like to eat.

당신이 행동할 상황을 드리겠습니다. 당신 집에서 집들이를 할 예정이라고 가정해 보세요. 친구에게 전화해 좋은 날짜와 시간을 물어보고 어떤 음식을 준비하는 게 좋을지도 물어보세요.

Model Answer

[Step 1] Hi, it's Jina. How are you doing? I'm calling to ask for your ideas about my **housewarming party**. [Step 2] Well, I want to have a party sometime this month. So, we need to **set up a few things** for the party because I don't have much time. First of all, is the last Friday of the month a good day for you? What? You have a **business trip** that day? Do you **have** a different day **in mind**? I see... Saturday might be better for everyone. I thought we should have it in the afternoon because some of our friends work in the morning. [Step 3] **One more thing**. Any good ideas for the menu for the party? Bulgogi and Japchae? That's what I was thinking, too. **Anything else?** Okay. **Let me know** if you **come up with** any other ideas. Thanks. Talk to you again soon. Bye!

해석 p.206

Vocabulary

- housewarming party: 집들이
- business trip: 출장
- one more thing: 하나 더
- let me know ~: ~를 나에게 알려줘
- set up a few things: 몇 가지 일을 결정하다
- have ~ in mind: ~를 염두에 두고 있다
- anything else?: 그밖에 다른 것은 없어?
- come up with ~: ~가 생각이 나다

Tips

1. Hi, it's Jina: 전화에서 친구나 아는 사이일 때 「it's me」라는 표현을 쓴다. 특정 인물과 통화하고 싶을 때는 「Is there ~?, Can/May I speak to ~?」 같은 표현을 쓴다.
2. I'm calling to ask for your ideas: 「I'm calling to(about) ~」는 전화한 목적을 말할 때 쓰는 표현이다.
3. First of all, is the last Friday of the month a good day for you?: 「Is good for you?/Is better for you?」는 상대방의 상태나 의견을 물을 때 활용할 수 있는 표현이다.

Idea Flow

Step 1: 누구인지 밝히고 전화 건 목적(집들이)을 간략히 말한다.
Step 2: 친구의 가능한 시간을 확인하고 이를 의논한다.
Step 3: 음식 메뉴에 대해 조언을 구하고 다시 생각해서 전화하기로 마무리 한다.

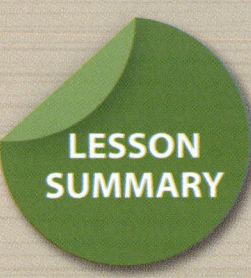

LESSON SUMMARY

OPIc

순서대로 말하기 유형에 속하는 이 패턴은 어떤 일의 과정 또는 진행 상황을 순서에 맞게 기술하는 것이 핵심이다. 자신의 경험에 대해 처음부터 끝까지 순서대로 말해보라는 문제로 주어진다.

- Cooking Process 문제 패턴
  - 자신이 평소에 잘 만들거나 과거 또는 최근에 만들어 본 음식에 대해 처음부터 마지막까지 순서대로 설명하기
  - 어떤 종류의 요리하는 것을 좋아하며 그 요리법에 대해 설명하기
  - 요리에 흥미를 갖게 된 계기와 어떻게 시작하게 됐는지 설명하기

※ 그 밖에 OPIc 시험에 자주 등장하는 문제
  - 신분증, 은행 계좌 만들기
  - 티켓 구입 순서
  - 회사에서 수행한 프로젝트에 대한 단계별 설명

Strategies

1. 가능하다면 자신에게 최대한 익숙한 소재를 선택하는 것이 좋다.

2. 도입 부분에서 해당 과정을 설명하는 이유나 목적을 소개하면 보다 설득력 있게 끌고 나갈 수 있다.

3. 하나의 과정을 진술할 때 일관된 시제를 사용한다.

4. 과정 설명 시 필요에 따라 세부 과정, 목적 및 기간을 기술할 수 있다.

5. 시간의 흐름을 나타내는 부사를 적절히 사용하도록 한다.

〈시간 표현 접속사〉

First, then, after, finally, in the end, after a while, from beginning to end, during, until, a few hours later

Additional OPIc Questions

1. What is your favorite foreign food? Why do you like it?
2. Who cooks the most in your family and what is their specialty?
3. Which do you prefer, eating out or eating in? Why do you prefer it?
4. What's the worst dish you have ever eaten? Why was it so bad?

Lesson 08 Health

Oral Proficiency Interview-computer

Preview

Q1 What are some things you do to stay healthy?

Q2 What are some healthy foods?

Health

Appearance

😊 **looks healthy**
- have soft skin, have firm muscles, have broad shoulders, have a six pack, have a nice body

😐 **looks unhealthy**
- look pale/too skinny/too fat
- have a beer belly

Exercise
- work out at the gym, ride a bicycle, go jogging, go for a run, go swimming, go hiking, play soccer, play badminton, play tennis, do yoga
- hit the gym, sweat like a pig

Food

😊 **something healthy**
- eat fruits and vegetables, have a balanced diet, eat small portions, eat slowly, avoid unhealthy foods, eat organic food

😐 **something unhealthy**
- eat fast food, have a high calorie diet, eat snacks, drink coffee, smoke cigarettes, drink alcohol

Habits

😊 **something healthy**
- have many hobbies, get plenty of rest, drink a lot of water, spend time with friends, think positively, exercise regularly

😐 **something unhealthy**
- too much drinking, smoking, work too much, stay up late, too much stress

Idea Map

Question 1 You indicated you like working out at the gym. Why did you decide to work out at the gym? How do you feel after working out?

헬스클럽에서 운동한다고 했는데, 어떻게 시작하게 되었나요? 운동 후 어떤 기분이 드나요?

Model Answer

[언제] When I was **a freshman** at **university**, [왜] I was very **skinny** and **weak**. My friends said it would be hard for me to **get a girlfriend**. **Not only that**, I **got tired** easily. I wanted to **have a nice body** and **become strong**. [어디서] **For this reason**, I started **working out in a gym** near my home. I worked out **every night**. It was not easy **at first**, and I almost wanted to **give up**. But **thanks to** my personal trainer, I could **keep** working out. [결과] **As a result**, I became healthier and stronger, and even **had a six pack**.

해석 p.206

Vocabulary

- a freshman: 1학년
- skinny: 마른
- get a girlfriend: 여자친구를 만들다
- get tired: 피곤해지다
- become strong: 힘이 세지다, 강해지다
- work out in a gym: 체육관에서 운동하다
- at first: 처음에는
- thanks to ~: ~덕분에, ~도움으로
- as a result: 결과적으로

- university: 종합대학
- weak: 몸이 약한
- not only that: 그뿐 아니라
- have a nice body: 몸매가 좋다
- for this reason: 이런 이유로
- every night: 매일 밤마다
- give up: 포기하다
- keep: 계속하다, 유지하다
- have a six pack: 복근이 있다

Guide

Question 2 What does being healthy mean to you? What do healthy people usually do? What do they eat? Are there any special things they do?

당신에게 건강이란 어떤 의미인가요? 건강한 사람들은 어떤 활동을 하고, 무엇을 먹는지 말해 보세요. 건강한 사람들이 특별하게 하는 일들이 있나요?

Answer Procedure

어떤 사람이 건강한 사람인지 말한 후, 그들이 평소 규칙적으로 하는 활동과 음식을 말한다. 그 외 다른 사람과 달리 즐기는 활동도 언급한다.

1. What are healthy people like? 건강한 사람의 모습 소개

 I think that healthy people try to not only maintain a healthy body, but also have a healthy mind.
건강한 사람들은 건강한 신체와 건강한 마음을 유지하려고 노력하는 사람입니다.
Tips not only A but also B: A뿐 아니라 B도   maintain: 유지하다, 지키다

2. What do healthy people usually do every day? 건강한 사람의 일상생활 소개

 For a healthy body, they exercise regularly. They eat healthy foods, too. They never overeat so that they stay in shape. For healthy minds, they try to find time for hobbies.
건강한 신체를 위해서 규칙적으로 운동하고 건강에 좋은 음식을 먹죠. 몸매 유지를 위해서 절대 과식하지 않구요. 마음의 건강을 위해서는 시간을 내어 취미 생활을 즐깁니다.
Tips stay in shape: 건강을 유지하다, 몸매를 유지하다   find time for~: ~할 시간을 내다

3. Are there any other activities healthy people do? 건강한 사람들이 하는 다른 활동

 Healthy people take part in various social activities. It makes their minds healthy. That's why they do volunteer work. Since they try to think positively, they laugh and smile a lot.
건강한 사람들은 다양한 사회 활동에 참여해요. 그 활동들은 마음을 건강하게 만들어요. 이런 이유로 자원봉사 활동을 하구요. 긍정적으로 생각하려고 많이 웃어요.
Tips take part in: 참여하다   social activities: 사회 활동   volunteer work: 자원봉사 활동

Model Answer

[1] I think that healthy people try to not only maintain a healthy body, but also have a healthy mind. [2] For a healthy body, they exercise regularly. They eat healthy foods, too. They never overeat so that they stay in shape. For healthy minds, they try to find time for hobbies. [3] Healthy people take part in various social activities. It makes their minds healthy. That's why they do volunteer work. Since they try to think positively, they laugh and smile a lot. For this reason, they look younger.

해석 p.206

Write It Question 3 **Tell me about a healthy person you have met. What was the most impressive thing about that person? How did he or she affect you?**

여러분이 아는 건강한 사람에 대해 이야기해 보세요. 가장 인상 깊었던 점은 무엇이었나요? 어떤 영향을 받았나요?

Model Answer
The healthiest person I know is my uncle. He has his own rules. And he **is very strict about keeping** them. He **makes it a rule to** exercise every day. He tries to eat **a well-balanced diet**. He **stays away from high calorie foods**. He also avoids **unhealthy habits** such as smoking or drinking. All this makes him look way younger and healthier **for his age**. I **used to** eat and drink a lot. But thanks to him, I **went on a diet** and started jogging in the morning. I learned how to live **a balanced life** from him. He **had a great impact on** me.

해석 p.206

Vocabulary
- be strict about ~ing: ~하는 것을 엄격히 고수하다
- a well-balanced diet: 균형 잡힌 식단
- high calorie foods: 고열량 음식
- for one's age: 나이에 비해서
- go on a diet: 다이어트하다
- have a great impact on ~: ~에게 큰 영향을 끼치다
- make it a rule to ~: ~을 습관으로 하다
- stay away from ~: ~를 피하다
- unhealthy habits: 건강에 나쁜 습관들
- used to ~: ~하곤 했다
- a balanced life: 균형 있는 삶

Tips

1. The healthiest person I know is my uncle: '내가 아는 가장 ~한 사람'이라고 말할 때는 최상급을 쓴다. 2음절이 안되는 형용사는 「the+~est」를 붙이고, 2음절 이상에서는 most를 붙여서 「the most ~」로 표현한다.
   - Ex The most incredible person I know is my mom.

2. He makes it a rule to exercise every day: '~하는 것을 습관으로 하다'는 표현은 「make+가목적어(it)+목적보어(a rule)+진목적어(to+동사 원형)」의 구조이다. 진짜 목적어 「to+동사 원형」이 길어서 목적어 자리에 가짜 목적어 'it'을 놓아주고 진목적어 「to+동사 원형」은 뒤에 붙이는 것이다. 여기서 it은 뜻이 없고 to 이하를 지시만 해주는 역할이다.

SOS (Skills of Speaking)

Cause and Effect (Narrative Speaking)

인과 관계(cause and effect)는 어떤 사건이나 문제 발생의 원인, 배경 그리고 결과와 영향에 대해서 이야기하는 것이다. 실전 문제에서 직접적으로 '원인과 결과를 이야기하라'고 제시되지는 않지만, 경험이나 상황을 설명할 때 적절하게 사용하면 이야기 전개가 자연스럽다. 원인을 먼저 말하고 그 결과를 말하고자 할 때, 또는 결과를 말하고 원인을 덧붙여 설명할 때 쓸 수 있는 표현을 각각 익혀두자.

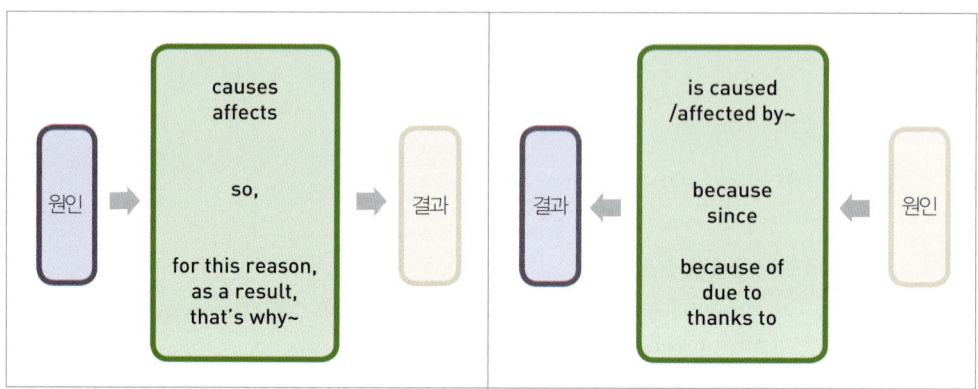

Writing : Sample Sentences

1. Last year, I went to the dental clinic due to a severe toothache.
작년에 심한 치통 때문에 치과에 갔습니다.

> ✏ I caught a cold due to the air conditioner.

2. The pain was caused by a serious cavity.
통증의 원인은 충치 때문이었습니다.

3. I have many cavities because I have a sweet tooth.
단것을 좋아해서 충치가 많습니다.

4. As a result, I had to get a week-long treatment.
그 결과 일주일이나 치료를 받았습니다.

5. I was deeply affected by the last visit.
지난 방문으로 인해 완전히 충격 받았어요.

Practice

Question 4 When was your last visit to the dental clinic? Why did you visit the dental clinic? How did you feel about going to the dental clinic?

마지막으로 언제 치과에 갔나요? 왜 갔나요? 어땠나요?

Model Answer
[Step 1] Last year, I went to the dental clinic **due to** a **severe** toothache. [Step 2] The pain **was caused by** a serious **cavity**. It's because I **have a sweet tooth**. When the pain was not that serious, I ignored it. I really didn't want to go to the dental clinic. Not only did I hate the sound of a dental clinic, I hated the smell. **As a result**, I had to **get a week-long treatment**. [Step 3] I was deeply affected by the last visit. It was **not at all** a pleasant experience. I **get a routine checkup** and have my teeth **scaled** every six months **ever since**.

해석 p.206

Vocabulary
- due to ~: ~ 때문에
- be caused by ~: ~가 원인이다
- have a sweet tooth: 단 것을 좋아하다
- get a week-long treatment: 일주일 동안 치료받다
- scale: 스케일링하다, 치석 제거하다
- severe: 극심한, 심각한
- cavity: 충치
- as a result: 결과적으로
- not at all: 결코 ~가 아닌
- get a routine checkup: 정기 검진 받다
- ever since: 그 이후로

Tips
1. The pain was caused by a serious cavity: cause는 부정적인 결과를 가져올 때 쓴다.
   Ex I'm sorry if I <u>caused</u> any trouble.
2. I was deeply affected by the last visit: affect는 '사람이나 사물에게 영향을 끼치거나 변화를 준다'는 뜻이다. 정신적으로 강한 충격을 받았을 때 수동태 형태로 「be affected by ~」로 쓴다.
3. I get a routine checkup and have my teeth scaled every six months ever since: '치아를 스케일링 하다'는 사역 동사 'have'를 사용한다. 'scale'는 '다른 사람의 치석을 제거한다'는 뜻인데, 치과에서 스스로 자신의 치아를 스케일링하는 것이 아니기 때문에 「have+사물+p.p」 문형을 이용해 표현한다.

Idea Flow
Step 1: 언제, 어디가 아파서 병원(치과)을 갔는지 이야기한다.
Step 2: 아프게 된 원인을 설명한다.
Step 3: 치료 받으며 느낀 점, 나의 변화에 대해 이야기한다.

Role Play

Question 5 I'd like to give you a situation for you to act out. You made an appointment at the dental clinic, but you can't go. Call the clinic and explain the situation. Then, reschedule your appointment.

상황을 드리겠습니다. 치과 예약이 되어 있는데, 갈 수가 없습니다. 병원에 전화해서 상황을 설명하세요. 그리고 예약을 다시 잡으세요.

Model Answer

[Step 1] Hello? This is Mina Kim. I'm calling to **reschedule** my appointment. [Step 2] I have an appointment this Friday. I'm **getting a dental checkup**. I'm sorry, but my department is going to have a very important meeting on Friday afternoon. Could I make another appointment for this Saturday afternoon? **Anytime after** 4 p.m. **would be fine with me**. Oh, you close after 4? I see. Well, then Saturday morning is okay, too. When do you open? When is your **earliest opening** Saturday morning? 9 o'clock? Great! I can **make it** at 9 a.m. [Step 3] So, the new appointment is for 9 a.m. this Saturday, right? Thank you so much. See you on Saturday!

해석 p.206

Vocabulary

- reschedule: 예약을 다시 잡다
- anytime after ~: ~시 이후 아무 때나
- earliest opening: 가장 일찍 비어있는 자리
- get a dental checkup: 치과 검진 받다
- ~ would be fine with me: 저는 ~가 괜찮습니다
- make it: 시간 맞추어 가다

Tips

1. Anytime after 4 p.m. would be fine with me: 롤플레이에서는 「would+동사 원형」의 문형을 많이 연습한다. 「~ would be fine」은 '~가 좋을 것 같은데요', '~일 것입니다'는 의미가 된다. 가정법 과거에서 if절의 내용은 서로 알고 있어서 생략되고 주절만 살아 있다고 생각하면 된다.

2. Could I make another appointment for this Saturday afternoon?: '약속'이란 단어를 구별해서 사용하자. 친구와 약속이 있을 때는 appointment라고 하지 않고, 「I have plans with my friends.」라고 한다. 병원 의사와 약속을 잡을 경우, 「make an appointment with a dentist」로 표현하고, 식당 예약은 「make a reservation」으로 나타낸다.

Idea Flow

Step 1: 인사한 후, 이름을 말하고 전화 건 목적을 간략히 말한다.
Step 2: 예약 변경을 원하는 이유를 말하고, 예약일을 다시 잡는다.
Step 3: 다시 한번 예약일을 정확히 재확인하고, 감사 인사로 마무리한다.

LESSON SUMMARY

OPIc

돌발 문제로서 난이도가 높지만, 문제 유형은 다양하지 않아서, 크게 다음과 같이 세 가지 유형이 출제된다.

1. 치과, 병원 관련
    - 자주 가는 치과/병원 소개, 의사 소개
    - 치과/병원에 갔던 경험
    - Role Play: 치과/병원 예약, 예약 취소나 변경

2. 건강 관련
    - 건강한 사람에 대한 정의
    - 본인만의 건강 유지법
    - 내가 만난 건강한 사람

3. 헬스 관련
    - 다니는 헬스클럽 소개
    - 헬스클럽에서 하는 운동
    - 헬스클럽을 다니게 된 계기
    - Role Play: 헬스클럽 등록하기, 취소·변경하기, 헬스 클럽에 관한 질문하기, 운동 기구 사용법 질문하기

Strategies

1. 원인 이야기하기: 어떤 문제의 원인이나 배경을 이야기 할 때는 개인적인 경험이나 일화 등 구체적인 예를 들어 설명한다.

2. 결과나 영향 말하기: 그 문제가 가져온 결과나 영향을 말하거나, 앞으로 어떤 영향을 가져올지 예측하여 이야기한다.

3. 결론 말하기: 자신의 느낌, 의견, 변화된 모습을 말하거나, 앞으로 변할 모습을 예측한다. 객관적이고 일반적인 내용으로 마무리 지을 수도 있다.

4. 인과관계 표현을 이용해서 이야기 맥락을 연결시킨다.
    - because, since, as, so와 같은 접속사로 두 문장을 연결한다.
    - 원인이 되는 대상을 말할 때는 because of, thanks to, due to 다음에 명사나 명사구를 쓴다.
    - 결과나 영향을 이야기 할 때는 'As a result, That's why~, For this reason'로 시작한다.

Additional OPIc Questions

1. When was the last time you went to a hospital? Why did you go there? How was the doctor or the assistant? Tell me what the doctor did to help you. Please describe in detail.

2. Let's talk about a dental clinic you often visit. What does it look like? Try to describe the waiting room or the treatment rooms in as much detail as you can.

3. You indicated that you go to a fitness club. Describe your fitness club. Where is it located? When does it open? Are there any special classes?

4. What kind of activities do you usually do at the fitness club? What kinds of exercises do you usually do? Tell me about them in detail.

Lesson 09 Sports

Oral Proficiency Interview-computer

Preview

Q1 What is your favorite sport?

Q2 Who is your favorite athlete?

Sports

Positions and medals:
- champion, grand slam, gold medal, runner up, silver medal, second best, bronze medal, last place, wooden spoon

Athletes:
- tennis player, soccer player, basketball player, gymnast, runner, sprinter, swimmer, footballer, golfer

Player terms:
- Most Valuable Player, star, rookie, novice, pro(fessional), amateur, man of the match, top goalscorer

Sports categories:
- contact, non-contact, racket sports, cue sports, extreme sports, martial arts

Idea Map

Question 1 Tell me about your favorite sport. Please explain why you like it in detail.

가장 좋아하는 스포츠와 좋아하는 이유를 구체적으로 말해 보세요.

- **Sports**: I like sports
- **Favorite**: soccer
- **Why**: tactical, emotional, exciting
- **Participation**: play every Saturday, watch on TV
- **Benefits**: stress relief, relaxing

Model Answer

[소개] **I'm into** many different sports from tennis to swimming, but **if I had to choose** my favorite it would be soccer. [좋아하는 이유] No other sport **comes close in my eyes**. Soccer has it all; it's **tactical**, emotional, exciting and great fun to watch or play. Luckily for me, I do both. I play every Saturday for an amateur team with my coworkers and even though we are not very good, we still have a great time. [활동] After the game we all go out to watch some football on TV at a bar, which is the perfect way to **unwind** and relax. [장점] It really helps me **relieve stress** after a long week at the office, even though it's sometimes physically tiring. I can't think of many things that feel better than scoring a goal and having your teammates all congratulate you. In my opinion soccer is the **ultimate sport**.

해석 p.206

Vocabulary

- be into ~: ~에 푹 빠지다
- come close in one's eyes: 눈에 들어오다 / 눈에 띄다
- unwind: 긴장을 풀다
- ultimate sport: 궁극적인, 최고의 스포츠
- if I had to choose: 내가 굳이 골라야 한다면
- tactical: 전술적인
- relieve stress: 스트레스를 풀다

| Guide | **Question 2** Talk about an athlete you admire. Go into as much detail as you can about why you admire them and what you think makes them special. |

좋아하는 운동선수에 대해 얘기해 보세요. 왜 그들을 좋아하는지 최대한 구체적으로 설명하세요.

Answer Procedure
가장 최근에 관람한 스포츠 경기에 대해 자세한 소개를 한다.

1. Who is the athlete you admire? 존경하는 운동선수

> **Ex** An athlete I really admire is the soccer player Son Heung-min. He is an attacker playing for Hamburg in Germany.
> 제가 정말 존경하는 축구 선수는 손흥민 선수입니다. 현재 독일 함부르그에서 공격수로 활약하고 있습니다.
> **Tips** admire: 존경하다

2. Why do you admire him/her? 존경하는 이유

> **Ex** There are many reasons I think he is worthy of respect but the main one is his talent. Although all sportspeople have to put in lots of effort to improve constantly, Son is a very gifted soccer player with many god-given skills. His ball skills are very impressive and he can score unbelievable goals without the help of his teammates.
> 손흥민 선수가 존경스러운 여러 이유가 있지만 가장 중요한 이유는 바로 그의 재능입니다. 많은 선수들이 실력향상을 위해 부단한 노력을 기울이지만, 손 선수는 천부적인 재능을 가진 선수입니다. 그의 공 다루는 기술은 아주 인상적이고 또한 동료의 도움 없이도 놀라운 골을 넣는 선수입니다.
> **Tips** worthy of: ~할 만한

3. What do you predict for their future? 장래에 대한 전망

> **Ex** I'm confident that he will develop into one of the best players in the world some day and play for Real Madrid or Manchester United. It is my dream that Son one day leads Korea to World Cup glory. If he did that he would make history for our country and become a hero instantly.
> 저는 손 선수가 언젠가는 레알 마드리드 또는 맨유와 같은 세계적인 팀에서 활약할 것이라 믿습니다. 또한 손 선수가 대한민국 대표팀을 이끌고 월드컵에서 한국을 빛낼 것이라 믿습니다. 만일 그런 일이 현실화되면 그가 한국 축구 역사를 다시 쓰고 그 즉시 영웅이 되리라 확신합니다.
> **Tips** make history: 역사에 남을 일을 하다

Model Answer
[1] An athlete I really **admire** is the soccer player Son Heung-min. He is an attacker playing for Hamburg in Germany. [2] There are many reasons I think he is **worthy of** respect but the main one is his talent. Although all sportspeople have to put in lots of effort to improve constantly, Son is a very gifted soccer player with many god-given skills. His ball skills are very impressive and he can score unbelievable goals without the help of his teammates. As I mentioned before, training is an important part of an athlete's life, but no matter how hard some players try, they cannot play as well as Son. Athletes like him are hard to come by and the fact that he's Korean fills me with pride. [3] I'm confident that he will develop into one of the best players in the world some day and play for Real Madrid or Manchester United. It is my dream that Son one day leads Korea to World Cup glory. If he did that he would **make history** for our country and become a hero instantly.

해석 p.207

Write It

Question 3 Tell me about a sport you play or participate in yourself. Explain how you first got interested in it and why you continue to enjoy it to this day.

직접 참여하고 있는 스포츠에 대해 말해 보세요. 처음에 어떤 경로로 그 스포츠에 관심을 가지게 됐고 왜 현재까지 그 활동을 하는지 설명하세요.

Model Answer

A sport that I participate in quite regularly is taekwondo. Some people used to argue that it was a **martial arts** and not really a sport but I think its appearance at the Olympics has helped to **put those arguments to bed**. The first time I ever got involved with taekwondo was when I was around five or six, at an after-school club with my friends. Although I was a little nervous at first because of all the shouting in the class, I soon **got used to** it and started to enjoy learning all the moves. The amount of skill and **precision** required is **enormous** but when you're young you can learn anything a lot quicker than when you get older. The taekwondo club was just **around the corner** from my home so it was really **convenient** to stop by after school. I learned taekwondo twice a week for nearly ten years and **looking back**, it's a wonder that I didn't **get fed up of** it. I **honed** my taekwondo skills in those years and still take part in classes twice a month to this day as an instructor. The main reason I continue to **choose** this sport **over** others is because I'm good at it. I'm not **a show-off** but I don't like being embarrassed or forced to do something I'm not confident doing. That's probably why I shy away from many other sports and physical exercise.

해석 p.207

Vocabulary

- martial arts: 무도
- get used to~: ~에 익숙해 지다
- enormous: 엄청난
- convenient: 편리한, 용의한
- get fed up of~: ~에 질리다
- choose A over B:
  B 대신에 A를 선택하다 (choose over)
- put an argument to bed: 논란을 종식시키다
- precision: 정확성
- around the corner: 아주 가까운
- looking back: 과거를 돌아보니
- hone: 기술 등을 연마하다
- a show-off: 잘난척 하는 사람

Tips

1. A sport that I participate in quite regularly is taekwondo. / participate in ~에 참가하다
   제가 꾸준하게 참가하는 스포츠는 태권도입니다.
   Ex I <u>participate in</u> charity work every winter.

2. The first time I ever got involved with taekwondo was when I was around five or six. 제가 태권도를 처음 접한 것은 제가 대여섯 살 때였습니다. / the first time I ever 는 '내가 ~을 처음 해 본 것'의 의미. 여기서 ever 는 '최초의'의 뉘앙스를 강조하기 위해 들어 갔다.
   Ex <u>The first time I ever</u> went on a date was last year.

3. That's probably why I shy away from many other sports and physical exercise. 그것 때문에 제가 다른 스포츠와 운동을 멀리하는 이유입니다.
   Ex I <u>shy away from</u> crowded places.

SOS (Skills of Speaking)

Supporting your opinion. (Descriptive Speaking)

OPIc은 말을 유창하게 하는 것을 테스트할 뿐만 아니라 얼마나 논리 있게 자신의 주장을 입증하는가를 보는 시험이다. 누군가에게 어떤 운동을 권유했다고 하면 그 이유로 구체적으로 설명을 해야 한다.

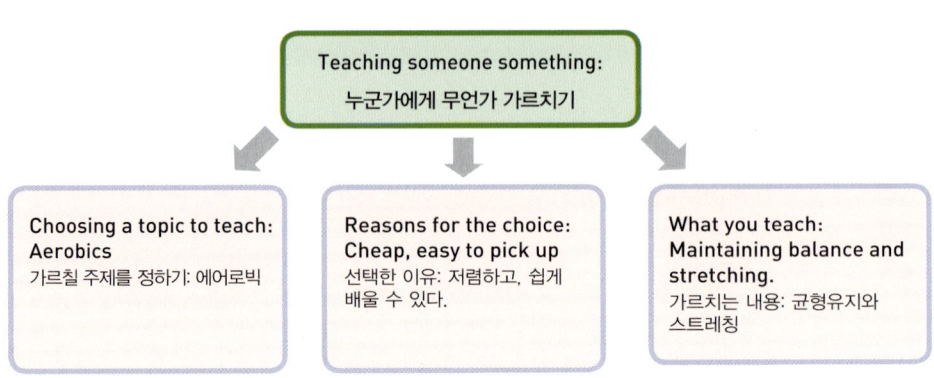

Writing : Sample Sentences

1. I suppose I would teach them a sport that is inexpensive to take part in and relatively easy to pick up.
내 생각엔 참가 비용이 저렴하고 또한 쉽게 배울 수 있는 스포츠를 가르칠 수 있을 것 같습니다.

> I suppose I would teach them music that is easy to take part in and relatively pleasant to listen to.

2. Aerobics is one of my favorite ways to work out.
에어로빅은 제가 좋아하는 운동법 중 하나입니다.

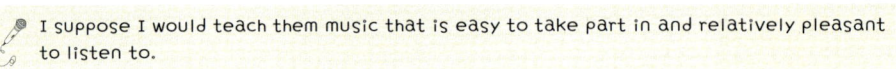

3. It doesn't take long to become competent at all the moves.
동작에 익숙해 지는데 오래 걸리지 않습니다.

4. I often give my friends tips and pointers on how to maintain their balance and how to stretch beforehand.
저는 종종 친구들에게 어떻게 균형을 유지하고 또 운동 전에 스트레칭을 하는지에 대한 조언을 줍니다.

Practice **Question 4** If you had to teach someone how to play a sport or how to exercise, what would you teach them, and why?

만일 당신이 누군가에게 스포츠 규칙이나 운동법을 가르쳐야 한다면 무엇을 가르칠 것이고 그 이유는 무엇입니까?

Model Answer

[Step 1] I suppose I would teach them a sport that is inexpensive to **take part in** and **relatively** easy to **pick up**. Aerobics is one of my favorite ways to **work out** and it's popular among many people in Korea. I've been to **gyms** with my friends who have never tried it in their lives before and we still have a great time together. [Step 2] It doesn't take long to become **competent** at all the moves. I often give my friends **tips and pointers** on how to maintain their balance and how to stretch beforehand. **It goes without saying** that everybody is different and some people take longer to improve than others, but it's unbelievable how quickly the majority of my friends **get the hang of** it. Learning something new can be very frustrating and if it's too challenging then people can **be put off** easily. [Step 3] The other reason I would teach someone aerobics is because you can do it in the comfort of your own home by yourself. For most of the exercises you don't need any equipment and there is no strict dress code.

해석 p.207

Vocabulary

- take part in ~: ~에 참가하다
- pick up 습득하다, 배우다
- gym: 헬스클럽
- tips and pointers: 조언
- get the hang of ~: ~에 익숙해지다
- relatively: 상대적으로
- work out: 운동하다
- competent: 능력이 있는
- it goes without saying ~: ~는 당연한 얘기다
- be put off: 흥미를 잃다

Tips

1. It goes without saying that everybody is different 모든 사람이 다 다르다는 것은 당연하다.
   - **Ex** It goes without saying that Korea is the best at archery.
2. It doesn't take long to become competent at all the moves. 모든 동작에 능숙해지는 것은 오래 걸리지 않는다.
   - **Ex** You will be competent at speaking English.

Idea Flow

Step 1: 다른 사람에게 추천을 할 운동을 대략 설명한다.
Step 2: 어떤 종류의 운동을 추천하며 그 첫 번째 이유를 설명한다.
Step 3: 또 다른 추천 이유를 제시하며 자신의 주장을 강화한다.

Role Play

Question 5 I'd like to give you a situation for you to act out. Imagine that you are in an interview and you are asked to explain how important you think exercising is. Describe your reasons in detail.

상황을 드릴테니 연기를 해 주세요. 면접이라고 가정하고, 면접에서 운동이 얼마나 중요하다고 생각하는지에 대한 질문을 받았습니다. 구체적인 이유를 설명해 보세요.

Model Answer

[Step 1] I would say exercise is vital. I believe everyone knows the health benefits of regular exercise; it helps with weight control, lowers the risk of **a whole host of** diseases, and ultimately leads to a longer life. After diet and DNA, I don't think there is anything more important when it comes to our health and that is why I exercise at least three times a week. **[Step 2]** Even when I **feel under the weather**, some light exercise usually gives me **a boost of** energy. I have also noticed that when I'm too busy at work that I need to skip an exercise session, I actually feel more stressed out than usual. So I **prioritize** it **over** almost everything else. **[Step 3]** My main form of exercise comes from my taekwondo club, which meets 3 times a week. Many of us have been members for over 5 years, so we have become very close. The social side of exercising together is probably what I love most about it. It's the perfect opportunity to forget about work or family problems, and I know most members **feel** completely **at ease** in the class. Without this time to **take my mind off** stressful situations I think work would drive me crazy! As I've already said, to me exercise is not only important; it's something I couldn't live without.

해석 p.207

Vocabulary

- a whole host of ~: 다양한 ~, 상당한 ~
- a boost of ~: 의 상승
- feel at ease: 편안함을 느끼다
- feel under the weather: 컨디션이 안 좋다
- prioritize A over B: B 대신에 A에 우선순위를 두다
- take one's mind off A: A에 관심을 두지 않다

Tips

1. lowers the risk of a whole host of diseases 여러 질병의 위험성을 낮추다
    - **Ex** I know a whole host of places to eat at in San Francisco.
2. I actually feel more stressed out than usual. 난 평소보다 더 스트레스를 받는다.
    - **Ex** I feel stressed out after work.

Idea Flow

Step 1: 운동이 왜 중요한지 일반적인 이유를 설명한다.
Step 2: 운동을 안 할 경우 어떤 부작용이 있는지 설명한다.
Step 3: 구체적으로 어떤 운동을 정기적으로 하는지 설명한다.

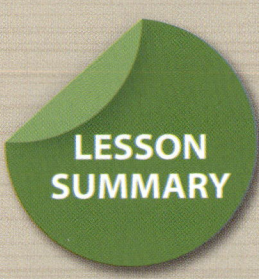

LESSON SUMMARY

OPIc

〈스포츠 주제에서 자주 출제되는 문제〉

좋아하는 스포츠 경기 / 가장 인상 깊었던 경기 / 최근에 관람했던 스포츠 경기 / 가장 좋아하는 스포츠 스타나 그 선수의 가장 훌륭했던 경기 / 두 가지 스포츠나 두 팀을 비교, 대조 / 직접 참가한 스포츠 경기 / 스포츠 경기 표 예매하기 / 친구에게 좋아하는 스포츠 경기에 초대하기 / 관람하기 좋은 스포츠 경기 추천하기 / 좋아하는 스포츠 규칙 설명하기

Strategies

1. 본인이 좋아하는 스포츠 스타 한 명을 정해서 구체적으로 그 인물에 대해 묘사할 수 있을 정도로 정보를 구한다.

2. 특정 스포츠 선수를 좋아하는 이유로 가장 무난한 것은 그 선수의 '타고난 천부적 재능'을 얘기하는 것이 좋다.

3. 특정 스포츠 스타와 애국심을 결부해서 그 선수가 국위선양을 할 것이다, 란 말을 통해 내 개인적인 희망까지 서술하면 이상적이다.

Additional OPIc Questions

1. What was the worst sports game you've ever watched?
2. How do you usually keep yourself in shape?
3. Which do you prefer to watch, soccer or baseball? Why?
4. Can you explain rules of sports you are interested in to your friends?

Lesson 10 Holidays

Oral Proficiency Interview-computer

Preview

Q1 What is your favorite holiday?

Q2 What are some traditional holidays in your country?

Holidays

Kinds of Holidays
- national holidays, traditional holidays
- Samiljeol, Memorial Day, Seolnal, Chuseok, Children's Day
- Christmas, Easter, Independence Day, Halloween, Thanksgiving Day

What People Do
- celebrate, visit the graves of ancestors, hold a memorial service, play traditional games, bow to parents or elders, make traditional food, get together
- give presents, sing Christmas carols

What People Wear
- hanbok (traditional Korean clothes), wear formal clothes, wear casual clothes, Santa costume, Halloween costume, Easter Bunny costume

What People Eat
- rice cake, rice cake soup, songpyeon, Korean pancakes, shikhye (sweet rice drink), sujeonggwa (persimmon punch)
- turkey, Christmas cake, Easter eggs

Idea Map

Question 1 Tell me about the holidays in your country. Which is the biggest holiday? What do people do on that day? Why is this holiday important to you?

당신 나라의 휴일에 대해 말해 주세요. 가장 큰 휴일이 무엇인가요? 그 날 무엇을 하나요? 왜 그 휴일이 중요한가요?

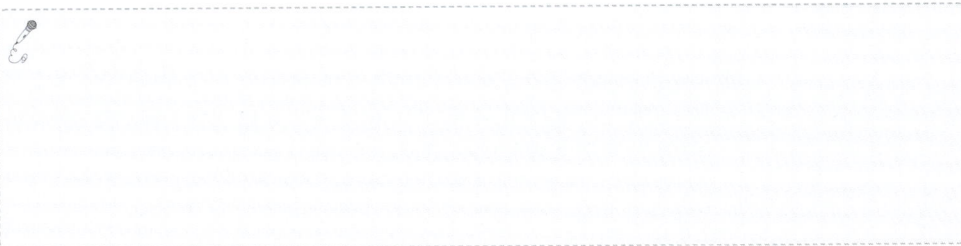

Model Answer

[소개] **Without a doubt**, Chuseok and Seolnal are the two biggest traditional holidays in Korea. [설명] Chuseok is a Korean **Thanksgiving Day** and Seolnal is the **Lunar** New Year. [사람들이 하는 것] On both days, we **have a memorial service** in order to **honor** our **ancestors**. Families and **relatives** get together and make traditional foods. After they **hold a ceremony**, they eat together. [중요성] The two holidays mean a lot to Koreans. It gives us the chance to feel the importance of family. **Family bonds** get stronger. Over 20 million people **are willing to** drive more than ten hours to visit their hometown. It shows just how much these two holidays mean to Koreans.

해석 p.207

Vocabulary

- without a doubt: 의심할 것도 없이, 확실히
- lunar: 음력의
- honor: 존경하다, 기리다
- relatives: 친척들
- family bonds: 가족간의 유대

- Thanksgiving Day: 추수 감사절
- have a memorial service: 추도식을 하다
- ancestor: 조상, 선조
- hold a ceremony: 제사 지내다
- be willing to ~: 기꺼이 ~하다

Guide

Question 2 Let's talk about the food that people eat during holidays in your country. Tell me about a special food and explain why it is special.

당신의 나라의 명절 음식에 대해서 이야기해 봅시다. 어떤 특별한 음식이 있는지, 왜 특별한지 말해 주세요.

Answer Procedure

명절에 먹는 음식에 담긴 의미나 역사 등을 말하고 자신의 느낌으로 마무리한다.

1. **Tell me about a holiday and the special food eaten on that day.**
   명절에 먹는 음식 소개

   Ex Koreans eat rice cake soup on Lunar New Year's Day. I look forward to the Lunar New Year because I like eating rice cake soup.
   한국 사람들은 설날에 떡국을 먹습니다. 저는 떡국 때문에 설날이 기다려집니다.
   Tips rice cake soup: 떡국   lunar: 음력의   look forward to ~: ~를 학수고대하다

2. **How does it taste? Is there any special meaning behind the food?**
   음식의 맛과 그 음식에 담긴 의미

   Ex Some people use anchovy broth to make rice cake soup, but on Lunar New Year's Day, my mom uses beef broth. It makes the soup more savory. Koreans believe that they don't grow one year older until they eat one bowl of rice cake soup.
   어떤 사람은 떡국을 만들기 위해 멸치 육수를 사용하기도 하는데 우리 어머니께서는 쇠고기 육수를 사용하십니다. 그래서 더 맛있습니다. 한국 사람들은 떡국 한 그릇을 먹어야 한 살을 더 먹는다고 생각해요.
   Tips anchovy broth: 멸치 육수   beef broth: 쇠고기 육수   savory: 맛이 좋은, 풍미가 있는

3. **What do you think about eating that food?** 그 음식을 먹는 의미에 대한 본인의 생각

   Ex It is funny that young kids try to get several years older by eating a couple more bowls of rice cake soup.
   아이들이 나이를 더 먹으려고 떡국을 몇 그릇씩 먹는 것이 재미있습니다.
   Tips get older: 나이를 더 먹다   several: 몇몇의   a couple more bowls: 두 그릇 이상

Model Answer

[1] Koreans eat rice cake soup on Lunar New Year's Day. I look forward to the Lunar New Year because I like eating rice cake soup. [2] Some people use anchovy broth to make rice cake soup, but on Lunar New Year's Day, my mom uses beef broth. It makes the soup more savory. Moreover, eating rice cake soup on Lunar New Year's Day has a special meaning. Koreans believe that they don't grow one year older until they eat one bowl of rice cake soup. [3] It is funny that young kids try to get several years older by eating a couple more bowls of rice cake soup.

해석 p.207

Write It

Question 3 Have you ever prepared any food for a holiday? Which holiday? What did you make? Please describe your experience in detail.

명절 음식을 만든 적이 있나요? 언제, 무엇을 만들었나요? 경험을 자세히 말해 주세요.

Model Answer
I can never forget the time I made songpyeon with my grandma. We eat songpyeon on Chuseok, the Korean Thanksgiving Day. Songpyeon is a **kind of rice cake stuffed with** sugar and **sesame**. Sometimes, we put **chestnuts** or **beans** in it. My grandma made the best songpyeon ever. She taught me how to shape songpyeon. She **used to** smile and say, "If you make your songpyeon pretty, you will meet a great husband in the future." I practiced making songpyeon **in order to** make them pretty. My grandma put the songpyeon on **pine needles** and **steamed** them. This gave them a **rich flavor**. **Now that** my grandma has **passed away**, I can never **taste** the world's best songpyeon ever again. I **miss** my grandma and her songpyeon.

해석 p.207

Vocabulary

- kind of ~: ~종류의
- stuffed with ~: ~로 속을 채운
- chestnut: 밤
- used to do: ~하곤 했다
- pine needles: 솔잎
- rich flavor: 깊은 향기, 풍부한 향기
- pass away: 돌아가시다
- miss: 그립다, 그리워하다
- rice cake: 떡
- sesame: 깨
- bean: 콩
- in order to ~: ~하기 위해서
- steam: 찌다
- now that: 이제 ~해서, ~하기 때문에
- taste: 맛보다, 맛이 나다

Tips

1. She taught me how to shape songpyeon: 목적어 자리에 「의문사 + to부정사」가 온다. 「how to do」는 「어떻게 하는지를」, 「what to do」는 「무엇을 할지를」, 「when to do」는 「언제 할지를」의 뜻이다.
   Ex I have no idea <u>how to make</u> this. Please help me out.

2. Now that my grandma has passed away, I can never taste the world's best songpyeon ever again: 'now that'은 접속사로서 '~하기 때문에'의 뜻으로 그 다음에 간접적인 이유나 상황을 제시하는 문장이 온다. because, since, as는 필연적인 원인 관계의 두 문장을 연결해 주는데 반하여, now that은 감정이나 판단의 간접적 원인을 말한다는 면에서 차이가 있다.
   Ex <u>Now that you are here</u>, we can have dinner together.

SOS (Skills of Speaking)

Experience (Narrative Speaking)

경험과 관련된 문제는 모든 주제에서 출제될 수 있는 유형으로 '가장 처음에 어떻게 시작하게 되었나?', '최근에 ~한 적이 있는가?', '~한 경험을 이야기하라', '가장 기억에 남은 일은?' 등이 있다. 과거의 경험이므로 과거 시제나 현재완료를 정확하게 사용해서 문법에서 감점되지 않도록 유의한다. 생생하게 이야기를 전달하고자 할 때는 과거 진행형을 사용할 수 있다.

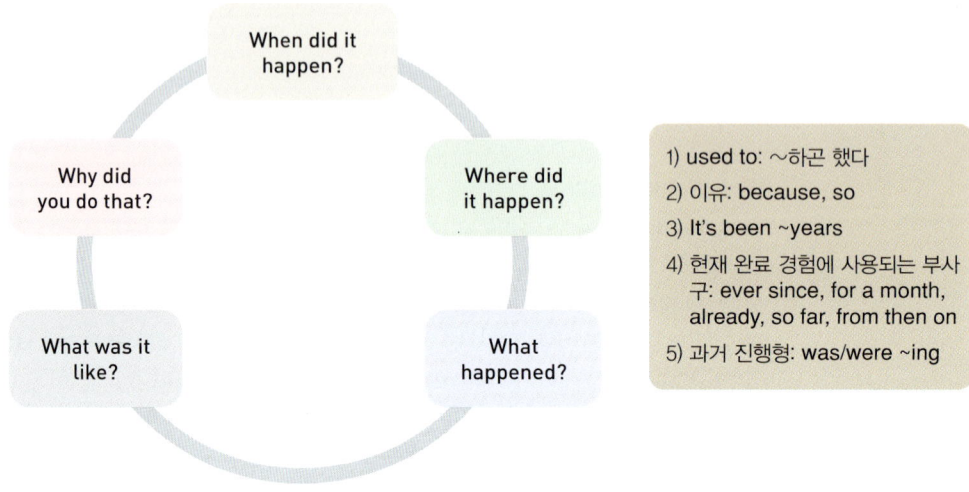

Writing : Sample Sentences

1. I will never forget the time I ate too much.
과식했던 경험을 잊지 못할 것입니다.

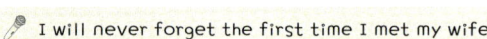

2. It has been five years since that terrible experience.
그 끔찍한 경험으로부터 5년이 되었습니다.

3. We usually hold a memorial service for our ancestors and eat together.
조상님께 제사를 지내고 주로 다같이 음식을 먹습니다.

4. Ever since that day, I try not to overeat.
그 이후로 과식을 하지 않습니다.

5. It was the worst experience I've ever had.
가장 끔찍한 경험이었습니다.

Practice

Question 4 **What was your most memorable holiday experience? Why was it so memorable? Please tell me what happened in detail.**

어렸을 적 가장 기억에 남는 명절이 무엇인가요? 왜 기억에 남나요? 무슨 일이 있었는지 자세히 말해 주세요.

Model Answer

[Step 1] I will never forget the time I ate too much. It has been five years since that **terrible** experience. [Step 2] My family visited my grandparent's house on **Lunar** New Year's day. We usually **hold a memorial service** for our **ancestors** and eat together. My mom, aunts and grandma **prepared traditional** foods. They made rice cake soup and different kinds of Korean pancakes. The food was so delicious. The problem was that I **overate**. It made me very sick and I couldn't have any more meals. I had to **stay in bed** during the holidays. [Step 3] Ever since that day, I try not to overeat. It was the most terrible experience I've ever had.

해석 p.208

Vocabulary

- terrible: 끔찍한
- hold a memorial service: 제사 지내다
- prepare: 준비하다
- overeat: 과식하다
- lunar: 음력의
- ancestor: 조상
- traditional: 전통의
- stay in bed: 누워 있다

Tips

1. It was the most terrible experience I've ever had: 2음절 이상인 형용사 앞에 'the most'를 붙이면 '가장 ~한'의 최상급이 된다.
   Ex She was the most gorgeous woman in our country.

2. It was the most terrible experience I've ever had: 최상급 표현 다음에 과거 완료 「I've ever +P.P」를 쓰면 '이제까지 ~해 본 중에서'라는 뜻이 된다. 상황에 따라 「I've ever had, I've ever done, I've ever seen, I've ever eaten」 등을 붙일 수 있다.
   Ex It was the most exciting game I've ever watched.

Idea Flow

Step 1: 흥미를 이끄는 도입으로 배경 설명을 한다.
Step 2: 누구와 언제, 어디서, 왜, 그리고 무슨 일이 일어났는지 서술한다.
Step 3: 왜 잊을 수 없는 기억인지 과거 경험에 대한 의견과 생각으로 마무리한다.

Role Play

Question 5 I'd like to give you a situation for you to act out. Imagine that your foreign friend invited you to a party to his/her house. Your friend said the party was to celebrate a traditional holiday from his/her country. Before you go, call your friend to ask him/her four or five questions about the holiday and the party.

상황을 드릴 테니 연기를 해 보세요. 외국 친구가 집으로 파티에 초대를 했습니다. 그 나라의 전통 명절이라는군요. 가기 전에 친구에게 전화를 해서 그 명절과 파티에 관해 네 가지나 다섯 가지 질문을 해 보세요.

Model Answer

[Step 1] Hi! This is Jay. Thank you for inviting me. [Step 2] I'd like to ask you some questions about the holiday. What is the name of this holiday? Ah, is Thanksgiving Day the biggest holiday in your country? What do you usually do on this holiday? Okay, we also meet family for Korean Thanksgiving too. Are you going to prepare any food? Could you tell me what are the **popular** foods for the holiday. Wow, sounds delicious. I want to try turkey someday. Do you play any traditional games on the holiday? No games huh, I guess it is just a time for all the family to **get together** and talk. [Step 3] **By the way**, what time should I go? Should I dress up? I see. **Lastly**, should I bring anything? Are you sure? Okay, see you there! Bye!

해석 p.208

Vocabulary

- popular: 인기 있는
- by the way: 그런데
- get together: 모이다
- lastly: 마지막으로

Tips

1. Thank you for inviting me: '~해 줘서 고마워'를 패턴으로 기억하자. 「Thank you for ~ing」이다.
   Ex Thank you for helping me.

2. Should I dress up?: 파티에 초대 받았을 때 '정장을 입고 가야 하나요?'라고 묻는 질문이다. 「Should I wear a suit?」라고 물어도 된다. 반대로 '일상적인 옷을 입고 가도 되는지'라고 물을 때는 「Is it a casual party?」, 「Are jeans Okay?」라고 하면 된다.

3. Should I bring anything?: 친구 집에 초대 받았을 때, '뭐 가져 가야 할까?'하고 물어 보는 질문이다. 패턴으로 기억한다.

Idea Flow

Step 1: 초대해 줘서 고맙다는 인사를 한다.
Step 2: 명절에 관한 질문을 한다.(명절 이름, 하는 일, 먹는 음식, 유래 등)
Step 3: 언제까지 가면 되는지, 준비할 것은 없는지 물어보고 인사로 마무리한다.

LESSON SUMMARY

OPIc

명절이나 공휴일은 돌발문제 유형으로서 한국의 전통 명절이나 전통 음식에 대해 묻는 문제가 주로 출제된다. 평가자는 한국의 문화에 익숙하지 않다는 점에 명심해서 설날, 추석 같은 명절 중에서 이야깃거리가 풍부한 날을 선택해서 정리해 둔다.

1) 명절
   - 명절 소개: 가장 유명한 휴일, 가장 큰 전통 명절, 그 명절에 하는 일과 음식, 명절의 유래, 명절에 하는 놀이와 그에 담긴 의미
   - 에피소드: 가장 기억에 남는 명절

2) 음식
   - 전통 음식 소개, 그 음식을 먹는 의미, 만드는 방법과 음식을 만들면서 있었던 에피소드

3) 명절을 보내는 방법의 변화(과거와 현재 비교), 외국 친구에게 그 나라의 명절에 관해 물어 보기

Strategies

1. 주어진 주제에 대한 경험을 육하원칙(who/when/where/what/how/why)을 바탕으로 답변을 정리한다.

2. 경험에 관련된 시제를 정확히 사용한다.
   1) used to ~: ~하곤 했다
   2) 경험이 기억나는 이유: because, so
   3) It's been ~years
   4) 현재 완료 경험에 사용되는 부사구
      ever since, for a month, already, so far, from then on
   5) 과거 진행형: was/were ~ing

3. 단순히 무엇을 했다는 설명보다는 구체적인 배경을 설명하고, 그 일로 인해 생긴 갈등이나 사건의 최고조 순간을 이야기한다.

4. 경험이나 사건의 결말이나 해결, 잊을 수 없는 이유, 자신의 느낌으로 마무리한다.

Additional OPIc Questions

1. Let's talk about your last holiday. Where did you go? What did you do? Please tell me in as much detail as you can.

2. What do people in your country usually do during the summer and winter holidays? Tell me where they go and what they do in detail.

3. How did people celebrate traditional holidays in the past? How do they celebrate these days? Are there any differences? Tell me about the similarities and differences.

4. I'm sorry, but you have a problem to resolve. You are supposed to visit your parents during the holidays. But your child is very sick, so you cannot go this time. Call your parents and explain the situation. Suggest another time for a visit.

Lesson 11 · Daily Life

Oral Proficiency Interview-computer

Preview

Q1 Tell me about a typical weekday.

Q2 What is your favorite day of the week?

Daily Life

Office Work
- get to work
- turn on a computer
- check email
- do paperwork
- attend a meeting
- work on a project

House Chores
- do errands
- go to the dry cleaners
- pick up a coat from the dry cleaners
- do the laundry
- do the dishes
- vacuum the house

After Work
- go to the gym
- take a yoga class
- hang out with friends
- have a drink
- have dinner
- go straight home
- go to bed

Morning Routine
- wake/get up
- make the bed
- take a shower
- get dressed
- brush teeth
- have breakfast
- drink coffee

Idea Map — **Question 1** You indicated in the survey that you work. Tell me about a typical work day.

설문에 일을 한다고 답했습니다. 당신의 직장에서 일상적인 하루가 어떤가요?

Model Answer

Let me tell you about my **typical** day at work. [출근, 출근부 기록] I normally **get to** work around 8:50 and **punch in**. The first thing I do at work in the morning is turn on my computer and check out news articles of the Internet while drinking my daily morning coffee. [이메일 확인 및 전화] And then I **check my email**, reply, and **make** important **phone calls to** my business **associates**. [점심시간 전까지 서류 작업] After that, I have to deal with tons of paperwork until lunch break. [점심시간 후 커피 마시기] After lunch I have to drink another cup of coffee to **stay awake**. [마케팅 전략 수립, 회의] Since I work in the marketing department, I **work out** and **execute marketing strategies**. To do that, I have to do a lot of researching and meetings, which is all I do for the rest of the day.

해석 p.208

Vocabulary

- let me tell you about ~: ~에 대해 말씀드리겠습니다
- punch in: 출근부를 찍다
- make a phone call to ~: ~에 전화를 걸다
- stay awake: 깨어 있다
- execute: 수행하다
- typical: 전형적인
- get to ~: ~에 도착하다
- check one's email: 이메일을 체크하다
- associates: 동료, 동업자
- work out marketing strategies: 마케팅 전략을 짜다

Guide

Question 2 Describe your typical weekend. How do you spend your weekends? Tell me in as much detail as you can.

당신의 보통 주말을 설명해 보세요. 어떻게 주말을 보내나요? 최대한 자세히 설명해 보세요.

Answer Procedure
일반적인 주말의 일과를 설명하고 특별한 계획이 없을 때 집에서 하는 일을 이야기한다.

1. Do you get up early on the weekends? What's your morning on the weekend like? 주말 아침에 일어나는 시간

- **Ex** Every weekend, I sleep in. I think it's because I go to bed too late on Friday nights and also just because I can.
  주말마다 저는 늦잠을 자요. 그건 금요일 밤 너무 늦게 자는 까닭도 있고 또 그래도 되니까요.
  Tips every weekend: 주말마다   sleep in: 늦잠 자다

2. What kind of plans do you have on weekends? Why? 주말의 계획과 활동

- **Ex** I'm very busy during the week with work and going to my English Academy. So, on the weekend, I usually go out and hang out with my friends.
  주중엔 일이며 영어 학원에 다니므로 매우 바쁩니다. 그래서 주말에는 저는 주로 외출해서 친구들과 시간을 보냅니다.
  Tips what with A and B: A도 있고 B도 있고 해서   hang out with ~: ~와 시간을 보내다

3. What do you do at home on weekends when you don't have any special plans? 주말에 집에서 하는 일

- **Ex** When I have a lot of work during the week, I just don't make any plans for the weekend. I stay home and relax. Mostly, I just kick back and watch a rerun of my favorite TV show, pigging out on junk food.
  주중에 일이 많을 때는 그 주 주말에는 계획을 세우지 않습니다. 그럴 때는 집에서 머무르며 휴식을 취합니다. 대부분 그냥 쉬면서 좋아하는 TV 프로그램 재방송을 보죠. 패스트푸드도 폭식하며 말이죠.
  Tips kick back: 긴장을 풀다, 쉬다   rerun: 재방송   pig out on ~: ~를 폭식하다

Model Answer

[1] Every weekend, I sleep in. I think it's because I go to bed too late on Friday nights and also just because I can. [2] I'm very busy during the week with work and going to my English Academy. So, on the weekend, I usually go out and hang out with my friends. We sometimes go to the movies or go to a bar to have a drink. [3] When I have a lot of work during the week, I just don't make any plans for the weekend. I stay home and relax. Mostly, I just kick back and watch a rerun of my favorite TV show, pigging out on junk food. Of course, I spend a whole lot of time sleeping.

해석 p.208

Write It

Question 3 Tell me about your daily commute in as much detail as you can.

매일 이용하는 교통 수단에 대해서 최대한 자세히 말해 보세요.

Model Answer

I have a car. It's a really nice SUV. But I **hardly** drive when I **commute**. I mean it's not such a great idea to drive in Seoul **during rush hour** because it would take forever to **get to work**. So, every day I **take the subway to** work even though I have to **transfer in the middle**. It takes about 40 minutes. I usually listen to music with my MP3 player or read a book on the subway. Well, actually, it doesn't sound that bad, does it? But the truth is, it's really terrible because there are too many people. I mean if I leave home 20 minutes earlier, I can **beat the rush-hour crowd**. If I don't, I **don't have any other choice but to** use a jam-packed subway. That's when I hate the fact that I live in this **megacity**. But **what can I do? You've gotta do what you've gotta do**.

해석 p.208

Vocabulary

- hardly: 거의 ~ 않다
- during rush hour: 러시아워 시간에
- take the subway to ~:
  ~까지 지하철을 타고 가다
- beat the rush-hour crowd:
  러시아워 인파를 피하다
- megacity: 거대 도시
- have gotta: ~해야 한다(have got to의 줄임말)

- commute: 통근하다, 통학하다
- get to work: 직장에 도착하다
- transfer: 갈아타다
- in the middle: 중간에
- don't have any other choice but to ~:
  ~하는 수 밖에 없다
- What can I do?: 어쩌겠어요?
- You've gotta do what you've gotta do:
  할 일은 해야 한다

Tips

1. Well, actually, it doesn't sound that bad, does it?: 평서문을 의문문으로 만들어 주는 부가의문문(tag question)이 쓰였다. 부가 의문문은 해당 평서문이 긍정문이면 부정문으로, 부정문이면 긍정문으로 만든다.
   - **Ex** It's a nice day today, <u>isn't it</u>?
     You didn't go see a doctor yesterday, <u>did you</u>?

2. That's when I hate the fact that I live in this megacity: 「That's when+주어+동사」는 '그 때가 (주어)가 (동사)한 때이다'라는 표현이다.
   - **Ex** <u>That's when</u> I am proud of myself.

SOS (Skills of Speaking)

Chronological Order (Narrative Speaking)

사건의 추이를 시간의 흐름대로 자연스럽게 설명하는 방식이다. 직장이나 학교에서의 일과를 묘사하거나 퇴근 후 일상적으로 하는 일을 묘사하는 문제에 대한 답변을 할 때 사용된다. 시간의 흐름에 의한 기술은 일관성 있게 시제를 사용하는 것이 중요하며, 진행(process)에서와 마찬가지로 시간의 부사를 적절히 활용하면 보다 매끄럽게 이야기를 진행할 수 있다.

The first thing I do ~

- The first thing I do in the morning is brush my teeth.
- The first thing I do at work is turn on my PC.

Then I ~

- Then I take a shower and eat breakfast.
- Then I make myself some tea and check my email.

After that, I~ / Before ~

- I have to do the dishes before I leave home.
- After that, I make some phone calls to my business associates.
- I have to do paperwork before my lunch break.

Writing : Sample Sentences

1. The first thing I do when I get home after work is take a shower.
제가 일을 끝내고 집에 와서 처음으로 하는 일은 샤워를 하는 것입니다.

 The first thing I do in the morning is wash my face and brush my teeth.

2. Then I vacuum my place every day because I have zero tolerance for messiness.
그리고는 매일 청소기를 돌려요. 왜냐하면 저는 지저분한 걸 전혀 못 참거든요.

3. After that, I drink tea. I never drink coffee in the evening because I don't want to have trouble sleeping.
그 후엔 차를 마셔요. 저녁엔 커피는 절대 마시지 않아요. 잠자는데 문제가 있으면 안되니까요.

4. I have to do some laundry and take out the garbage before I go to bed.
잠자리에 들기 전엔 세탁을 하고 쓰레기를 버려야 해요.

Practice **Question 4** **What do you usually do after work? Describe in as much detail as you can.**

회사를 마친 후 보통 하는 일이 무엇입니까? 최대한 자세히 답해 주세요.

Model Answer

[Step 1] My **office hours** are from 9 to 6. But I usually have a lot of work, so I hardly leave on time. I usually work until 7. After work, I have a really quick dinner at a restaurant because I **take an** English **class** at 8. You might think it's really boring but I actually like it. Why not? I like English. [Step 2] And then I **head home**. The first thing I do when I get home after work is take a shower. Then I **vacuum** my place every day because I **have zero tolerance for** messiness. [Step 3] After that, I drink tea. I never drink coffee in the evening because I don't want to have trouble sleeping. I have to **do some laundry** and take out the garbage before I go to bed. That's what I do on most evenings.

해석 p.208

Vocabulary

- office hours: 근무 시간
- head home: 집으로 향하다
- have zero tolerance for ~: ~를 전혀 참지 못하다
- take a class: 수업을 듣다
- vacuum: 진공청소기로 청소하다
- do the laundry: 세탁하다

Tips

1. My office hours are from 9 to 6: 근무하는 시간을 말할 때 쓰는 표현으로 hours가 주어이므로 are로 동사를 받아야 하는 것을 기억한다. 이외에도 「our business hours are~」, 「my party hours are ~」 등의 관련 표현도 많이 사용된다.
   Ex Our business hours are from 10 to 9.

2. The first thing I do when I get home after work is take a shower: 「The first/last/next thing I do is+동사원형」은 '내가 처음/마지막/다음으로 하는 일은 ~ 이다'라는 뜻이다.

3. because I don't want to have trouble sleeping: 「have trouble (in) ~ing」는 '~하는 데 문제가 있다'는 의미이다.
   Ex These days, I have trouble making ends meet.

Idea Flow

Step 1: 늦게 퇴근 후, 빨리 저녁 식사를 하고 영어 수업을 듣는다.
Step 2: 집에 가서 샤워를 하고 청소를 한다.
Step 3: 차를 마시고 집안일을 한 후, 잠자리에 든다.

Role Play Question 5 **I'd like to give you a situation for you to act out. You were planning to meet your friend on the weekend. However, your parents called and told you that they were going to visit you on the weekend. Now you have to call your friend and explain your situation.**

재현할 상황을 드리겠습니다. 주말에 친구를 만날 예정인데, 부모님께서 전화를 하셔서 주말에 방문하겠다고 하십니다. 이제 친구에게 전화를 걸어 상황을 설명해 보세요.

Model Answer

[Step 1] Hey, Jinyoung? This is Youngsoo. I'm calling because I have to tell you something. [Step 2] You know that we **are planning to** meet this weekend. But the thing is that my parents are going to **be in town** this weekend. They want to visit me. So I think I should cancel our plans. I know the weekend is **in just two days**. I'm so sorry to cancel **in such short notice**. But I just **got a phone call** from my dad. And you know how far they live away from me. I cannot say no to them. [Step 3] I'll do anything to **make it up to** you. I'll **treat** you **to** a fancy dinner at **whatever restaurant you pick**. Okay? Thanks. **You're the best.**

해석 p.209

Vocabulary

- be planning to ~: ~할 계획이다
- in just two days: 딱 이틀 남은
- get a phone call: 전화를 받다
- treat A to B: A에게 B를 대접하다
- You're the best: 너밖에 없다
- be in town: 도시로 오다
- in such short notice: 촉박하게, 말미를 안주고
- make it up to ~: ~에게 그것을 보상해주다
- whatever restaurant you pick: 네가 선택하는 어떤 레스토랑에서든지

Tips

1. I'm calling because I have to tell you something: 통화에서 연락한 이유를 말할 때 「I'm calling because (주어)+(동사) ~」로 표현한다.

2. The thing is that my parents are going to be in town this weekend: 「The thing is (that)+주어+동사」는 '사실은 상황이(문제가) ~이다'라는 의미이다.
   Ex The thing is I don't feel comfortable with her.

Idea Flow

Step 1: 인사말을 하고 전화한 이유를 말한다.
Step 2: 친구와 만날 계획이었으나 부모님이 방문하시기 때문에 약속을 취소해야 하는 상황을 설명한다.
Step 3: 나중에 보상하겠다고 약속하고 고마움을 표시한다.

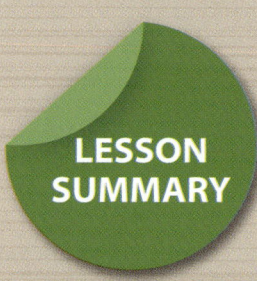

LESSON SUMMARY

OPIc

OPIc 출제 문제 중에서 가장 쉽고 간단한 유형의 문제에 속한다. 자주 쓰는 표현을 잘 숙지해두고, 시제에 유의해서 말하기만 한다면 큰 어려움은 없다.

1. 자주 출제되는 문제
   - 직장이나 집에서 하루를 어떻게 보내는지
   - 주말에 어떻게 시간을 보내는지
   - 여행의 패턴

2. 평소 자신의 하루 생활을 영어로 간단히 메모해 보고 이를 시간에 맞게 영어로 말해 보는 것도 좋은 연습이 된다.

3. 자신의 일정한 생활 패턴을 시간순으로 기술하는 것 이외에 해당 행동의 이유나 감상도 함께 제시해 주면 내용이 훨씬 풍부해진다.

Strategies

1. '아침에 일어나서 처음 하는 일은 ~', '회사에 가서 처음 하는 일은 ~이다'라고 문장을 시작한다.
   - **Ex** The first thing I do in the morning is ~
     The first thing I do in the office is ~

2. 하루 일과를 현재 시제로 말하고 적절한 시간 부사, 접속사를 사용하는 것을 잊지 않는다.
   - **Ex** and then/after that/next/before/until

3. 시간의 흐름에 의한 기술은 무엇보다 시제를 일치시키는 것이 중요하다. 일관성 있게 시제를 사용하도록 한다.

4. 해당 행위에 대한 원인이나 감상을 덧붙이면 좋다.
   - **Ex** And then I drink coffee. I mean I have to because I have to stay awake. After that, I attend a really boring meeting for an hour. This is usually my worst hour of the day.

Additional OPIc Questions

1. Tell me about your routine day at school.
2. Describe a typical day on a business trip.
3. Tell me about all the things you do on a normal work day. What do you do when you first arrive at the office and what else do you do throughout the day?
4. What is the busiest day of the week for you? Why? Describe what you do on that day in as much detail as possible.

Lesson 12 Music

Oral Proficiency Interview-computer

Preview

Q1 What kind of music do you like?

Q2 When do you usually listen to music?

Music

Listening to Music
- while commuting/cleaning the house, when studying/feeling bad, before going to sleep
- to be relaxed, to kill the time, to feel good

Kinds of Music
- jazz, ballad, rock, pop music, soundtracks, latest music, hip-hop, rap, heavy metal, classical music, Korean pop music
- soft music, loud music, fast-paced music
- a song with interesting/sad lyrics

Singing–When You Sing
- while taking a shower/cleaning the house/driving
- in a good mood, feel sad/depressed

Singing–Why You Like It
- fun, to express my feeling, to get rid of stress, have a singing talent

Playing Musical Instruments
- learn how to play, play the violin/piano/guitar/drums
- hold a concert, take lessons, join a club
- tune, rhythm, tone, beat, melody

Idea Map

Question 1 You indicated in the survey you like to listen to music. What kind of music do you like? When do you usually listen to music? Why do you like to listen to that kind of music?

설문 조사에서 음악 듣는 것을 좋아한다고 했습니다. 어떤 종류의 음악을 좋아하나요? 언제 주로 음악을 듣나요? 왜 그 음악 듣는 것을 좋아하나요?

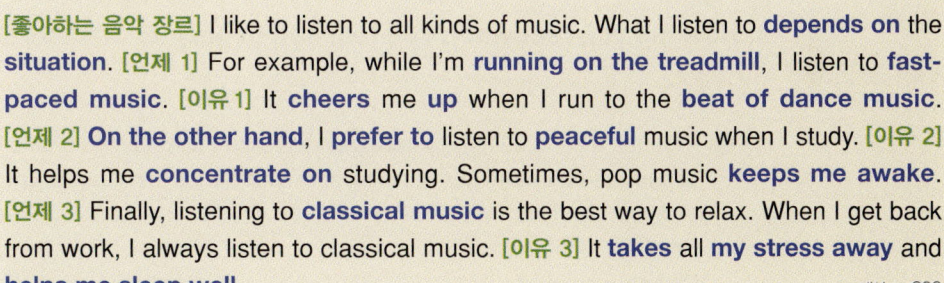

Model Answer

[좋아하는 음악 장르] I like to listen to all kinds of music. What I listen to **depends on** the **situation**. [언제 1] For example, while I'm **running on the treadmill**, I listen to **fast-paced music**. [이유 1] It **cheers** me **up** when I run to the **beat of dance music**. [언제 2] **On the other hand**, I **prefer to** listen to **peaceful** music when I study. [이유 2] It helps me **concentrate on** studying. Sometimes, pop music **keeps me awake**. [언제 3] Finally, listening to **classical music** is the best way to relax. When I get back from work, I always listen to classical music. [이유 3] It **takes** all **my stress away** and **helps me sleep well**.

해석 p.209

Vocabulary

- depend on ~: ~에 달려 있다, ~에 의해 결정되다
- run on the treadmill: 러닝머신 위에서 뛰다
- cheer ~ up: ~에게 생기를 주다
- on the other hand: 다른 한편으로는
- peaceful: 평화로운
- keep me awake: 졸음을 쫓아주다
- take my stress away: 스트레스를 없애다
- situation: 상황
- fast-paced music: 빠른 박자의 음악
- beat of dance music: 댄스 음악의 박자
- prefer to ~: ~를 더 좋아하다, 선호하다
- concentrate on ~: ~에 집중하다
- classical music: 클래식 음악
- help me sleep well: 잠을 잘 자게 도와주다

Guide

Question 2 You indicated in the survey that you play a musical instrument. Tell me about how you first became interested in playing this instrument. How did you learn to play it? Tell me all the details.

설문 조사에서 악기를 연주한다고 했습니다. 처음에 어떻게 악기 연주에 흥미를 갖게 되었나요? 악기 연주는 어떻게 배웠나요? 자세히 말해 보세요.

Answer Procedure

악기에 관심을 갖게 된 계기와 배우게 된 과정을 설명한 후, 악기 연주에 대한 자신의 느낌으로 마무리한다.

1. How did you first become interested in playing the musical instrument? 악기를 배우게 된 시점과 계기

Ex When I was in the 9th grade, my uncle took me to a jazz concert. There, I saw David Weckl, one of the most famous drummers in the world. I was fascinated by him.
제가 중학교 3학년 때, 삼촌이 재즈 콘서트를 데려가 주셨는데 거기서 세계적인 드러머 데이비드 웨클을 만났습니다. 저는 완전히 그에게 빠져 들었습니다.

Tips take somebody to~: 누구를 ~에 데려가다   be fascinated by~: ~에 빠지다, 매료되다

2. How did you learn to play the musical instrument? 악기를 배운 과정

Ex For several months, I begged my mom to let me play the drums. Finally, she agreed. I signed up for a music academy and took lessons twice a week.
몇 달 동안 드럼을 치게 해달라고 엄마를 졸랐고, 마침내 허락해 주셨어요. 음악 학원에 등록하고 일주일에 두 번씩 레슨을 받았습니다.

Tips beg: 사정하다   sign up for~: ~에 등록하다   take a lesson: 레슨 받다

3. How did you feel when you learned to play it? 악기 연주를 통해 느낀 점

Ex I formed a band during my college years. And I still play the drums in a company band. Whenever I play the drums, all my stress from work just floats away.
대학 다닐 때는 밴드를 조직했었고, 지금도 회사 밴드에서 드럼을 치고 있습니다. 드럼을 칠 때마다 직장에서 받는 모든 스트레스가 날아갑니다.

Tips form a band: 밴드를 조직하다   whenever ~: ~할 때마다   float away: 흘러가다, 떠가다

> **Model Answer**
>
> [1] When I was in the 9th grade, my uncle took me to a jazz concert. There, I saw David Weckl, one of the most famous drummers in the world. I was fascinated by him. [2] For several months, I begged my mom to let me play the drums. Finally, she agreed. I signed up for a music academy and took lessons twice a week. [3] Ever since, I had several performances at school festivals. I formed a band during my college years. And I still play the drums in a company band. Whenever I play the drums, all my stress from work just floats away.
>
> 해석 p.209

Write It

Question 3 **You indicated you like to sing by yourself. When do you usually sing? Where do you sing?**

설문 조사에서 혼자 노래하는 것을 좋아한다고 했습니다. 주로 언제 노래하나요? 어디서 노래하나요?

Model Answer

I really like singing, but I'**m reluctant to** sing **in front of others**. Why? I'm **embarrassed** to say this, but I'm a terrible singer. So, I feel more **comfortable** when I sing alone in my room. No one else can hear me, so I don't need to worry about **singing in tune, singing to the rhythm or whatever**. I also sing along with the songs in my music folders while I **surf the Internet**. Sometimes, I go to a Noraebang, a kind of karaoke in Korea, with my close friends. When my friends hear me singing, they **laugh their heads off**. I'm not comfortable singing in front of my **colleagues**. I need time to **get to know** people before I can sing in front of them.

해석 p.209

Vocabulary

- be reluctant to ~: ~을 주저하다, 망설이다
- embarrassed: 당황스러운
- sing in tune: 음정에 맞추어 노래하다
- or whatever: 혹은 그 비슷한 무엇이든
- laugh one's head off: 자지러지게 웃다, 박장대소하다
- in front of others: 남 앞에서
- comfortable: 편안한
- sing to the rhythm: 리듬에 맞추어 노래하다
- surf the Internet: 인터넷을 검색하다
- colleague: 동료
- get to know ~: ~와 알게 되다

Tips

1. I really like singing, but I'm reluctant to sing in front of others: '무엇을 마지못해 할 경우, 주저하는 경우, 열정이 없이 천천히 하게 되는 경우'에는 「be reluctant to do something」을 사용한다.
   Ex You should really know I <u>am reluctant to</u> help him. I'm doing it because you asked me to do it.

2. No one else can hear me, so I don't need to worry about singing in tune, singing to the rhythm or whatever: 여러 가지를 열거한 뒤에, '그 밖에 무엇이든지, 기타 등등, 유사한 것들'이란 뜻으로 「or whatever」를 붙이면 된다.
   Ex Bring your old clothes, shoes, accessories, <u>or whatever</u>.

SOS (Skills of Speaking)

Things (Descriptive Speaking)

회사 제품 설명, 학교나 사무실에서 쓰는 기기나 소프트웨어, 집의 가구나 전자 제품 묘사, 음악을 들을 때 사용하는 기기에 대해 묻는 문제 유형에서는 묘사를 통해서 사물의 생김새와 용도, 사용 방법과 특징에 대해 설명한다. 추상적으로 말하기보다는 구체적인 설명이나 비유를 들어 묘사한다.

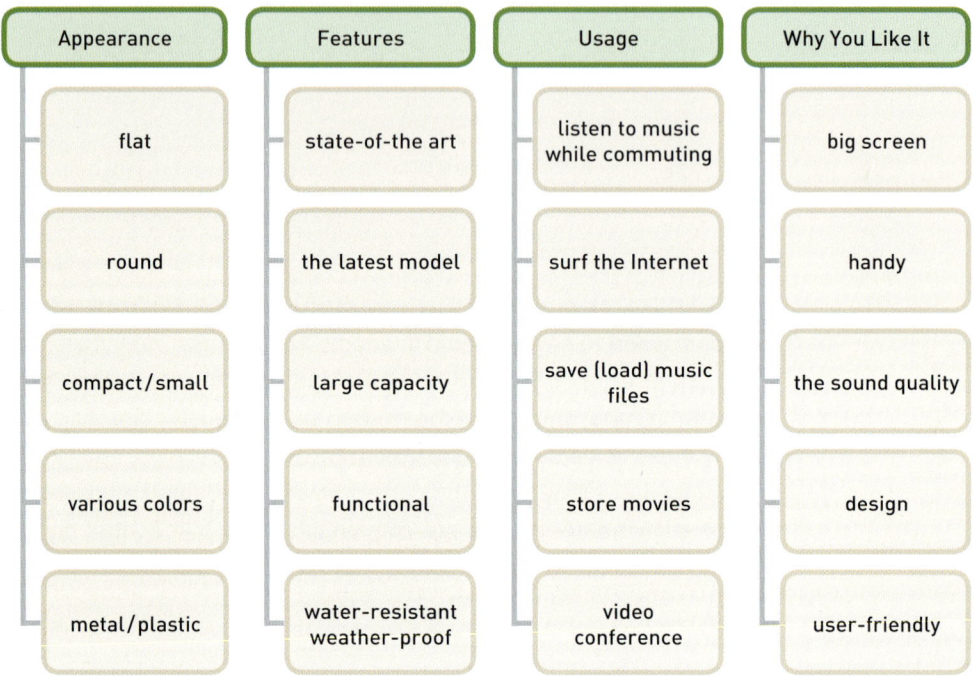

Appearance	Features	Usage	Why You Like It
flat	state-of-the art	listen to music while commuting	big screen
round	the latest model	surf the Internet	handy
compact/small	large capacity	save (load) music files	the sound quality
various colors	functional	store movies	design
metal/plastic	water-resistant weather-proof	video conference	user-friendly

Writing : Sample Sentences

1. It is flat and rectangular.
그것은 납작하고 직사각형입니다.

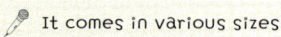 It comes in various sizes.

2. It is made of metal and is silver and black.
금속 재질이고 은색과 검정으로 되어 있습니다.

3. It is about the size of my palm.
제 손바닥만한 크기에요.

4. It has 3 gigabytes of storage and I can save up to a thousand songs.
용량이 3기가바이트라서 천 곡 정도 담을 수 있어요.

Practice

Question 4 These days there are so many different ways to listen to music. Tell me how you listen to music, including what device and/or program you mainly use.

요즘은 음악을 들을 수 있는 여러 다른 방법들이 있습니다. 어떤 방식으로 음식을 듣는지, 어떤 기기 또는 프로그램을 주로 사용해서 듣는지 설명해 보세요.

Model Answer

[Step 1] I listen to music using many different devices including my car radio, my laptop and on my TV, but I enjoy listening to music via my smartphone. For a small **monthly subscription** I can stream music through a smartphone application with no restrictions on what I listen to or the **duration** I listen for. [Step 2] In fact, I can listen to **literally** hundreds of artists every month and I still don't need to pay any extra fees. Artists featured on the application are not only domestic ones, but international stars and indie bands alike. [Step 3] The only **catch** is that I must be connected to the internet in order to listen as the songs are not stored directly on my phone. This was annoying when I was abroad due to expensive roaming charges, but overall it's **a small price to pay** for having such a huge number of songs available. I would **be lost without** this app because it helps me **pass the time** on my long **commute** every morning on the bus.

해석 p.209

Vocabulary

- monthly subscription: 한 달 구독/사용
- literally: 실질적으로
- a small price to pay: 약간의 희생, 대가
- pass the time: 시간을 보내다, 때우다
- duration: 기한, 기간
- catch: 함정, 문제점
- be lost without: ~없이는 당황한다
- commute: 통근, 출퇴근

Tips

1. The only catch is that I must be connected to the internet in order to listen as the songs are not stored directly on my phone: catch가 명사로 쓰일 경우 '숨겨진 문제점, 함정'의 뉘앙스로 생활영어에서 자주 쓰인다.
   Ex What's the <u>catch</u>?

2. In fact, I can listen to literally hundreds of artists every month and I still don't need to pay any extra fees: 부사 literally 는 '실질적으로'의 뉘앙스로 쓰인다.
   Ex The place is <u>literally</u> a sea of people.

Idea Flow

Step 1: 여러 방식으로 음악을 듣지만 그 중에서도 스마트폰을 활용한다고 설명한다
Step 2: 스마트폰의 어떤 프로그램을 활용해서 어떤 방식으로 음악을 듣는지 설명한다.
Step 3: 스마트폰을 이용한 음악 청취의 단점도 설명한다.

Role Play

Question 5 I'd like to give you a situation for you to act out. I also like to listen to music. Ask me three or four questions about my favorite singers and their songs.

저도 음악 듣는 것을 좋아합니다. 제가 좋아하는 가수와 그들의 노래에 대해 서너 가지 질문을 해 보세요.

Model Answer

[Step 1] So... you like listening to music? I'd like to ask you a couple of questions. [Step 2] **First of all**, do you like solo artists or **bands**? You like bands? Who is your favorite band? Really? What a **coincidence**! I really like them, too. I can't believe you went to their concert in Korea. So did I! Wasn't it a great concert? Who do you like the most among the members? The drummer? That's so interesting! Do you have any of their CDs? [Step 3] Can you **recommend** me any of their **greatest hits**? I have only one CD, but I'd like to buy more. Thank you for your **suggestion**! 해석 p.209

Vocabulary

- first of all: 무엇보다 먼저
- coincidence: 우연의 일치
- greatest hits: 히트곡
- bands: 밴드, 그룹
- recommend: 추천하다
- suggestion: 제안

Tips

1. What a coincidence!: 서로 의견이나 생각이 같은 것을 발견했을 때, '정말 우연의 일치네요!'의 의미로 쓸 수 있는 표현이다.

2. Wasn't it a great concert?: 부정 의문문을 사용해서 강한 긍정을 나타낼 수 있다.
   Ex Isn't he a cute baby?

3. Can you recommend me any of their greatest hits?: Eva에게 질문을 하는 문제 유형에서는 책이나 음악, 좋아하는 음식 등을 추천해 달라고 말할 수 있다. 「Can you recommend me something?」의 문형으로 기억해서 사용한다.
   Ex Can you recommend me one of the recent bestsellers in your country?

Idea Flow

Step 1: 먼저 같은 취미가 있다는 공감대를 형성한다.
Step 2: 좋아하는 가수나 밴드에 대해서 좋아하게 된 계기와 이유, 그 가수의 히트곡 등에 관해서 물어 본다.
Step 3: 노래나 앨범의 추천을 부탁하고 개인적인 느낌이나 의견으로 마무리한다.

LESSON SUMMARY

OPIc

〈New OPIc의 취미 생활에서 노래와 관련된 유형〉

1. 음악 감상
   - 좋아하는 음악, 음악 감상 방법, 좋아하는 가수나 연주자, 작곡가와 노래, 음악 취향의 과거와 현재의 변화 비교, 음악을 들을 때 사용하는 기기 (MP3 플레이어, 휴대 전화, 컴퓨터) 묘사, 관련 경험

2. 노래하기
   - 혼자 또는 함께 노래하길 좋아하는지, 언제부터 노래하길 좋아했는지 등의 관련 에피소드

3. 악기 연주하기
   - 언제, 누구와 어디서 주로 연주하는지, 처음 악기를 배우게 된 계기, 악기를 배우면서 있었던 관련 에피소드, 어려웠던 점, 연주하는 악기 묘사하기

4. Role Play
   - 구매하거나 빌리는 상황, 배송 지연 문제 등
   - Ex) MP3 플레이어 관련 문제

Strategies

회사나 학교에서 사용하는 소프트웨어나 테크놀러지에 대해서, 회사 제품이나 집의 가구, 전자 제품, 음악을 들을 때 사용하는 기기 등을 설명할 때는 묘사를 사용해서 제품의 특징을 부각시킨다.

1. 사물의 생김새나 특징, 용도, 장단점을 들어 설명한다.
2. 구체적인 설명이나 비유를 들어 묘사한다.
3. 어떤 점을 부각시킬지 한 두 가지 특징과 용도를 중심으로 이야기를 전개하는 것이 좋다.
4. 외관, 특징이나 기능, 장점, 좋아하는 이유를 설명할 수 있는 관련 단어를 익혀 둔다.
   - 외관: flat, round, compact, small, various colors, metal, plastic
   - 특징: state-of-the art, the latest model, functional, entertaining, large capacity, water-resistant
   - 장점: big screen, handy, good sound quality, design, user-friendly

Additional OPIc Questions

1. What kind of music do you like to listen to? Who is your favorite singer? Please tell me about your favorite singer and his/her songs in as much detail as you can.

2. What is the most difficult instrument to play? Why do you think so? Tell me in detail.

3. Has your taste in music changed since your childhood? How did it change? Describe the change in detail.

4. I'm sorry, but you have a problem to resolve. Imagine you borrowed your friend's MP3 player, but accidentally broke it. Call your friend to explain the situation and offer two or three solutions to the problem.

Lesson 13 Movies

Oral Proficiency Interview-computer

Preview

Q1 How often do you go to the movies?

Q2 What is your favorite movie?

Movies

Type of Movie
- comedy/drama/action/historical/science-fiction/horror/documentary/musical/adventure/animated film, blockbuster
- a must-see movie
- all-time favorite movie

Awards
- best picture
- best actor/actress
- best supporting actor/actress
- best director

Information
- title of the movie
- film title
- director of the movie
- main actor
- supporting actor
- to star in
- featured in
- download the movies

How You Feel
- impressed, touched, surprised, shocked, disappointed, annoyed, happy, stress-free, moved, thrilled, excited, bored, awful, terrible
- sends shivers down my spine
- gives me goosebumps

Idea Map

Question 1 Do you like any movie stars in particular? What movie star would you like to meet most? Tell me who your favorite actor or actress is and why.

특별히 좋아하는 배우가 있나요? 가장 만나고 싶은 배우는 누구인가요? 그 배우가 누구이고 왜 그런지 말해 주세요.

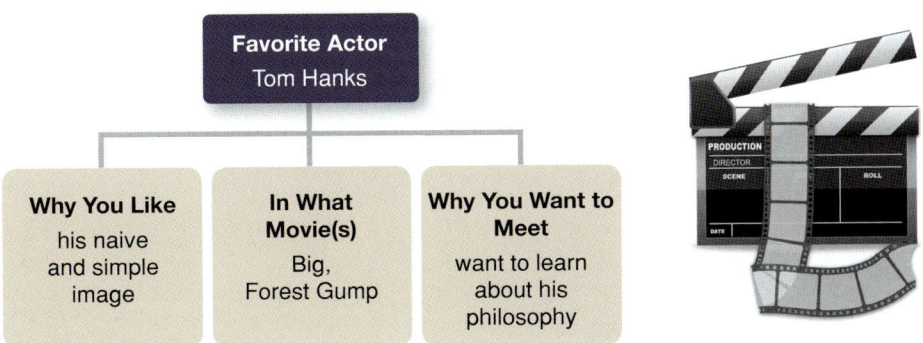

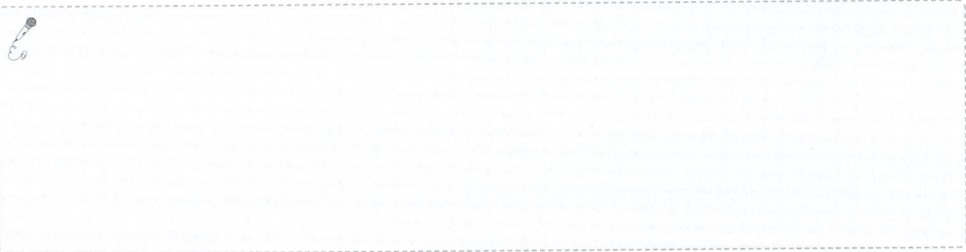

Model Answer

I have to say that I am a big fan of all kinds of movies. I also like many movie stars. **[좋아하는 배우] Among them**, I especially like Tom Hanks. I think that I became a **huge fan** of him since I watched the movie called "Big". **[좋아하는 이유]** His role in the movie as a **naive** and **simple** man really **comes to mind**. I thought it was an amazing performance. He also **starred** as the **lovable** character, Forest Gump, and the movie was based on the real story of a **disabled man**. The film **won** Tom Hanks his second **Academy Award**. **[만나고 싶은 이유]** If I get a chance, I really want to meet him **in person**. I think it will be a great opportunity to listen to his philosophy about movies and about life. **[배우에 대한 생각]** I also want to ask him how he maintained his innocent and naive image throughout his life.

해석 p.209

Vocabulary

- among them:
  그 중에서도(2명을 나타낼 때는 between)
- simple: 천진난만한
- star: 출연하다
- disabled man: 장애가 있는 사람
- in person: 직접
- huge fan: 열혈팬, 광팬
- naive: 순진한
- come to mind: 기억에 남다
- lovable: 사랑스러운
- win Academy Award: 아카데미상을 받다

Guide

Question 2 I'd like you to tell me about one of the most memorable movies you've seen. What was the story about? Who was the main actor or actress? How did the movie affect you?

당신이 본 영화 중에서 가장 인상 깊었던 것 하나만 말해 보세요. 어떤 내용이었나요? 누가 주연 배우였나요? 그 영화가 당신에게 어떤 영향을 미쳤나요?

Answer Procedure

감동이 컸던 영화의 내용과 주연 배우에 대해 설명하고, 그 영화를 본 후 느낀 점을 이야기한다.

1. Tell me about one of the most memorable movies you've seen.
감동 깊었던 영화

Ex I like movies and often watch them. One of the most memorable movies I've ever seen was "Jerry Maguire."
저는 영화를 좋아해서 자주 보는 편입니다. 그 중에서 가장 기억에 남는 영화 중 하나는 '제리 맥과이어'입니다.
Tips one of the+복수 명사: ~중에 하나

2. What was the story about? Who was the main actor or actress?
영화의 내용과 주연 배우에 대해 설명

Ex Tom Cruise and Renee Zellweger were the main actors in the movie. This movie was based on a real story. The story was about an agent who lost his job, was betrayed by loved ones, and went through a difficult time. In the end, he finally achieves success.
톰 크루즈와 르네 젤위거가 그 영화에서 주연 배우였습니다. 이 영화는 사실에 근거해 만들어졌습니다. 직업을 잃고 사랑하던 사람들에게 배신당한 한 에이전트가 어려움을 극복하고 마침내 성공한다는 내용입니다.
Tips based on~: ~에 근거한 betrayed: 배신당한 achieve: 이루다

3. How did the movie affect you? 영화가 본인에게 미친 영향

Ex "Do your best in any circumstance and never give up." That's the message from this movie.
이 영화를 통해 '어떤 상황에서든 최선을 다하고 절대 포기하지 말자'는 교훈을 얻었습니다.
Tips do one's best: 최선을 다하다 circumstance: 상황, 환경

Model Answer

[1] I like movies and often watch them. One of the most memorable movies I've ever seen was "Jerry Maguire." [2] Tom Cruise and Renee Zellweger were the main actors in the movie. This movie was based on a real story and was set in the entertainment industry of America. The story was about an agent who lost his job, was betrayed by loved ones, and went through a difficult time. In the end, he finally achieves success. [3] "Do your best in any circumstance and never give up." That's the message from this movie. Well, what do you think? Doesn't it sound like a good movie?

해석 p.210

Write It

Question 3 You indicated that you like to go to movies. What is your favorite genre and why? Tell me what it is and why you like it most.

설문에 영화 보는 것을 좋아한다고 했습니다. 가장 좋아하는 영화 장르는 무엇입니까? 어떤 장르이고, 왜 그것을 가장 좋아하는지 말해 주세요.

Model Answer

I enjoy films from the **action genre** the most. However, I don't like films that are filled with **meaningless** fight scenes. I like my action movie to have a good **storyline**—like "Mission Impossible." **Honestly**, don't most of us go to movies to lift our mood? Therefore, I don't like watching movies that are too **serious** or sad. When you watch an action movie, you can **concentrate** easily because of the simple storyline. Also, we can **relieve stress** by watching action scenes and **laughing** during funny scenes. Often, the films end with scenes **encouraging good and punishing evil**. The good people always win. Just like real life, right?

해석 p.210

Vocabulary

- action genre: 액션 장르
- storyline: 이야기 구성, 줄거리
- serious: 심각한
- relieve stress: 스트레스를 해소하다
- encouraging good and punishing evil: 권선징악
- meaningless: 의미 없이
- honestly: 솔직하게
- concentrate: 집중하다
- laugh: 웃다

Tips

1. I don't like films that are filled with meaningless fight scenes: 「be filled with ~」는 '~로 가득차다' 라는 의미의 표현이다.
2. I don't like watching movies that are too serious or sad: that은 주격 관계 대명사로 movies를 대신해 주어 역할을 한다.

SOS (Skills of Speaking)

Understanding OPIc Questions

OPIc 시험에 있어 각 유형에 대한 파악도 필요하지만 이에 앞서 문제 구성과 질문의 형식을 제대로 파악하는 것은 무엇보다 중요한 일이다. OPIc 문제는 일반적으로 설명, 묘사, 롤플레이, 콤보, 돌발 형태로 출제된다. 무엇보다 질문을 잘 파악하고 출제 의도에 맞게 원하는 답변을 정확히 말하는 것이 포인트다.

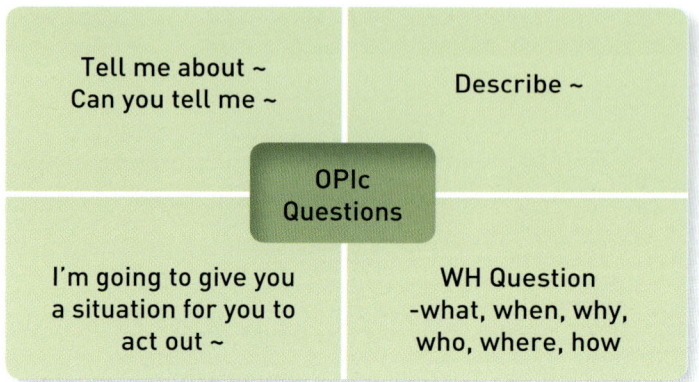

Writing : Sample Sentences

1. Tell me about your favorite movie.
당신이 좋아하는 영화에 관해 말해 보세요.

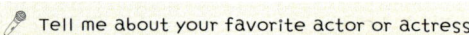
Tell me about your favorite actor or actress.

2. Describe a movie theater you often go to.
당신이 자주 가는 영화관에 대해 묘사해 보세요.

3. What was the most memorable movie you've ever seen?
당신이 본 영화 중에서 가장 기억에 남는 영화는 무엇입니까?

4. You indicated that you like to go to movies. What is your favorite genre and why?
설문에 영화 보는 것을 좋아한다고 했습니다. 좋아하는 영화 장르는 무엇이고 왜 좋아합니까?

5. I'm going to give you a problem to solve. You are supposed to book tickets for a movie, but all the tickets are sold out. Call your friend and explain the situation.
당신이 해결해야 할 상황을 드리겠습니다. 당신은 영화 티켓을 예약해야 하는데 모두 매진됐습니다. 친구에게 전화해서 상황을 설명하세요.

Practice

Question 4 Can you tell me about a movie theater you often go to? Where is it? Why is it better than other theaters?

자주 가는 영화관에 대해 말해 주시겠어요? 어디에 있는 영화관인가요? 당신은 왜 다른 영화관보다 그 영화관에 가는 것을 좋아하나요?

Model Answer

[Step 1] I often go to the cinema in Times Square shopping mall in the Yeongdeungpo area. It is a quite large shopping **complex** so it is always crowded with many people. [Step 2] I love this place because it has many cinemas with **comfortable seats**. Also, it is very clean because it's a new building and the **staff** who work there are very kind. Another good thing is that there are many **interesting spots** such as **bookstores**, restaurants, **department stores**, etc. [Step 3] My friends and I usually spend our time shopping and eating after watching a movie. **Therefore**, the theater is the best meeting place. However, don't forget to **make a reservation** if you want to watch a movie.

해석 p.210

Vocabulary

- complex: 단지
- staff: 직원
- bookstore: 서점
- therefore: 그러므로
- comfortable seats: 편안한 좌석
- interesting spots: 재미있는 장소
- department stores: 백화점
- make a reservation: 예약을 하다

Tips

1. I often go to the cinema in Times Square shopping mall: 'shopping mall'은 큰 건물 안에 있는 쇼핑센터로 일반적으로 백화점, 음식점, 서점, 피트니스 센터 등 다양한 편의 시설이 갖춰져 있다.
2. the staff who work there are very kind: staff 다음에 관계대명사 who가 생략된 문장으로 특정 대상을 수식할 때 많이 쓰이는 문장이다.
3. My friends and I usually spend our time shopping: 「spend time ~ing」는 '~하느라 시간을 보내다'라는 의미이다.

Idea Flow

Step 1: 자주 가는 영화관을 말한다.
Step 2: 왜 좋은지 이유를 설명한다.
Step 3: 특이 사항과 좋은 점을 강조하며 마무리한다.

Role Play

Question 5 I'm going to give you a problem to solve. You are supposed to book tickets for a movie, but all the tickets are sold out. Call your friend and explain the situation. Also, make two or three suggestions.

당신이 해결해야 할 상황을 드리겠습니다. 당신은 영화 티켓을 예약해야 하는데 모두 매진됐습니다. 친구에게 전화해서 상황을 설명하세요. 또한 두세 가지 다른 제안을 말해 보세요.

Model Answer

[Step 1] Hi, is this Yujin? How are you? I am calling about our **movie appointment** for tomorrow. We are planning to go to a cinema tomorrow and I am supposed to **book** the tickets. However, I couldn't book until yesterday because of my busy schedule. So, I tried to book today, but the movie which we wanted to see was **sold out**. There are still some seats left, but all the movies are **boring ones**. **[Step 2]** Sorry about that. So, why don't we go to Daehangno, **see a play** and have a wonderful dinner there? Let's just **take a rain check** on the movie. **[Step 3]** I promise to **make a reservation** for good seats next week. I swear! Also, popcorn and soda **on me**. Okay? Good. Then, see you tomorrow. Bye!

해석 p.210

Vocabulary

- movie appointment: 영화 약속
- sold out: 매진된
- see a play: 연극을 보다
- make a reservation: 예약하다
- book: 예약하다
- boring ones: 지루한 것들
- take a rain check: 다음 기회로 미루다
- be on me: 내가 쏠께

Tips

1. I am calling about our movie appointment for tomorrow: 「I'm calling about ~」은 '나는 ~때문에 전화 했어'라는 뜻으로, 전화 건 목적을 말할 때 유용한 표현이다.
2. I am supposed to book the ticket: 「I am supposed to book ~」는 '내가 예약하기로 되어있다'라는 의미로, 「be supposed to ~」는 '~해야 할 상황'을 말하는 대표적인 표현이다.
3. So, why don't we go to Daehangno?: 「Why don't we ~?」는 권유를 나타낼 때 쓸 수 있는 표현이다.

Idea Flow

Step 1: 전화 건 용건을 말한다.(사정이 생겨 영화 예약을 못했음)
Step 2: 대신 다른 공연을 보거나 식사하자고 대체한다.
Step 3: 다음에 반드시 예약하겠다고 미안함을 표시한다.

LESSON SUMMARY

OPIc

- 영화 관련 문제 패턴
  - 어떤 종류의 영화를 좋아하는지 또는 가장 좋아하는 영화와 좋아하는 이유를 2가지 이상 제시해 달라는 유형
  - 가장 흥미롭게 본 영화 및 영화를 보면서 경험한 특이한 일들에 대한 상황을 묻는 문제
  - 자주 가는 영화관에 대한 묘사를 묻는 유형
  - 영화관 예약을 해야 하는데 3~4가지의 질문을 하라는 과제의 롤플레이 유형 문제

※ OPIc 시험의 가장 기본적인 것은 문제 구성에 대한 파악이다. 문제가 어떻게 이뤄져 있고 어떤 식으로 질문이 나오는지 제대로 파악하는 것이 중요하다. 일반적으로 설명, 묘사, 롤플레이, 콤보, 돌발 형태의 문제로 출제되며, 무엇보다 질문을 잘 파악하고 원하는 답변을 빠지지 않고 정확히 하는 것이 포인트다.

Strategies

1. **Tell me about~**
   - 자기 자신이나 가족, 친구 등 사람에 대한 소개와 설명을 최대한 자연스럽고 친근하게 말해야 한다.

2. **Describe~**
   - 평소 자신의 집이나 자주 가는 곳, 선택한 질문에 대한 내용에 대해 구체적으로 묘사할 수 있는 연습을 한다.

3. **You indicated that~**
   - 자신이 선택한 배경 설문(background survey) 항목에 대해 바로 나오는 문형이니 관련 문제를 예상하고 준비하고 있어야 한다.

4. **I'm going to give you a situation to act out~**
   - 롤플레이 문제로 주어진 상황에 대한 적절한 답을 준비해야 한다. 너무 자세히 답하지 말고 문제의 핵심만을 답하고 넘어가야 한다.

5. **WH Question**
   - 전체 OPIc 문제에 나오는 패턴으로서 콤보 형태로 철저히 준비해야 한다. 언제(when), 어디서(where), 누구와(who), 무엇을(what), 어떻게(how), 왜(why) 했는지, 한 주제에 대해 처음부터 끝까지 상황별로 준비하는 게 도움이 된다.

Additional OPIc Questions

1. What is your all-time favorite movie? Describe the movie in as much detail as possible.

2. Have you ever been annoyed with other people while watching a movie? Tell me about the experience in as much detail as you can.

3. Have you ever had a memorable experience while watching a movie during your childhood? When was it? What movie was it? Why was it so interesting or unforgettable to you? Tell me all the details.

4. I'd like to give you a situation for you to act out. You answered that you like to go to movies. Call a theater and ask three or four questions about reserving tickets for you and your friend.

Lesson 14 TV

Oral Proficiency Interview-computer

Preview

Q1 What is your favorite TV show?

Q2 Who is your favorite character?

TV

What to Do
- tune in
- watch/catch ~ on TV
- on a major Korean TV network
- miss a TV show
- change the channels with the remote control

Characters
- celebrity
- relate to the role
- be into one's character
- show host, guest on a show
- the star of the show

TV Show/Program
- The show airs on Sunday.
- The program will be aired tomorrow night.
- entertaining, hilarious, educational, informative
- episode, variety shows, reality shows, documentary, news, music program, talk shows, dramas, soap opera, cartoons

Out of Order
- The TV has broken down.
- The screen is fuzzy.
- freeze/black out
- call the TV service provider
- the service center
- beyond repair
- time to buy a new one

Idea Map

Question 1 You indicated in the survey that you enjoy watching TV. What is your favorite TV program? What is it about? What do you like most about it?

설문 조사에서 TV 시청을 좋아한다고 했습니다. 가장 좋아하는 TV 프로그램은 무엇인가요? 무엇에 관한 건가요? 어떤 면이 가장 좋나요?

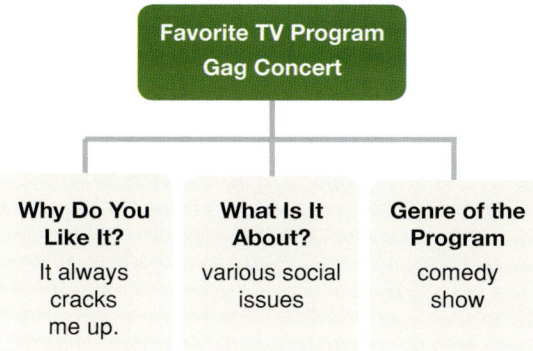

Model Answer

[좋아하는 TV 프로그램] My favorite TV show is "Gag Concert," [장르] one of the most famous comedy shows in Korea. I always **tune in** on Sunday nights for this. [프로그램 내용] Every **episode** consists of seven or eight **sketches**. Every sketch **hilariously depicts** the images of our **distorted** life or various social issues. The characters are somewhat **exaggerated**, but they naturally **lead us to** understand and agree on the situations they are in. [좋아하는 이유] **Needless to say**, it always **cracks** me **up**. A lot of expressions the characters say in the sketch become trends throughout the country. It's Friday today. Only two days left until "Gag Concert" will be aired. I can't wait!

해석 p.210

Vocabulary

- tune in: 청취하다, 시청하다
- sketch: 꽁트
- depict: 묘사하다
- exaggerated: 과장된
- needless to say: 말할 것도 없이
- episode: 1회 방송
- hilariously: 아주 재미있게, 유쾌하게
- distorted: 왜곡된
- lead us to ~: 우리가 ~하게 이끌다
- crack up: 몹시 웃기다

Guide

Question 2 **How do you select a TV program? Please tell me about one of your favorite shows.**

TV 프로그램을 어떻게 고르나요? 고르는 기준이 있나요? 제일 좋아하는 프로그램에 대해서 말해 주세요.

Answer Procedure

TV 프로그램을 고르는 기준을 설명하고 가장 좋아하는 프로그램과 이유를 말한다.

1. How do you select a TV program? TV 프로그램 고르는 기준

> **Ex** What to watch on TV totally depends on plots and characters. I have no interest in obvious and predictable stories at all. I like characters with distinct personalities who have strengths and weaknesses.
> TV에서 무엇을 볼 건지는 전적으로 줄거리와 주인공에 달려 있습니다. 뻔하고 결말이 예상되는 이야기는 전혀 흥미가 없습니다. 저는 장점과 단점이 있고, 성격이 뚜렷한 주인공들이 좋습니다.
>
> **Tips** plot: 줄거리　distinct: 뚜렷한　personality: 개성, 성격

2. Tell me about your favorite TV program. 즐겨 보는 TV 프로그램

> **Ex** In that sense, the series "CSI" is my favorite TV show. I'm madly hooked on each episode.
> 그런 점에서 'CSI' 시리즈는 굉장히 좋아하는 프로그램입니다. 각 회마다 정말 빠져 있죠.
>
> **Tips** in that sense: 그런 점에서　madly: 대단히　be hooked on~: ~에 꽂혀 있다, 빠져 있다

3. Why do you like to watch that TV program? 그 프로그램을 즐겨 보는 이유

> **Ex** The characters are attractive and the story is very convincing. Moreover, how vividly the computer graphics describe the cases! I can't choose which I like better, "CSI Las Vegas," "Miami," or "New York."
> 주인공들이 매력적이고 이야기가 설득력이 있습니다. 더군다나 사건이 얼마나 생생하게 컴퓨터 그래픽으로 묘사되는지! 'CSI 라스베이거스', '마이애미', '뉴욕' 중에서 순위를 매길 수가 없답니다.
>
> **Tips** convincing: 설득력 있는, 확실한　vividly: 생생하게

Model Answer

[1] What to watch on TV totally depends on plots and characters. I have no interest in obvious and predictable stories at all. I like characters with distinct personalities who have strengths and weaknesses. I also enjoy a complex plot, because I like to see how incidents are resolved in the end. [2] In that sense, the series "CSI" is my favorite TV show. I'm madly hooked on each episode. [3] The characters are attractive and the story is very convincing. Moreover, how vividly the computer graphics describe the cases! I can't choose which I like better, "CSI Las Vegas," "Miami," or "New York." They are all my favorite TV shows of all time.

해석 p.210

Write It

Question 3 **Despite the increase of internet news websites and news applications, traditional news on TV is still popular. Which segment of the news are you particularly interested in and why?**

인터넷 뉴스 사이트와 뉴스앱의 증가에도 불구하고 전통적인 TV 뉴스는 아직 수요가 많습니다. 뉴스의 어떤 부분에 주로 관심을 가지고 시청을 하고 왜 그런지 말해 보세요.

Model Answer

I still make a habit of **tuning into** the 8 o'clock news most week nights to **keep up to date with** what's happening around the world. I'm a bit of a news **junkie** so the fact that I also read the news headlines throughout the day on the Internet does not **deter** me **from** watching the 8 o'clock TV edition. I particularly enjoy the sports segment because I'm an **avid** soccer and baseball fan so I like to find out how my teams are performing or which players have been linked with a transfer. Sports headlines usually offer some **respite from** the **inevitably** depressing news from across the globe. The highlights of the day's action **keep** me **posted on** the games without having to watch the whole thing. I really look forward to the 'play of the day' corner that shows an athlete's unbelievable ability to do something **out of this world**. Some of the clips are jaw-dropping and it helps **satisfy my thirst for** sports.

해석 p.210

Vocabulary

- tune into ~: ~의 방송을 청취/시청하다
- junkie: 중독자
- avid: 열성적인
- inevitably: 필연적으로
- out of this world: 정말 놀라운, 훌륭한
- keep up to date with ~: ~에 대한 최신 정보를 유지하다
- deter A from B ~: A가 B하는 것을 막다
- respite from ~: ~로 부터의 한숨, 휴식
- keep A posted on B: B에 대한 정보를 A에게 제공하다
- satisfy one's thirst for ~: ~에 대한 갈증을 해소시켜 주다

Tips

1. I still make a habit of tuning into the 8 o'clock news most week nights to keep up to date with what's happening around the world: 「make a habit of~」는 '~을 습관으로 삼다'란 말인데 '상습적으로 ~하다'란 부정적인 뜻으로 쓰이기도 한다.
   Ex Making a habit of drinking can be very serious.

2. I really look forward to the 'play of the day' corner that shows an athlete's unbelievable ability to do something out of this world: 「out of this world」는 항상 '놀라울 정도로 최고인'이란 형용사적 용법으로 쓰인다. 사람과 사물에 다 쓰인다.
   Ex You are out of this world!

3. Some of the clips are jaw-dropping and it helps satisfy my thirst for sports: 「jaw-dropping」은 '턱이 뚝 떨어질 정도로 놀라운'이란 형용사인데 항상 긍정적인 뉘앙스로 쓰인다.
   Ex The magic performance was so jaw-dropping!

SOS (Skills of Speaking)

Adverbs of Manner (Narrative Speaking)

부사에는 today, yesterday와 같은 시간 부사, here, there와 같은 장소 부사, always, rarely와 같은 빈도 부사가 있는데 이외에 양태 부사(Adverbs of Manner)라는 것이 있다. '과연, 설마, 정말, 결코'와 같이 말하는 사람의 태도를 보여주거나, '빨리, 늦게, 완전히'처럼 일이 어떻게 일어나고 끝났는지를 표현한다. 동사나 형용사와 함께 다양하게 사용할 수 있고, 다른 부사나 부사구 앞에서 꾸며줄 수도 있다. 적절하게 양태 부사를 사용하면, 주어진 상황을 더욱 생생하게 묘사하고, 자신의 감정이나 의견을 더 명확하게 전달할 수 있다.

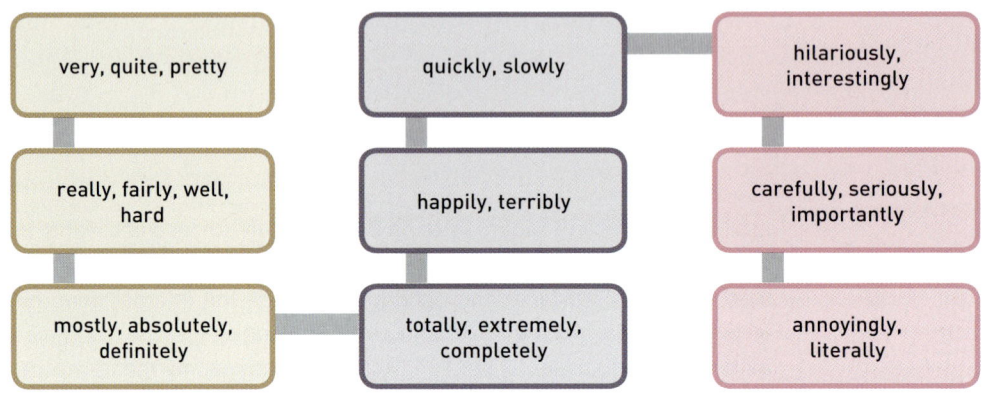

Writing : Sample Sentences

1. I totally agree with you.
저 완전히 동감해요.

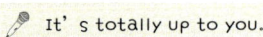 It's totally up to you.

2. Youngeun is becoming extremely agitated because of the college entrance exam.
영은이가 대학 입학시험 때문에 굉장히 불안해 하고 있어요.

3. The sound of TV definitely bothers her.
TV소리가 당연히 방해가 되요.

4. We're literally becoming couch potatoes.
우린 말 그대로 TV 앞에만 앉아 있어요.

5. We're completely addicted to soap operas and Korean dramas.
우리는 완전히 연속극, 한국 드라마에 중독되었어요.

Practice

Question 4 One of your family members say it would be better to get rid of the TV set at home. Do you agree or disagree? Explain your opinion and support it with two or more reasons.

가족 중의 한 명이 집에서 TV를 없애자고 합니다. 동의하나요? 아니면 동의하지 않나요? 당신의 의견을 말하고 뒷받침할 수 있는 두, 세 가지 이유를 제시해 보세요.

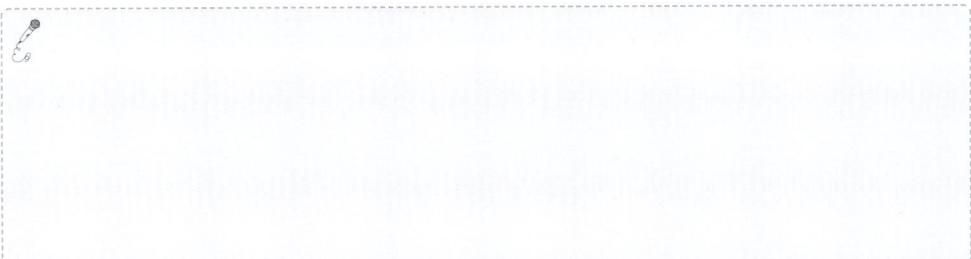

Model Answer

[Step 1] Mom. I heard that you want to **get rid of** our TV. I totally agree with you.
[Step 2] Youngeun is becoming extremely **agitated** because of the college entrance exam. The sound of TV definitely bothers her. I'm also concerned about our **electricity bill**. **It's been going up** because we just **leave the TV on** even though nobody is watching it. There is another really serious problem we're **facing. The lack of exercise!** We're literally becoming **couch potatoes**. We're completely **addicted to soap operas** and Korean dramas. We really need to start **getting some exercise**. If there is no TV, we could have time to take a walk after dinner instead. [Step 3] **All things considered**, getting rid of our TV would be better for all of us.

해석 p.210

Vocabulary

- get rid of~: ~을 없애다
- electricity bill: 전기요금
- leave the TV on: TV를 켜두다
- the lack of exercise: 운동 부족
- be addicted to~: ~에 중독되다
- get some exercise: 운동하다

- agitated: 불안해 하는, 동요하는
- it's been going up: 오르고 있다
- face: 마주하다
- a couch potato: TV만 보며 시간을 보내는 사람
- soap operas: 연속극
- all things considered: 다 고려해볼 때

Tips

1. The sound of TV definitely bothers her: 사람이나 사물, 상황들이 귀찮게 하거나, 방해할 경우에 사용할 수 있는 동사가 'bother'이다. '신경이 많이 쓰인다'는 뜻으로도 사용된다.
2. All things considered, getting rid of our TV would be better for all of us: 「would be better」는 '~ 하는 것이 좋겠다'는 뜻이다. 여러 상황이나 이유를 말하고 결론 문장을 말할 때 사용해 본다.

Idea Flow

Step 1: TV를 없애자는 가족의 의견에 동의를 표시한다.
Step 2: TV를 없애야 하는 이유를 설명한다.(동생의 시험 준비 방해, 과다한 전기 요금, 운동 부족 등)
Step 3: 모든 점을 고려해보니 TV를 없애는 것이 좋겠다는 말로 마무리한다.

Role Play

Question 5 I'm sorry, but there's a problem that you need to resolve. Imagine that something is wrong with your TV. Call the TV service provider and explain what the problem is.

미안하지만, 해결해야 할 문제가 생겼습니다. TV에 뭔가 문제가 생겼다고 합시다. TV서비스 회사에 전화를 해서 문제점을 설명하세요.

Model Answer

[Step 1] Hello, is this SM **TV service provider**? I'm calling about a problem with my TV. [Step 2] The picture on the screen is **annoyingly fuzzy** and sometimes the screen just **freezes**. The TV **makes a buzzing sound**, too. It started from last week and the **technician** seemed to have fixed it, but it is happening again. It's becoming really annoying. The technician confirmed that there is nothing wrong with the TV. He said **something is wrong with the reception** from your company. Today **the screen completely blacked out**. Do you know what the problem is? [Step 3] Could you come to my house and fix it as soon as you can? I can't stand it anymore.

해석 p.211

Vocabulary

- TV service provider: TV 송신 서비스 회사
- fuzzy: 흐릿한
- make a buzzing sound: 윙윙거리는 소리가 나다
- something is wrong with the reception: 수신에 문제가 있다
- annoyingly: 짜증나게
- freeze: 얼어 버리다, 멈추다
- technician: 기술자
- the screen completely blacked out: 화면이 완전히 나갔다

Tips

1. I'm calling about a problem with my TV: 「I'm calling about ~」은 전화 건 목적이나 용건을 말할 때 쓸 수 있는 문형이다.
2. It's becoming really annoying: '정말 점점 짜증이 나고 있다'는 의미로 'annoying' 자리에 다른 형용사를 써서 다양하게 표현해 본다.
3. I can't stand it anymore: '더이상 참을 수 없다'는 표현이다. 「I can't take it anymore」도 비슷한 의미로 사용할 수 있다.

Idea Flow

Step 1: TV서비스 업체를 확인하고 전화 건 목적을 말한다.

Step 2: 화면이 흐리거나 멈추고, 윙윙거리는 소리가 나는 등의 주요 증상에 대해서 설명하고 불만을 제기한다.

Step 3: 언제 올 수 있는지, 또는 빨리 와달라고 요청한다.

LESSON SUMMARY

OPIc

TV는 New OPIc 설문 조사에서 빠진 문항이지만, 돌발 문제로서 여전히 나오는 문제 유형이므로 예상 문제에 답을 미리 준비해 둔다.

출제 문제 유형은 다음과 같다.

1. TV시청 관련
   - TV시청 습관: 언제 TV를 시청하는지, 혼자 보는지, 가족과 보는지, 즐겨 보는 사람은 누구인지
   - TV시청을 즐겨 하는 이유

2. TV 프로그램 관련
   - 가장 좋아하는 TV 프로그램과 주인공
   - TV 프로그램 선정 기준
   - 최근에 즐겨 보고 있는 프로그램, 지금까지 가장 재미있게 본 프로그램

3. Role Play
   - TV의 장, 단점에 대한 자신의 의견 피력하기
   - TV 시청 시 화면에 발생한 문제를 제기하고 해결책 제안하기

Strategies

1. 다양한 양태 부사를 사용해서 주어진 상황을 생생하게 묘사하고 자신의 의견을 명확하게 전달한다.

2. 동사와 함께 다양하게 쓰거나 형용사를 강조할 수도 있고, 다른 부사나 부사구를 수식할 수 있다.

- very, quite, pretty
- really, fairly, well, hard
- mostly, absolutely, definitely
- totally, extremely, completely
- happily, terribly
- quickly, slowly
- hilariously, interestingly
- carefully, seriously, importantly
- annoyingly, literally

Additional OPIc Questions

1. I'd like to give you a situation for you to act out. I also like watching TV. Please ask me three or four questions about watching TV.
2. Let's talk about a program you watched on TV recently. When did you watch it? What was it about? How was it? Please tell me about the program in detail.
3. Do you think watching TV is useful or a waste of time? Explain your answer in as much detail as possible.
4. Tell me about your TV watching habits. When do you watch it? How many hours a day do you watch TV? Do you like to watch alone or with your family?

Lesson 15: Eating Out

Oral Proficiency Interview-computer

Preview

Q1 What is your favorite restaurant?

Q2 Where did you recently go to eat out? What kind of dish did you eat?

Eating Out

Types of Restaurants
- Korean, Italian, Chinese, Japanese, Thai, French, Brazilian, Indian, Vietnamese
- fast food, seafood, buffet, vegetarian
- modern, fusion, traditional

Purpose for Eating Out
- busy schedule
- family gathering
- birthday party
- dinner appointment

Why You Go to That Restaurant
- delicious food
- good mood/atmosphere
- a lot of items on the menu
- reasonable price
- located downtown or in the country
- luxurious or simple interior decoration

Cooking Style
- buffet
- grill, stew, bake, fry, steam, raw
- fresh seafood
- traditional food
- exotic food

Idea Map   **Question 1** **You indicated that you eat out. Please describe a restaurant you often go to.**

외식을 한다고 답했습니다. 자주 가는 식당에 대해 말해 주세요.

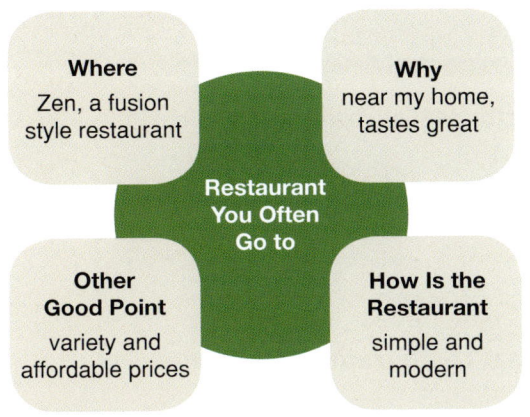

Model Answer

[위치] I often go to a restaurant called "Zen" near Hongdae. It is a **fusion style restaurant**. One of my friends introduced this place to me. [자주 가는 이유] It became my favorite restaurant because it is near my home and most of the food **tastes great**. [분위기와 음식] When you enter the restaurant, you can enjoy the **simple and modern** interior. Also, it has a **romantic** atmosphere so many couples visit there. Since it is a fusion restaurant, it has **various** menu items. The Italian dishes are especially **superb**. They also offer seafood and Chinese and Japanese dishes as well. [장점] What is more, the price is also very **affordable** considering the atmosphere and taste. I usually go there with my friends or **hubby**, and I've never regretted going there **so far**. What I like more is that I don't need to make a reservation **except on** weekends.

해석 p.211

Vocabulary

- fusion style restaurant:
  퓨전 스타일 레스토랑(여러 종류의 음식을 함께 파는 레스토랑)
- romantic: 감미로운
- superb: 훌륭한
- hubby: 남편
- except on weekends: 주말을 제외하고
- taste great: 맛이 좋다
- simple and modern: 깔끔하고 현대적인
- various: 다양한
- affordable: 적당한
- so far: 지금까지

Guide | **Question 2** **Can you tell me about your favorite restaurant? Please explain the reasons in detail.**

본인이 가장 좋아하는 식당에 대해 자세히 말해 주세요.

Answer Procedure

식당에 관한 소개, 잘하는 음식, 즐겨 먹는 음식, 그 식당을 좋아하는 이유에 대해 설명한다.

1. What is your favorite restaurant? 가장 좋아하는 식당

Ex My favorite restaurant is Outback Steakhouse.
제가 가장 좋아하는 식당은 아웃백 스테이크하우스입니다.
Tips favorite restaurant: 가장 좋아하는 식당

2. Why do you like that restaurant? 그 식당을 좋아하는 이유

Ex The reason I like to go there is because I love Western food. I feel especially comfortable at this "Aussie style" restaurant because I studied in Sydney for a few years.
내가 그 식당을 좋아하는 이유는 웨스턴 음식을 좋아하기 때문입니다. 특히 저는 시드니에서 잠시 공부했기 때문에 호주 스타일이 편안합니다.
Tips The reason ~: ~하는 이유

3. What menu items do you enjoy the most and how is the restaurant's atmosphere? 즐겨 먹는 메뉴와 식당 분위기

Ex The menu item I most often eat there is steak. I prefer my steak well-done with a side of potatoes. The restaurant is always busy, but their service is outstanding.
제가 즐겨 먹는 메뉴는 스테이크입니다. 저는 잘 익은 것을 좋아하는데 함께 나오는 감자도 좋아합니다. 식당은 항상 분주하지만 그들의 서비스는 훌륭합니다.
Tips well-done: 완전히 익힌   outstanding: 훌륭한

Model Answer

[1] My favorite restaurant is Outback Steakhouse. [2] I often go there for lunch, dinner or on special occasions. The reason I like to go there is because I love Western food. I feel especially comfortable at this "Aussie style" restaurant because I studied in Sydney for a few years. When I enter Outback Steakhouse, I feel as if I were in Australia. [3] The menu item I most often eat there is steak. I prefer my steak well-done with a side of potatoes. The restaurant is always busy, but their service is outstanding. The prices are not cheap, but it's worth it. It is a good place for a birthday party or family gathering. I really want to go there again very soon.   해석 p.211

Write It

Question 3 You indicated in the background survey that you like to dine out. What kind of food do you like the best? Why is it your favorite food? Explain in detail.

외식을 한다고 답했습니다. 어떤 음식을 가장 좋아하나요? 왜 그 음식을 가장 좋아하나요? 자세히 설명해 주세요.

Model Answer

I often **eat out**. I am busy and I can't cook well. **For these reasons**, I **frequently** eat **fast food** and hamburgers naturally became my favorite food. I usually go to a McDonald's, Burger King, or Lotteria, near my home or office. **Among** these, a McDonald's Big Mac is my favorite food. **First of all**, it has **thick** and **juicy** meat. The taste is really great. Also, I love to eat **fresh vegetables** like onions, tomatoes, and lettuce. I **commonly order** french fries and a coke as well. It is really good to have these all together. I **am** always **satisfied**. Hamburgers are **delicious** and make a perfect meal. That's why I love the Big Mac all the time.

해석 p.211

Vocabulary

- eat out: 외식하다(= dine out)
- frequently: 종종, 자주
- among ~: ~중에서
- thick: 두꺼운
- fresh vegetables: 신선한 야채
- be satisfied: 만족하다
- for these reasons: 이런 이유로
- fast food: 패스트푸드
- first of all: 무엇보다 먼저
- juicy: 즙이 많은
- commonly order: 일반적으로 주문하다
- delicious: 맛있는

Tips

1. Hamburgers naturally became my favorite food: 「become something」은 '~가 되다'라는 의미이다.
2. That's why I love the Big Mac all the time: 「That's why I love~」는 '그것이 내가 ~을 좋아하는 이유이다'라는 뜻으로 결론을 말할 때 쓰는 표현이다.

SOS (Skills of Speaking)

★★★★★

Problem Solving (Role Play)

이 유형은 주어진 상황의 문제점을 설명하고 해결책을 제시하는 유형으로 롤플레이 유형에서 가장 난이도가 높은 편에 속한다. 친구에게 빌린 책, MP3 플레이어 등을 잃어버리거나 고장 낸 상황, 최근에 산 물건이 작동이 되지 않는 경우, 식당에 지갑을 두고 온 경우, 친구와 영화를 보러 가기로 했는데 갑자기 못 나가게 된 상황, 여행 예약을 했는데 예약이 취소된 상황 등이 이에 속한다.

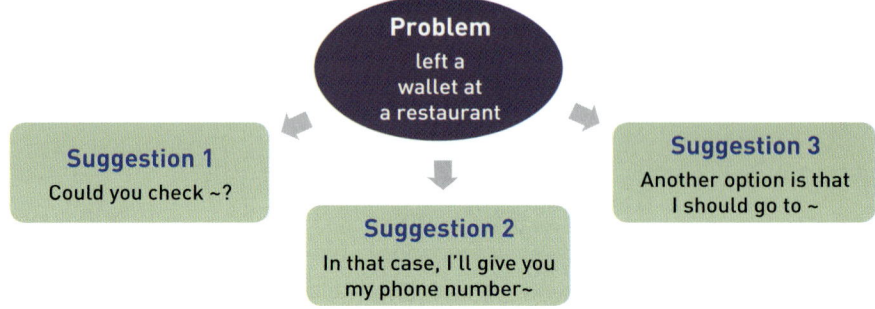

Writing : Sample Sentences

1. I am sorry to bother you, but I have a problem.
번거롭게 해서 죄송한데 저한테 문제가 좀 생겼습니다.

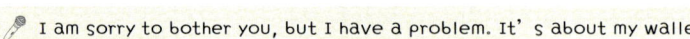
I am sorry to bother you, but I have a problem. It's about my wallet.

2. I have thought of some ways to solve this problem.
이 문제를 해결하기 위한 몇 가지를 생각해 봤어요.

3. First, could you check the table where we sat? We were near the kitchen around the corner. My wallet is red.
우선, 저희가 앉았던 자리를 좀 확인해 주시겠어요? 부엌 근처 구석이었고 제 지갑은 빨간색입니다.

4. In that case, I'll give you my cell phone number. Please call me if you find it.
그렇다면, 전화번호를 남기겠습니다. 혹시 발견하시면 전화를 주세요.

5. Another option is that I can go to your restaurant right now and look for it myself.
다른 방법은 제가 지금 당신 식당으로 가서 직접 찾아 보는 겁니다.

6. I'll wait for your call.
전화 기다리죠.

Practice

Question 4 I'm sorry, but there is a problem that you need to solve. You had dinner at a restaurant and it seems that you left your wallet there. Call the restaurant and explain the situation to the manager. Then, suggest some solutions so that you can solve the problem.

해결해야 할 문제가 있습니다. 식당에서 저녁을 먹었는데, 지갑을 놓고 온 것 같습니다. 식당에 전화해서 매니저에게 상황을 설명하세요. 그리고 문제를 해결할 몇 가지 제안을 해 주세요.

Model Answer

[Step 1] Hi, this is Mikyung Kim. I am sorry to bother you, but I have a problem. I had dinner at your restaurant with my friends just a few hours ago and I'm afraid that I left my **wallet** there. So, I have thought of some ways to solve this problem. [Step 2] First, could you check the table where we sat? We were near the kitchen **around the corner**. My wallet is red. I'll wait. Oh, no! You didn't see my wallet? That's a problem. In that case, I'll give you my cell phone number. Please call me if you find it. Another **option** is that I can go to your restaurant right now and look for it myself. What do you think? [Step 3] You'll check again and **contact me**? Okay. I see. Thank you. I'll wait for your call.

해석 p.211

Vocabulary

- wallet: 지갑
- option: 선택
- around the corner: 구석에
- contact me: 나에게 연락하다

Tips

1. I am sorry to bother you: 「sorry to bother you」는 '번거롭게 해서, 방해해서 미안하다'는 의미로 본론에 앞서 많이 쓰인다.
2. I had dinner at your restaurant with my friends just a few hours ago: 「just a few hours ago」는 '단지 몇 시간 전에'라는 뜻으로 가까운 시간을 표현할 때 쓰는 표현이다.
3. I'm afraid that I left my wallet there: 「I'm afraid that ~」은 부정적인 내용을 말하기 전에 쓰는 표현이다.

Idea Flow

Step 1: 음식점에 전화해 지갑을 놓고 왔음을 알린다.
Step 2: 어떤 지갑이고 어디에 앉았는지 설명한다.
Step 3: 다시 찾아보겠다는 식당 측의 협조를 얻는다.

Role Play

Question 5 I'm sorry, but you have a problem to solve. You reserved a table at a restaurant for dinner with your friends. However, you find out your name is not on the list of reservations for the night. Call the restaurant's manager and explain the situation.

당신이 해결해야 할 문제가 있습니다. 친구들과의 저녁을 위해 식당을 예약했습니다. 그러나 당일 그 식당에 당신 이름으로 예약이 안됐음을 발견했습니다. 식당 매니저에게 전화를 걸어 상황을 설명해 보세요.

Model Answer

[Step 1] Good morning! Is this VIP's **restaurant**? **Actually**, I need to talk to the **manager** about a **reservation** issue. Can I speak to the manager? Okay. I'll wait. [Step 2] Hi, this is Jiwon Kim. I reserved a table for tonight **one week ago**. However, I realized that I did not confirm my reservation. I'm so **embarrassed**. Today is my best friend's birthday and we are supposed to have a party at your restaurant. It's too late to find another place and my friend is really **craving** your food. [Step 3] Is there any way you can help me? Do you still have a seat for seven people? Really? You can make a seat for us? That's great. Thank you very much. See you **tonight**.

해석 p.211

Vocabulary

- restaurant: 식당
- manager: 지배인
- one week ago: 1주일 전에
- crave: 열망하다, 갈망하다
- actually: 사실은
- reservation: 예약
- embarrassed: 당황스러운
- tonight: 오늘밤

Tips

1. I need to talk to the manager about a reservation issue: 「need to」는 '~해야 한다'라는 뜻으로 「have got to」나 「have to」로도 표현할 수 있다.
2. I realized that I did not confirm my reservation: 「realized that~」은 '~한 것을 깨닫다, 알게 되다'라는 의미이다.

Idea Flow

Step 1: 식당에 전화를 걸어 전화 건 목적을 밝힌다.
Step 2: 어떤 상황인지 자세히 설명한다.
Step 3: 해결 방안을 제시하고 전화를 끊는다.

LESSON SUMMARY

OPIc

〈자주 출제되는 문제 패턴〉
- 자주 가는 식당에 대해 설명하기
- 어렸을 때 가족과 자주 가던 식당에 대해 묘사하기
- 최근 또는 마지막에 갔던 식당에 대해 자세히 설명하기
- 식당 예약을 해야 하는 상황에서 질문 3~4가지를 만들라는 문제
- 식당 예약을 했는데 잘못되어서 예약이 안되어 있을 때 이를 해결해야 하는 상황의 롤플레이 유형
- 식당에서 지갑을 놓고 온 경우, 전화해서 상황을 설명하고 해결 방안을 제시하는 롤플레이 유형

Strategies

주어진 상황의 문제점을 설명하고 해결책을 제시하는 유형으로 롤플레이에서 가장 난이도가 높은 편이다.

1. 자신이 선택한 주제와 관련해 자주 출제되는 질문 패턴을 살펴보고 평소 이에 대한 제안을 제시하는 연습을 한다.

2. 상황을 설명하는 것보다 대안 제시에 더 비중을 둬서 대답하는 것이 중요하다. 대안의 개수는 문제마다 약간 다르지만 일반적으로 2~3개 정도를 제시하라고 주어진다.

3. 문제 상황을 이해했어도 막상 대안을 제시하기 쉽지 않다. 전문적인 대안이 아니라 자신의 입장에서 그 상황을 생각하고 대안을 제시한다.

4. 대안과 함께 부연 설명도 언급하면 답변이 좀 더 균형 있고 짜임새 있게 구성될 수 있다. 그러나 억지로 문장을 만드는 것은 좋지 않다.

Additional OPIc Questions

1. You indicated in the survey that you like to eat out. When do you usually eat out? On the weekend, or on special days?
2. Tell me about your favorite restaurant. What do you enjoy the most? The atmosphere? The taste? What are some of the things you don't like?
3. Describe a memorable time eating out when you were a child. Describe the event in detail.
4. I'm sorry, but there's an issue you need to address. You had dinner at a restaurant and came back home. But it seems that you were overcharged. Call the restaurant and explain the situation to the owner. Then, suggest some solutions so that you can solve the problem.

Lesson 16 SNS

Oral Proficiency Interview-computer

Preview

Q1 What types of SNS sites do you use?

Q2 How has SNS changed your life?

Websites
- Twitter, Facebook, Linked in, Cyworld, Myspace

Things to do
- update status, post photos or videos, comment on photos, send friend requests or messages, unfriend someone, block someone

SNS

Related Words
- Tweet, post, hash tag, like, share,

Issues:
- SNS bullying, SNS addiction, SNS privacy and security, child safety, breaking up

Idea Map

Question 1 What types of social networking services do you use and for what purpose do you mainly use them?

어떤 종류의 SNS를 사용하고 있으며 또 어떤 이유로 사용을 하나요?

| Types I use: Twitter, Facebook | → | Main purpose: FB: Keep in touch and reconnect with friends, Twitter: follow celebrities for gossip |

Model Answer

[SNS 가입 이유] I have **lost count of** the number of social networking sites I'**m signed up to** and there always seem to be more and more **popping up** all the time. I feel I need to be a member of every social networking service **just in case** someone tries to reach me via one. [사용하는 SNS] The **vast majority of** my time is spent on either Facebook or Twitter, and these are the two most popular sites among my friends. [SNS 장점] I use facebook to **keep in touch with** friends all over the world, posting photos on my profile page to let them know what I'm doing. It's also a fantastic way to reconnect with **long lost** friends from my youth. For instance, I recently **came across** an elementary school friend on the website, who I hadn't spoken to in 25 years. I sent her a friend request and we then had a great online chat, **reminiscing about** the **good old days**. **There is no way** we would have found each other if Facebook didn't exist. [트위터 이용 방법] In addition to social networking, I use Twitter to **keep up to date with** famous people that I admire. I don't really post anything on my Twitter account; I just follow my favorite celebrities and check their posts daily, hoping for a bit of gossip.

해석 p.212

Vocabulary

- lose count of: ~을 셀 수 없게 되다
- pop up: 등장하다, 나타나다
- vast majority of: ~의 대다수
- long lost: 오래 동안 연락이 끊긴
- reminisce about: ~을 추억하다
- there is no way: 전혀 방법이 없다
- be signed up to: ~에 가입을 하다
- just in case: ~만일의 경우
- keep in touch with: ~와 연락을 하다
- come across: ~우연히 만나다
- good old days: ~지나간 옛 추억
- Keep up to date with~: ~의 근황을 추적하다

Guide

Question 2 How have social networking services changed the way you use the Internet? Do you think they have had a big impact on your life?

SNS가 당신의 인터넷 사용을 어떤 방식으로 바꾸었습니까? 그런 변화가 당신 삶에 큰 영향을 줬다고 생각합니까?

Answer Procedure

SNS가 당신의 인터넷 사용을 어떤 식으로 변화시켰습니까?

1. Before using SNS SNS 사용 전

Ex Before I got caught up in SNS I used to spend nearly all of my time on the Internet surfing news sites. I would check the latest news headlines from around the world and occasionally play online games to waste a few minutes at work

내가 SNS에 푹 빠지기 전엔, 난 내 인터넷을 거의 대부분 뉴스 사이트 서핑을 위해 썼습니다. 전 세계에서 들어오는 주요 뉴스 헤드라인을 확인하고 직장에서 소일을 하기 위해 종종 온라인 게임을 하곤 했습니다.

Tips get caught up in~: ~에 푹 빠지다, 중독되다   waste a few minutes 잠깐 한눈을 팔다

2. After using SNS SNS 사용 후

Ex I'm totally glued to my smartphone when commuting to and from the office, browsing friends' SNS updates, posting replies to comments on photos.

출퇴근할 때 거의 스마트폰에 코를 박고 SNS에 열중하면서 친구의 SNS 업데이트를 확인하고 사진에 댓글을 다는 수준까지 가서 거의 SNS에 빠져 지내고 있습니다.

Tips be glued to~: ~에 붙어 지내다

3. Have they had a big impact on your life? SNS 사용의 영향

Ex I think SNS has had a big impact on my life because it accounts for an hour or two of my day.

제 생각엔 SNS가 제 인생에 큰 영향을 줬다고 봅니다. 왜냐하면 SNS 사용이 하루에 한 두 시간은 차지하기 때문입니다.

Tips account for~: ~을 차지하다

Model Answer

[1] Before I **got caught up in** SNS, I used to spend nearly all of my time on the Internet surfing news sites. I would check the latest news headlines from around the world and occasionally play online games to **waste a few minutes** at work. However, since SNS became mainstream I spend more and more time on social networking sites to the point where I fear I am becoming addicted. [2] I'm totally **glued to** my smartphone when commuting to and from the office, browsing friends' SNS updates, posting replies to comments on photos and generally getting lost in the SNS world. [3] I think SNS has had a big impact on my life because it **accounts for** an hour or two of my day. I catch up with friends and family much more regularly than I used to so I'm definitely happy with the way it has changed my life. I think some people need to beware of the dangers of SNS addiction but like everything, it's best enjoyed in moderation.

해석 p.212

Write It Question 3 What do you think are the advantages and disadvantages of social networking services?

SNS의 장점과 단점은 무엇이라고 생각합니까?

Model Answer
SNS sites have definitely brought lots of advantages to our lives, but I have the feeling that they are slowly but surely becoming a **pest**. **Not a week goes by without** a story of online bullying via SNS or the harmful effects of smartphone addiction, which usually involves **excessive** use of SNS sites. In my opinion, they can be an environment where bullying can thrive because typing something horrible is much easier than **saying** it **to someone's face**. Needless to say, SNS sites were not invented to promote bullying but something needs to be done to make sure it does not **get out of hand**. The main advantage of SNS is that you can find out what your friends and family are doing easily. All you need to do is look at the news feed and you're **flooded with** status and photos, which make it feel like you're enjoying the moment with them. But it is too easy to **get sucked into** SNS sites and before you know it, you've spend an hour just looking at other people's news. Although most people will say that SNS sites' advantages **outweigh** their disadvantages, I'm not convinced.

해석 p.212

Vocabulary

- pest: 성가신 존재
- excessive: 과도한
- say something to one's face: 누구의 면전에서 얘기하다
- be flooded with: ~로 넘쳐나다
- not a week goes by without ~: 없이 한 주도 지나가지 않는다 (매주 발생한다)
- get out of hand: 통제 불능이 되다
- get sucked into: ~에 푹 빠지다
- outweigh: ~보다 더 중요하다

Tips

1. I have the feeling that they are slowly but surely becoming a pest: pest의 사전적 의미는 '해충'이지만 사람을 얘기할 때는 '성가신 존재'라고 해석한다.
   Ex) I don't want to be a pest in your life. 난 네 인생의 짐이 되긴 싫어.
2. But it is too easy to get sucked into SNS sites: 「get sucked into」는 「be addicted to」보다 더 강한 의미의 '중독되다'란 표현이다.
   Ex) Don't get sucked into the world of home shopping.

SOS (Skills of Speaking)

Explaining (Descriptive Speaking)

현재 직면한 문제점을 상대방에게 전달하기 위해 쓰는 표현들을 익혀 본다. 불만 제기 유형은 구매한 제품에 대한 불만, 예약이 잘못된 경우, 티켓이나 물품의 배송 지연 문제 등이 있다. 이런 유형에서는 자신의 불만을 설명하고, 감정이나 상태로 자연스럽게 이야기 해야 한다. 또한 SNS에 대한 불만을 제기하는 상황에서도 각 1. 문제 제기 2. 해결책 제시 3. 결과 설명 등의 필요한 단계와 표현을 연습해서 자연스럽게 시작과 끝을 맺는다.

문제점 언급하기
Highlight the current problem: The main issue I have~ / I don't like ~ / I find xx inconvenient

해결책 제시하기
Suggestions: I would introduce~ / I would invent~ / ~ would be a great idea.

결과 설명하기
Result: ~ would be much easier / more convenient / very popular.

Writing : Sample Sentences

1. The main issue I have with SNS sites is that they can get clogged up with 'friends' I don't really know or don't keep in touch with.
SNS 에 대한 내 가장 큰 불만은 잘 알지도 못하고 연락도 안 하는 사람과 '친구'로 연결돼 있는 것입니다.

> The main issue I have with SNS sites that I can get hooked on those sites forever.

2. I often become SNS friends with someone who've I've met just once or who I've come across through another friend's online profile.
종종 한 번 정도 만나본 사람, 또는 다른 친구의 프로필을 통해서 만난 사람과 친구가 됩니다.

3. I would introduce a feature to SNS sites that automatically suggests friends you should delete.
삭제할 친구를 자동적으로 보여주는 SNS 기능을 선보일 것입니다.

4. With this kind of feature it would be much easier to manage your real friends and let you concentrate on your contacts that actually matter.
그런 기능을 통해서 진정한 친구를 더욱 쉽게 관리할 수 있을 것이고 또한 중요한 친구와의 연락에 더욱 집중할 수 있을 것입니다.

Practice

Question 4 What is the one new feature you would like to see SNS sites introduce or one way in which you would change current SNS sites? Explain your reasons in detail.

SNS에서 원하는 기능이 있다면 무엇이고 또한 「현 SNS가 변화했으면 하는 방향은 어떤 것인가요? 이유를 자세히 설명해 보세요.

Model Answer
[Step 1] The main issue I have with SNS sites is that they can **get clogged up with** 'friends' you don't really know or don't **keep in touch with**. I often become SNS friends with someone who've I've met just once or who I've **come across** through another friend's online profile. Usually these friendships **die out** quite soon but I usually forget to 'un-friend' them and it leads to **a pile up of** online friends who aren't really friends. [Step 2] I would introduce a feature to SNS sites that automatically suggests friends you should delete because you haven't interacted for a long time. I don't want to be a **party pooper**, but having too many friends on SNS sites is just as bad as not having enough. With this kind of feature, it would be much easier to manage your real friends and let you concentrate on your contacts that actually matter. [Step 3] It would also help with people's **reluctance** to 'de-friend' others because the **prompt** would show you how long you've not communicated with this person and make the decision **a piece of cake**. SNS sites are always changing so I think this feature will be introduced soon.

Vocabulary
- get clogged up with ~: ~에 발목 잡히다
- come across: 우연히 만나다
- a pile up of ~: ~의 더미, 무더기
- reluctance: 주저함, 망설임
- a piece of cake: 누워서 떡먹기
- keep in touch with ~: ~와 연락을 하다
- die out: 점점 사라지다, 감소하다
- party pooper: 분위기 깨는 사람
- prompt: 주의, 경고

Tips
1. make the decision a piece of cake. / 「a piece of cake」은 '누워서 떡먹기'란 속담 표현이다.
   Ex Skiing is a piece of cake.
2. I've come across through another friend's online profile. / 「come across」는 '지나가다 우연히 누구와 만나다, 발견하다'의 뜻으로 쓰인다.
   Ex I came across a great bar last night.

Idea Flow
Step 1: SNS의 문제점을 제기한다.
Step 2: 그 문제점에 대한 해결 방법을 제시한다.
Step 3: 문제가 해결된 결과를 예측하고 설명한다.

Role Play

Question 5 I'd like to give you a situation for you to act out. Pretend that you have to explain social networking services to somebody who has never heard of them before. Describe what they are, how they work and why they are popular.

상황을 드릴 테니 연기를 해주세요. SNS를 접해 본 적이 없는 사람에게 SNS를 설명한다고 가정해 보세요. SNS가 무엇인지, 어떻게 사용되는지, 왜 인기있는지 묘사해 주세요.

Model Answer

[Step 1] Social networking services, or SNS as they are more **commonly known**, are websites that offer a platform through which people can **interact with** each other. Some SNS sites **are aimed at** connecting people who already know one another in the real world, **whereas** others encourage networking with people who you have never come across before. **[Step 2]** Every SNS website that I can think of requires the user to enter personal details ranging from their names and addresses, to their birthdays and occupations in order to **sign up**. **[Step 3]** Most of them then offer a shortcut to automatically find your friends by **utilizing** your email address book. This helps **cut out** a lot of **hassle** setting up and lets you **get on with** connecting to people. You can do this by sending messages, posting comments and photos or by sending friend requests manually. In this day and age, living without SNS is like living in the dark ages.

해석 p.212

Vocabulary

- commonly known: 일반적으로 알려진
- be aimed at~: ~을 목표로 하다
- sign up~: ~가입을 하다
- cut out: 줄이다, 감소시키다
- get on with~: ~을 계속하다
- interact with~: ~와 소통을 하다
- whereas~: ~하는 반면에
- utilize: 활용하다
- hassle: 귀찮은 일

Tips

1. Social networking services, or SNS as they are more commonly known: 「commonly known as」는 '일반적으로 ~로 알려진'이란 표현이다.
   Ex Arsenal are more commonly known as the Gunners.

2. personal details ranging from their name and address, to their birthday and occupation in order to sign up: 「ranging from A to B」는 'A부터 시작해서 B까지 모두를 포함한'이란 뜻으로 쓰인다.
   Ex We have vegetables ranging from cabbages to carrots.

Idea Flow

Step 1: SNS 가 무엇인지 대략적으로 설명한다.
Step 2: SNS의 가입 조건을 설명한다.
Step 3: SNS 사용시 누릴 수 있는 장점을 설명한다.

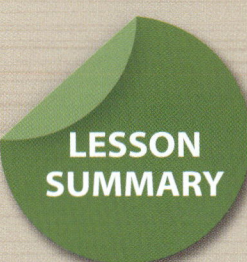

LESSON SUMMARY

OPIc

New OPIc 에서는 기존 인터넷 관련 문항 뿐 아니라 페이스북 또는 트위터 사용과 같은 SNS 사용에 대한 질문이 나올 가능성이 높다.

1. SNS 사용 습관 / 언제부터 SNS를 사용했는지, 주로 언제 사용하는지, SNS 중독에 관한 의견, SNS 사용 이후 인터넷 사용 습관의 변화, 직장과 학교에서는 SNS 활용 등

2. 즐겨 쓰는 SNS 관련 / 주로 어떤 SNS를 사용하는지, 그리고 그 이유, 친구들 사이에서 가장 인기 있는 SNS와 그 이유 설명, SNS를 통해 하는 활동 설명

3. Role play / SNS의 장, 단점 설명하기, SNS를 처음 접해보는 친구에서 SNS를 설명하기

Strategies

1. SNS 사용에 관련된 영어 표현을 익혀 두자.
   - get clogged up with
   - keep in touch with
   - come across
   - de-friend someone
   - sign up for
   - interact with
   - get sucked into

2. SNS를 현재 하고 있는 중이다, 란 표현도 익혀 두자. 일반적으로 I'm doing Facebook이란 표현을 쓰는데 그것은 잘못된 표현이다. 영어로는 be on Facebook, be on Twitter란 표현을 쓴다.
   - I'm on Facebook.
   - I'm on Twitter.
   - Are you on Facebook?
   - Are you on Twitter?

Additional OPIc Questions

1. What would you do if you don't have access to SNS sites?

2. Are you following any celebrities on Twitter? Why?

3. Tell me some comments you have recently come across on SNS sites.

4. I'd like to give you a situation and ask you to act it out. Your son or daughter is being bullied online. How would you like to solve this problem?

Lesson 17 Exercise

Oral Proficiency Interview-computer

Preview

Q1 What's your favorite way to exercise?

Q2 How often do you exercise?

Type of Exercise (Indoors)
- swim, jog
- do yoga, do pilates, do stretching, do aerobics
- go to the gym
- do meditation, do martial arts

Gym
- run on a treadmill, bench press, lift a dumbbell
- do situps, do crunches, do squats
- how many reps
- 3 sets of each exercise

Exercise

Type of Exercise (Outdoors)
- go hiking, take a walk in the park, run a marathon, go cycling
- play tennis, play soccer, play basketball, play beach volleyball

Frequency
- work out regularly
- once a day, twice a week, three or four times a month, once every three days
- every other day, every three days, every weekend

Idea Map | **Question 1** You indicated in the survey that you enjoy jogging. Why do you like it? How often do you jog?

설문에 조깅을 좋아한다고 답했습니다. 왜 조깅을 좋아하나요? 얼마나 자주하죠?

My Favorite Exercise
jogging

Why
no equipment needed, fresh air

How Often
3 or 4 times a week

Model Answer

[좋아하는 운동] My favorite exercise is jogging. [좋아하는 이유] What I like about jogging is that it doesn't require any special **equipment**. You just get up early in the morning and run. **That's it**. And while you run in the morning, you can get some fresh morning air, which wakes you up and **gets** your body **ready for** the day. [조깅 횟수] I **try to** jog every day, but I can't. **I mean**, sometimes I have to **get to work** early for a meeting. I think I usually jog three or four times a week. It's a great way to start my morning.

해석 p.212

Vocabulary

- equipment: 장비
- get A ready for B: A를 B에 맞도록 준비시켜 준다
- I mean ~: 그러니까 내 말은~
  (앞의 내용을 자세히 설명하고자 할 때 사용)
- that's it: 그게 다예요
- try to ~: ~하려고 노력하다
- get to work: 직장에 도착하다

Guide

Question 2 **What are the benefits of yoga? Try to discuss as many different kinds of benefits as you can.**

요가의 장점은 무엇인가요? 다양한 좋은 점을 가능한 많이 말해 보세요.

Answer Procedure

요가를 수련한 기간과 요가의 정신적, 육체적 영향에 대해 설명한다.

1. How long have you practiced yoga? What do you think about it?
요가를 수련해 온 기간과 요가에 대한 전반적인 견해

 Have you ever been to Paris?

Ex I took yoga lessons for six months three years ago, and since then, I have been practicing it at home about three times a week. I think yoga is one of the best exercises.
저는 3년 전 6개월 동안 요가 수업을 들었습니다. 그리고 그때 이후로 집에서 일주일에 세 번 정도 요가를 수련해오고 있습니다. 저는 요가야말로 가장 훌륭한 운동 중 하나라고 생각합니다.

Tips take a lesson: 수업을 듣다   practice yoga: 요가를 수련하다

2. What does yoga do for your body? Does it help you keep in shape?
요가가 신체에 미치는 영향

Ex Yoga makes your body lean and flexible. I mean, while doing yoga, you get to do a lot of stretching. And by doing a lot of stretching, you can train your muscles and make them strong.
요가는 몸을 날씬하고 유연하게 해줍니다. 요가를 하고 있으면 많은 스트레칭을 하게 되니까요. 그리고 많은 스트레칭을 하는 것에 의해 근육을 단련시키고 강하게 만들 수 있습니다.

Tips lean: 날씬한   flexible: 유연한   get to ~: ~하게 되다   muscle: 근육

3. Does yoga help you with your mental health? 요가가 정신적인 건강에 미치는 영향

Ex What I like most about yoga is meditation, which is an important part of yoga. It helps me to block out all the distractions in life and give my brain a rest.
제가 요가에서 가장 좋아하는 것은 명상인데 그것은 요가의 중요한 부분입니다. 그것은 모든 마음을 어지럽히는 일을 차단하고 뇌에 휴식을 주는 데 도움이 됩니다.

Tips meditation: 명상   block out ~: ~를 차단하다   distractions: 마음을 산란하게 하는 것

Model Answer

[1] I took yoga lessons for six months three years ago, and since then, I have been practicing it at home about three times a week. I think yoga is one of the best exercises. [2] Yoga makes your body lean and flexible. I mean, while doing yoga, you get to do a lot of stretching. And by doing a lot of stretching, you can train your muscles and make them strong. [3] What I like most about yoga is meditation, which is an important part of yoga. It helps me to block out all the distractions in life and give my brain a rest.

해석 p.212

Write It

Question 3 You indicated in the survey that you like swimming. Can you please tell me how you first learned to swim? How old were you? Did you like swimming at first?

설문에서 수영을 좋아한다고 답했습니다. 어떻게 처음 수영을 하게 되었는지 설명할 수 있나요? 몇 살이었나요? 처음부터 수영을 좋아했나요?

Model Answer
I like swimming a lot. I've been swimming since I was an **elementary school** student. I think I was 10 or 11 when I first learned **how to** swim. One day, my mom took me to the swimming pool in my neighborhood. I **was** really **scared of** water **at first**. I didn't even want to **go into the pool**. So, my mom made me **take** swimming **lessons** from a coach there. **From what I remember**, he was very kind and funny. He always made the other kids and me laugh. So I started liking swimming lessons a lot. **As time went by**, my swimming skills **got better and better**. I'm still a very good swimmer.

해석 p.213

Vocabulary
- elementary school: 초등학교
- be scared of ~: ~를 두려워하다
- go into the pool: 수영장에 들어가다
- from what I remember: 내 기억에 의하면
- get better and better: 점점 더 좋아지다
- how to (동사): (동사)하는 방법
- at first: 처음에
- take a lesson: 수업을 듣다
- as time goes by: 시간이 지남에 따라

Tips
1. I've been swimming since I was an elementary school student: 「주어+have P.P+since+ (주어) + (동사의 과거형)/(명사)」는 '~한 이후로 쭉 ~해왔다'는 의미이다.
   - Ex) I've lived in Seoul since I graduated from college.
     Jane's been my best friend since freshman year.
2. My swimming skills got better and better: 「get/become+(형용사의 비교급)+(형용사의 비교급)」은 '점점 더 ~해지다'라는 표현이다.
   - Ex) I got angrier and angrier.
     She is getting richer and richer each passing day.

SOS (Skills of Speaking)

Giving Advice (Role Play)

계획, 약속, 예약 등에 차질이 생기거나, 상대방이 가지고 있는 특정한 문제에 대해 해결책을 제안, 충고하는 문제가 주로 출제된다. 도입 부분에서 해당 상황을 다시 한번 인식하는 문장으로 이야기를 시작하면 보다 자연스럽게 도입을 진행할 수 있다. 제안, 충고 등과 관련된 표현을 완벽하게 익혀서 어떤 상황에서든 능숙하게 사용해야 하고 더불어, 충고나 제안을 나열하기 보다는 그에 합리적인 이유나 자신의 경험을 함께 기술하면 더욱 설득력을 가질 수 있다.

[충고/제안 관련 표현]

I think you should ~	• I think you should try jogging. • I think you should start going out more often.
I recommend you ~	• I recommend you rent this video. • I recommend you go to the gym.
I suggest you ~	• I suggest you find a new job. • I suggest you buy a laptop.
Why don't you ~	• Why don't you take a day off? • Why don't you take a swimming lesson?
You might wanna ~	• You might wanna read the manual. • You might wanna think about it really hard.

Writing : Sample Sentences

1. I recommend you try a low-carb diet.
나는 네게 저탄수화물 다이어트를 추천하고 싶어.

 I recommend you try learning how to dance.

2. Why don't you start jogging?
조깅을 시작해보는 것이 어때?

3. You might wanna take it slow.
좀 천천히 하는 것이 좋겠어.

4. I think you should keep trying.
나는 네가 계속 시도해야 한다고 봐.

5. I suggest you not jump to any conclusions.
너무 성급한 결론을 내리지 않는 것이 좋겠어.

Practice **Question 4** I'd like to give you a situation for you to act out. One of your friends has gained a lot of weight recently. She wants to lose it. Give her some suggestions so that she can solve her problem.

당신이 재현할 상황을 제시하겠습니다. 당신의 친구 중 하나가 최근 체중이 많이 늘었습니다. 그녀는 살을 빼고 싶어합니다. 그녀가 문제를 해결할 수 있도록 몇 가지 제안을 해주세요.

Model Answer
[Step 1] I heard that you have **gained** some **weight** recently. So you're trying to lose weight, right? Well, I had the same experience. Last Christmas, I gained five kilograms. After trying to lose my weight, I finally **succeeded**. So I think I can help you. [Step 2] I **recommend** you **try walking** for an hour every day. You know there's a big shopping mall around our office. I always walk through the long **corridors** of the shopping mall during lunch break. Actually, there's a word for that kind of exercise. It's called 'Mall-walking'. It's better than any other exercises I've tried. It's fun and easy. [Step 3] Why don't we do it together? We can start today.

해석 p.213

Vocabulary
- gain weight: 살이 찌다
- recommend: 추천하다
- corridor: 복도
- succeed: 성공하다
- try ~ing: ~해보다

Tips
1. I recommend you try walking for an hour every day: 「I recommend you ~」는 '네가 ~하는 것을 추천하고 싶다'라는 의미이다.
   - Ex. <u>I recommend you</u> take online classes.
2. It's better than any other exercise I've tried: 비교급으로 최상급의 의미를 나타낼 수 있다.
   - Ex. She's <u>more beautiful than any other</u> girl I've ever dated.
3. Why don't we do it together?: 「Why don't we ~?」는 '~하는 게 어때?'라는 뜻으로 상대방에게 제안하는 표현이다.
   - Ex. <u>Why don't we</u> move to a new place?

Idea Flow
Step 1: 체중 조절에 대해 같은 경험을 가지고 있음을 이야기한다.
Step 2: 사무실 근처에 있는 쇼핑몰을 걸어 다니는 '몰 워킹'을 추천한다.
Step 3: 함께 운동할 것을 제안한다.

Role Play

Question 5 There is an issue you need to resolve. Your friend wants to go jogging with you, but you want to go alone. Explain to him or her your situation. Give two alternatives to solve this problem.

당신이 해결해야 할 문제가 있습니다. 친구는 당신과 조깅을 가고 싶어합니다. 그러나 당신은 혼자 가고 싶습니다. 친구에게 당신의 상황을 설명하세요. 이 문제를 해결할 수 있는 대안을 두 개 정도 제시해 주세요.

Model Answer

[Step 1] The last time we talked, you wanted to **lose weight**. And I **told** you **to** try jogging. I understand why you want to go jogging with me. [Step 2] You think it would be **less boring** if you run with me. I think it's a great idea, too. But the thing is that I have some things to think about. Jogging is **mental** exercise as well as physical exercise to me. So I really need to go jogging **all by myself** today. [Step 3] Maybe next week we can jog together. I promise. Or why don't we just jog together once a week **from now on**? Wouldn't that be great?

해석 p.213

Vocabulary

- lose weight: 살을 빼다
- less boring: 덜 지루한
- all by myself: 나 혼자
- tell A to (동사): A에게 (동사)하라고 말하다
- mental: 정신적인
- from now on: 이제부터

Tips

1. The last time we talked, you wanted to lose weight. And I told you to try jogging: 상황에 대해서 별로 할 말이 없을 때는 주어진 상황을 다시 짚어보고 구체적인 상황을 상상해보는 것도 좋다.
   - Ex *The last time we talked*, we both wanted to learn swimming someday. Well, I thought about it and I think we can start next week.
2. The thing is that I have some things to think about: 「The thing is that (주어) + (동사)」는 '사실은 ~이다, 문제는 ~이다'라는 뜻으로, 어떤 상황에 있어서 문제를 꺼낼 때 많이 사용한다.
   - Ex *The thing is that I don't think* he's the best person for the job.
3. Why don't we just jog together once a week from now on?: 「Why don't (주어) + (동사)~?」는 '~하는 게 어떨까?'라는 의미이다.
   - Ex *Why don't we just go home now?*

Idea Flow

Step 1: 함께 조깅하자는 상대의 제안을 이해한다.
Step 2: 같이 할 수 없는 이유를 제시한다.
Step 3: 다음 기회에 함께 하자는 제안을 한다.

LESSON SUMMARY

OPIc

일반적으로 조깅이나 산책, 헬스클럽 등이 문제로 출제된다.

- 조깅이나 산책하러 어디로 자주 다니는지 묘사하기
- 연습하는 도중에 헬스클럽 기계가 고장이 나서 직원에게 도움을 요청하는 롤플레이 문제
- 산책이나 조깅을 하다가 예상치 못한 일이 벌어졌던 경험 이야기하기
- 요가 복장이나 요가를 어떻게 시작하게 됐는지 묻는 문제
- 헬스클럽 회원권에 대해 물어보기
- 친구와 한 약속에 문제가 생겨서 이행할 수 없는 상황에서 이에 대한 제안하기
- 상대방에게 문제가 생겼을 경우, 이에 대한 합당한 충고나 제안하기

Strategies

1. 롤플레이의 충고와 제안하기 문제는 다양한 형태로 출제되는 경향이 있으므로 한, 두 형태의 문제와 답안을 외우는 것 보다는 관련 표현을 완전히 익히고 다양한 방식으로 훈련하기를 권한다.

2. 자신이나 상대방이 처한 문제를 들었을 때, 그 문제에 대한 해결책을 제시하고, 그 해결책의 근거를 자신의 경험과 연결시켜 기술하도록 한다. (문제 인식→해결책 제시→근거 및 예시→결론)

3. 중간에 자신의 경험에 대한 이야기, 혹은 예를 들어서 이야기가 흩트려졌을 때는 마지막에 결론에서 다시 한번 처음의 주제를 상기시켜 끝맺음을 해주는 것이 좋다.

    Ex Anyway, I think that's why I recommend you try a low-carb diet.

Additional OPIc Questions

1. You mentioned that you often go out for bike rides. How often do you ride your bike? Why do you like it?

2. You indicated in the survey that you like jogging. Describe an interesting experience you had while jogging.

3. What other exercise would you like to try in the future?

4. Which exercise do you think is better, swimming or walking? Why do you think so? Describe in as much detail as possible.

Lesson 18 Books

Oral Proficiency Interview-computer

Preview

Q1 What is your favorite book?

Q2 How often do you read books?

Books

Related Words
- author, reader, illustrator
- a first/third-person point of view
- plot, conflict, resolution
- happy ending, tragic ending
- children's storybook, hardcover books, paperback books

Genres
- fiction/nonfiction
- biography/autobiography
- novel (fantasy novel/romance novel/ detective novel)
- poem
- comic books
- magazines

Advantages of Reading
- self-examination
- indirect experience
- reflect on oneself
- increase knowledge
- get information

Print Books and Electronic Books
- easy to find
- can take notes
- handy
- stable
- various sizes and shapes
- easy on the eyes

Idea Map

Question 1 You indicated in the survey that you like to read. Tell me about your favorite author. Why do you like him/her? What's special about him/her?

설문 조사에서 책 읽는 것을 좋아한다고 했습니다. 가장 좋아하는 작가에 대해서 말해 주세요. 왜 좋아하나요? 그/그녀는 어떤 점이 특별한가요?

Book

Genre
biography

Favorite Author
Walter Isaacson

About What
Steve Job's life

Why You Like It
1) incredible writer
2) the real story

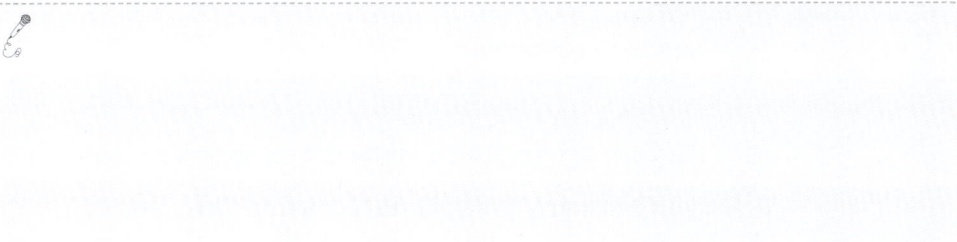

Model Answer

[좋아하는 작가와 장르] I like to read **autobiographies** and Walter Isaacson is my favorite **biographer**. He has written several well-known biographies. [책의 내용] Needless to say, Steve Jobs' biography is my favorite one. Even though it is 900 pages long, I never get bored. [좋아하는 이유 1] **What an incredible writer** Walter Isaacson is! No wonder he used to be the CEO of CNN and **the Managing Editor** of TIME. I was very impressed to learn that he **had** more than 40 **interviews** with Steve Jobs. **Furthermore**, he interviewed over a hundred people who were close to Steve Jobs. [좋아하는 이유 2] I think this kind of effort **enables** him to tell the real story of one's personal life.

해석 p.213

Vocabulary

- autobiography: 자서전
- what an incredible writer!
  얼마나 놀라운 작가인지!
- furthermore: 더 나아가서
- biographer: 전기 작가
- the Managing Editor: 편집장
- have an interview: 인터뷰하다
- enable: 가능하게 하다

Guide

Question 2 What genre do you like to read? Tell me several reasons why you like to read that genre. Also, tell me about your favorite book and author in that genre.

어떤 장르의 책을 좋아하나요? 그 장르의 책을 좋아하는 이유를 몇 가지 말해 주세요. 그 장르에서 좋아하는 책과 작가에 대해서도 말해 주세요.

Answer Procedure

즐겨 읽는 책의 장르와 그 이유를 말하고, 가장 좋아하는 작가와 책도 소개한다.

1. What genre do you like to read? 좋아하는 책의 장르

> **Ex** History is my favorite genre. 저는 역사 소설을 가장 좋아합니다.
> **Tips** favorite: 매우 좋아하는 genre: 장르

2. Why do you like reading that genre? 그 장르를 좋아하는 이유

> **Ex** Taking an adventure to the past is fascinating. Also, there is nothing more exciting than war sagas. Battle scenes, triumphs and deaths of a hero, and the heroes' struggles are absolutely compelling.
> 과거로의 모험 여행은 매력적입니다. 그리고 역사 소설에서 전쟁 이야기를 빼면 재미가 없죠. 전투신, 영웅의 승리와 죽음, 그들의 투쟁이 정말 호소력 있습니다.
> **Tips** saga: 대하 소설, 영웅 전설 battle: 전투 struggle: 투쟁 compelling: 강렬한, 설득력 있는

3. Do you have any favorite authors and their books? 좋아하는 작가와 책

> **Ex** Jin Myeong Kim is my favorite author and his "Goguryeo" is my favorite novel. He depicts the power struggle between the three ancient Korean kingdoms around the first century BC. It is interesting to learn that the power struggles of the past and the present are so similar.
> 그 중에서 김진명의 '고구려'를 가장 좋아합니다. '고구려'는 BC 1세기 무렵 삼국시대의 권력 쟁탈을 그리고 있습니다. 과거의 권력 투쟁이 현재와 너무 비슷하다는 것이 정말 재미있습니다.
> **Tips** depict: 묘사하다 power struggle: 권력 투쟁 ancient: 고대의 kingdom: 왕국

Model Answer

[1] History is my favorite genre. [2] Taking an adventure to the past is fascinating. Also, there is nothing more exciting than war sagas. Battle scenes, triumphs and deaths of a hero, and the heroes' struggles are absolutely compelling. The stories of women who stand by their kings and heroes are absolutely breathtaking. [3] Jin Myeong Kim is my favorite author and his "Goguryeo" is my favorite novel. He depicts the power struggle between the three ancient Korean kingdoms around the first century BC. It is interesting to learn that the power struggles of the past and the present are so similar.

해석 p.213

Write It

Question 3 You indicated you like reading. Which do you prefer, reading electronic books or paperback books? Please tell me your opinion and provide several reasons to support it.

당신은 책 읽는 것을 좋아한다고 했습니다. 전자책과 종이책 중에서 어떤 걸 더 좋아하나요? 당신의 의견을 말하고, 이를 지지할만한 이유도 말해 주세요.

Model Answer
Even though this is **the age of new technology**, I still prefer reading paperback books. There are a couple of reasons I **prefer** them **over** e-books. **Most of all**, **staring at** a small screen **makes my eyes** very **tired**. Secondly, it is much more fun reading paper books. They **come in all different shapes and sizes**. Next, I can easily choose **at a glance** what books I want to read on the **bookshelf**. Lastly, I can **take notes on** the empty space on paperback books. When I read some notes I wrote in the past, it is refreshing to **recall** what I felt **at that time**. **For these reasons**, I still carry an **actual** book and enjoy reading **when commuting**.

해석 p.213

Vocabulary
- the age of new technology: 새로운 기술의 시대
- stare at ~: ~을 계속 바라보다
- come in all different shapes and sizes: 전부 다른 모양과 크기로 나오다
- take notes on ~: ~에 메모하다
- at that time: 그때
- actual: 실제의
- prefer ~ over …: … 보다 ~를 좋아하다
- most of all: 무엇보다도
- make my eyes tired: 눈을 피로하게 하다
- at a glance: 한눈에, 즉시
- bookshelf: 책장
- recall: 회상하다, 기억하다
- for these reasons: 이러한 이유로
- when commuting: 출퇴근할 때

Tips

1. There are a couple of reasons I prefer them over e-books: 「a couple of」는 '한 쌍'이란 뜻도 있지만, '두 개 이상 (그렇다고 너무 많지는 않고)'이라는 뜻으로 '두 서너 개'라는 의미로도 쓰인다. 'a few' 또는 'several'과 같은 뜻이다.

   Ex I've been there <u>a couple of</u> times.

2. It is refreshing to recall what I felt at that time: 복합 관계 대명사 'what'은 '~하는 것'이라는 뜻으로, 「the thing which」, 「the thing that」의 의미로서 what안에 선행사가 포함되어 있다.

   Ex I totally forgot <u>what</u> he asked me to do.

Lesson 18

SOS (Skills of Speaking)

Persuading/Suggesting (Role Play)

상대방을 설득하거나 자신의 의견이나 생각을 제안하는 문제는 롤플레이에서 많이 보이는 유형이다. 친구나 부모님을 설득하거나 의견 제안하기, 직장 상사나 교수님에게 대체 방안 제안하기 등이 이에 속한다. 무조건 자신의 주장을 피력하기 보다는 먼저 상대방의 의견을 수긍하는 말로 시작하고, 제안할 때 쓸 수 있는 문형을 활용해 자신의 의견을 전달한다. 자신의 생각이나 제안을 뒷받침해 주는 이유도 구체적으로 말해야 설득력이 있다.

- I know that ~
- I understand that ~
- I'm sorry to hear that ~

- Why don't we + 동사 원형
- What/How about ~ing?
- I suggest that you + 동사 원형
- I suggest ~ing
- I'm wondering if you could~
- You need to ~

- In order to ~
- I read ~
- I found out that ~
- It will give you~

Writing : Sample Sentences

1. I'm sorry to hear that your children hate reading books.
   애들이 책 읽는 것을 싫어한다고 들었어요.

    I'm sorry to hear that you broke your leg at the ski resort.

2. First, I suggest you choose the books they'll be interested in.
   먼저, 애들이 흥미 있어 할 책을 골라야 해요.

3. How about going to the library together?
   도서관에 한번 같이 가보면 어떨까요?

4. It'll make them focus on the story.
   그럼 애들이 이야기에도 집중하게 될 거예요.

5. Second, when you read to them, you need to vary your voice to match the characters in the story.
   두 번째로, 책을 읽어 줄 때 책에 나오는 등장인물에 맞게 목소리를 다양하게 해 주어야 해요.

Practice

Question 4 I'd like to give a situation for you to act out. Your friend is asking for your advice. He/She said his/her children hate reading books. Call your friend and provide several suggestions to your friend.

상황을 드릴 테니 역할 연기를 해 보세요. 당신의 친구가 조언을 구합니다. 친구의 아이들이 책 읽는 것을 싫어한 다는군요. 친구에게 전화를 해서 몇 가지 조언을 해 주세요.

Model Answer

[Step 1] Hello? Sumin? I'm sorry to hear that your children hate reading books. My children **used to** hate reading books too, but now they enjoy it. [Step 2] So, I'll give you some tips. First, I suggest you choose the books they'll be interested in. **How about going** to the library together? If they **show any interest in** the pictures in the book, talk about the pictures. It'll make them **focus on** the story. Second, when you read to them, you need to **vary your voice** to match the characters in the story. **I bet** they will really like it and find it fun. Finally, I suggest **giving** them **a reward** such as a snack when they finish a book. [Step 3] If you do these things, they will have fun reading books. Let me know how it goes! Good luck!

해석 p.213

Vocabulary

- used to ~: ~하곤 했다
- show any interest in ~: ~에 관심을 보이다
- vary your voice: 목소리를 다양하게 하다
- give somebody a reward: ~에게 상을 주다
- How about ~ing?: ~하는 게 어때?
- focus on ~: ~에 집중하다
- I bet ~: ~라고 확신하다

Tips

1. It'll make them focus on the story: make는 사역동사로 '~하게 시킨다, ~을 하게 하다'라는 의미의 강제성이 있다. 「make+목적어+동사원형」 순으로 쓴다.
   Ex My parents made me go.
2. Let me know how it goes!: let도 사역동사인데, '허락, 허용'의 의미가 강하다는 점에서 사역동사 make와 차이가 있다.
   Ex My parents let me stay at my friend's house on the weekends.

Idea Flow

Step 1: 책 읽기를 싫어하는 아이에 대한 공감이나 유감을 표한다.
Step 2: 아이가 책을 즐겁게 읽을 수 있는 조언을 한다.
Step 3: 결과를 알려 달라고 하고 잘 되길 빈다.

Role Play

Question 5 Let me give you a situation for you to act out. I also like reading books. Ask three or four questions to find out more about the book that I'm reading now.

저도 책 읽는 것을 좋아합니다. 제가 읽고 있는 책에 관해 질문 서너 가지를 해 보세요.

Model Answer
[Step 1] You like reading books? Me, too. **[Step 2]** I like reading **fiction**. How about you? You like thrillers? So do I! How nice to see someone who **has the same interest**! Do you like John Grisham, **by any chance**? He is my favorite author. Oh, you, too? Are you reading any of his novels these days? What is the title of the book? Oh, I haven't read that book yet. Who are the main characters? **Corrupt politicians**? That sounds very interesting! Can you tell me about the main **conflict** of the story? How did they **resolve** the conflict? I see. You can say that again. They **deserve to** be punished. **[Step 3]** I want to read it, too. I'm going to read it this weekend.

해석 p.214

Vocabulary

- fiction: 소설
- by any chance: 혹시
- conflict: 갈등
- deserve to ~: ~하는 게 당연하다, ~해야 마땅하다
- have the same interest: 관심, 흥미가 같다
- corrupt politicians: 부패한 정치인들
- resolve: 해결하다

Tips

1. You like thrillers? So do I!: '저도 그래요.' 라고 동의하는 표현은 「Me, too.」 또는 「So do I.」이다. 앞의 사람이 「I am depressed.」라고 'be동사'를 사용하면 「So am I.」라고 하며, 부정의 말을 동의할 땐 「Neither am I./Neither do I.」가 된다.

2. Do you like John Grisham, by any chance?: '혹시~인가요?'라는 의미로 물어보고 싶을 땐, 「by any chance」를 붙이면 된다. 문장 앞에, 중간, 맨 뒤에 붙여도 된다.
   Ex Have we met, by any chance?

3. You can say that again: '그 말을 다시 해도 좋을 정도로 맞는 말이다'라는 동의의 표현이다. 즉, '정말 당신 말이 맞아요.', '저도 동의해요.'라는 뜻이다.

Idea Flow

Step 1: 관심사가 같다는 말로 대화를 시작한다.
Step 2: 최근에 읽고 있는 책의 제목, 작가, 책의 주인공, 갈등과 해결 등을 묻는다.
Step 3: 상대방이 언급한 책에 대한 느낌으로 마무리한다.

LESSON SUMMARY

OPIc

책 관련 문제는 설문 조사의 항목과 마찬가지로 '아이에게 책 읽어주기'와 '글쓰기'의 항목이 있고, '독서' 항목은 New OPIc에서 사라졌지만, 여전히 출제되고 있으므로 세 가지 유형을 함께 준비한다.

1. 독서
   - 독서를 좋아하게 된 계기, 독서 습관, 독서 습관의 변화, 좋아하는 책과 작가, 최근에 읽은 책, 가장 기억에 남는 책, 종이책과 전자책 비교

2. 아이에게 책 읽어 주기
   - 아이에게 책을 읽어주는 패턴, 자주 읽어 주는 책, 책을 읽어 주면서 있었던 에피소드, 독서를 싫어하는 자녀에게 재미있게 책 읽어주기 팁

3. 글쓰기
   - 글쓰기를 시작한 시기, 글쓰기 경험

Strategies

상대방을 설득하거나 자신의 생각을 제안하는 문제는 먼저 상대방의 의견을 수긍하는 말로 시작하고, 부드럽게 제안하는 구문을 통해서 자신의 의견을 전달한다. 자신의 생각이나 제안을 뒷받침해 주는 이유도 구체적으로 말할 수 있도록 문형을 익혀둔다.

1. 상대방 의견 수긍하기
   - I know that~
   - I understand that~
   - I'm sorry to hear that~

2. 제안하기
   - Why don't we+동사 원형?
   - What/How about ~ing?
   - I suggest that you+동사 원형
   - I suggest ~ing
   - I'm wondering if you could~

3. 구체적인 이유 말하기
   - In order to~
   - I read~
   - I found out that~
   - It will give you~

Additional OPIc Questions

1. You indicated in the survey that you enjoy reading books to your children. When do you read to them? Tell me about your reading routine in as much detail as you can.

2. Tell me about your reading patterns. How often do you read? When and where do you normally read books?

3. You indicated in the survey that you enjoy writing as well as reading books. How did you first start to write? Tell me about your writing experience.

4. Pick two books you have recently read. What are their similarities and differences? Compare them in as much detail as you can.

Lesson 19 Shopping

Oral Proficiency Interview-computer

Preview

Q1 What's your favorite shopping place?

Q2 What do you like to buy?

Shopping

Shopping Place
- department store
- open market
- online shopping mall, off-line shopping mall
- thrift store
- grocery store

Purchase
- make a purchase
- buy with cash, buy with credit card
- buy ~ on a 12 month no interest plan
- impulse purchase/buy

Sale
- have a sale
- be marked down 15%
- at 20% off
- buy one and get one free
- half-price discount

After Purchase
- make an exchange (for ~)
- get a refund (on ~)
- warranty
- keep the receipt
- lose the receipt

Idea Map

Question 1 You indicated in the survey that you enjoy shopping. Where do you usually go shopping? Why do you go there?

설문에 쇼핑을 좋아한다고 답했습니다. 주로 어디서 쇼핑을 합니까? 왜 그곳에 가나요?

love shopping, especially grocery shopping

Emart, convenient, big, sell many things

last time I went there, espresso machine, at 40% off

Model Answer

[좋아하는 쇼핑] I love shopping, especially **grocery** shopping. So I **go shopping at least once a week**. [좋아하는 쇼핑 장소와 이유] My favorite place to shop is Emart, near my home. It's **convenient** because it's **connected to** the subway. **On my way back home** from work, I can always **drop by** and buy things. And it's also so big that they sell almost everything from grocery to **electric appliances**. [최근 구매 경험] **The last time** I went there, I bought a really nice espresso machine **at 40 percent off**. **Speaking of which**, they often **have a** special **sale on** certain items. If you're lucky, you can buy things at a really good price.

해석 p.214

Vocabulary

- grocery: 식료품
- at least: 적어도
- convenient: 편리한
- on one's way back home: 집으로 돌아오는 길에
- electric appliances: 전자 제품
- at 40 percent off: 40프로 할인된 가격에
- have a sale on ~: ~에 세일을 하다
- go shopping: 쇼핑 가다
- once a week: 일주일에 한번
- connected to ~: ~와 연결된
- drop by: 들르다
- the last time: 최근에
- speaking of which: 말이 나와서 말인데

Guide	**Question 2** I'm sorry, but there's a problem that you need to resolve. You went shopping last weekend, but you found a problem with one of the goods you bought after you got home. Call the shop and explain your situation so that you can solve the problem.

미안하지만 해결해야 할 문제가 있네요. 당신이 지난주 쇼핑을 갔는데 집에 가서 보니 구입한 물건에 문제가 있다는 걸 알게 됐어요. 문제를 해결할 수 있도록 해당 상점에 전화해서 상황을 설명해 보세요.

Answer Procedure

전화를 걸어 구입한 물건과 문제점에 대해 설명하고 절충안을 제시한다.

1. Describe the goods you bought in detail. 전화로 구입한 물건에 대해 설명

Ex Hello. Is this IU shop? I bought a pair of jeans last weekend from your store. They're the light blue jeans with white stitching. I mean the ones that were marked down 80%.
안녕하세요. 거기 IU shop이죠? 제가 지난 주말에 거기서 청바지 한 벌을 샀거든요. 하얀색 스티칭이 들어간 연청색 청바지에요. 80% 할인한 거 말이에요.

Tips a pair of jeans: 한 벌의 청바지   be marked down 80%: 80% 할인 판매되다

2. What is the problem you found with the product you bought? 물건의 문제점

Ex The reason that I'm calling is because I found several problems with them. I wore them just once and you know what happened? The stitching near the ankle was torn and I also found a tiny little stain around the back pocket, which was very embarrassing.
제가 전화한 이유는 물건에 몇몇 문제를 발견해서입니다. 딱 한 번 입었는데 무슨 일이 일어난 줄 아세요? 발목에 있는 스티칭이 뜯어졌어요. 그리고 뒷주머니 주변에 작은 얼룩도 발견했고요. 그게 정말 창피했어요.

Tips just once: 딱 한번   tiny little: 아주 작은   stain: 얼룩

3. Tell them what you would like them to do for you. 해결책이나 절충안 제시

Ex If it's possible, I'd like to make an exchange for another pair or get a refund.
가능하다면 다른 걸로 교환하거나 환불 받고 싶어요.

Tips make an exchange for ~: ~로 교환하다   get a refund: 환불 받다

Model Answer

[1] Hello. Is this the IU shop? I bought a pair of jeans last weekend from your store. They're the light blue jeans with white stitching. I mean the ones that were marked down 80%. [2] The reason that I'm calling is because I found several problems with them. I wore them just once and you know what happened? The stitching near the ankle was torn and I also found a tiny little stain around the back pocket, which was very embarrassing. [3] If it's possible, I'd like to make an exchange for another pair or get a refund. I'd appreciate if you let me know whether I can do that or not.

해석 p.214

Write It

Question 3 You indicated in the survey that you like shopping. Tell me about the last time you went shopping. When was it? What did you buy? Were you satisfied with the goods you bought? Please describe in as much detail as you can.

설문에서 쇼핑을 좋아한다고 답했습니다. 마지막으로 쇼핑했을 때에 대해 말해 보세요. 언제였나요? 무엇을 구입했나요? 구입한 물건에 만족했습니까? 최대한 자세히 설명해 보세요.

Model Answer

Actually, the last time I went shopping was just last weekend. I went to **a shop called** 'It Girl', which is my favorite shopping place for clothes. It's a small **women's clothing store** near Gangnam subway station. There were so many people. I think it's because it was a weekend and they **had a special sale** that week. **Luckily**, I found a beautiful **floral print** dress, which is my favorite. I **bought** it **at 30% off**. The next day, I **wore** it **to** work and my **colleagues** said that I looked really pretty in it. So I'**m** very **satisfied with** it.

해석 p.214

Vocabulary

- a shop called 'A': 'A'라고 불리는 가게
- have a special sale: 특별 세일을 하다
- floral print: 꽃무늬
- wear A to B: A를 입고 B에 가다
- colleague: 동료
- women's clothing store: 여성복 전문점
- luckily: 운이 좋게도
- buy ~ at 30% off: 30% 할인된 가격으로 ~를 사다
- be satisfied with ~: ~에 만족하다

Tips

1. The last time I went shopping was just last weekend: 「The last time (주어) + (동사)」는 '지난번 ~했을 때, 마지막으로 ~했을 때'라는 뜻이다.
   Ex The last time I met her, I had an argument with her.

2. I went to a shop called 'It Girl', which is my favorite shopping place for clothes: 「, which」는 앞에 나온 문장 전체 혹은 한 단어에 대한 부가적인 정보를 기술할 수 있게 해준다.
   Ex He said that we all should go to the party, which was a terrible idea.

3. I think it's because it was a weekend and they had a special sale that week: 「I think it's because (주어) + (동사)」는 '그건 ~때문인 것 같다'라는 의미이다.
   Ex I think it's because I've been too busy.

SOS (Skills of Speaking)

Asking (Role Play)

롤플레이는 특정한 상황이 주어지면 그 역할을 연기하는 것으로, 해당 상황에 대한 질문을 하거나, 혹은 의견이 다른 상대방을 설득하거나, 문제의 해결점을 찾는 문제가 주로 출제된다. 특히 우리나라 사람들은 평서문보다 의문문 만드는 것을 어려워한다. 반복하여 문장을 만드는 것이 익숙해지면, 질문을 하고 거기에 관련된 부가적인 내용을 붙여 나가는 연습을 해본다.

Making Wh word Questions (의문사가 있는 의문문 만들기)

Who	• Who do you usually go shopping with?
What	• What do you usually buy when you go shopping?
When	• When do you usually go shopping? • When do you feel like going shopping?
Where	• Where do you usually go shopping?
Why	• Why do you like that place?
How	• How do you usually go there?
How often **How much** **How long**	• How often do you go shopping? • How much money do you usually spend when you go shopping? • How long are you there when you go shopping?

Writing : Sample Sentences

1. When was the last time you went shopping?
  마지막으로 쇼핑 간 때가 언제인가요?

 When was the first time you shopped at that shopping mall?

2. What products did you buy and were you satisfied with them?
  당신이 사고 만족했던 제품은 무엇인가요?

3. Why do you like to go shopping so much?
  왜 쇼핑을 그렇게 좋아하나요?

4. How often do you go grocery shopping?
  얼마나 자주 식료품 쇼핑을 하나요?

| Practice | **Question 4** I'm going to give you a situation for you to act out. I like shopping, too. Ask me three or four questions about how I shop. |

저도 쇼핑을 좋아합니다. 쇼핑에 대해 서너 가지 질문을 해 주세요.

Model Answer

[Step 1] I heard that you like shopping. **What a coincidence**! I do, too. I love shopping so much that I go shopping **at least** once a week. **You might think that** I am a shopping addict. I know, I know. I'm trying to **cut down on** it. How about you? [Step 2] How often do you go shopping? Where do you usually go shopping? I like to go to Hyundai Department Store for shopping. So **if you don't mind**, I'd like to go shopping with you **sometime**. [Step 3] And what do you usually buy when you go shopping? I buy almost everything from **groceries** to clothes when I go shopping.

해석 p.214

Vocabulary

- What a coincidence!: 우연의 일치네요!
- you might think that ~: ~라고 생각할지도 모르겠네요
- sometime: 언젠가
- at least: 적어도
- cut down on~: ~를 줄이다
- if you don't mind: 괜찮으시다면
- grocery: 식료품

Tips

1. **I do, too**: '나도 그래'라는 뜻으로, 상대방이 일반 동사를 사용하면 do를, 조동사를 사용하면 그대로 조동사를 쓰고, 「have+P.P」는 have만 쓴다.
   - Ex) I love shopping and my sister <u>does, too</u>.
     Jane has been to Europe and I <u>have, too</u>.
     My mother speaks English and my father <u>does, too</u>.

2. **I love shopping so much that I go shopping at least once a week**: 「So + (형용사/부사) + that~」은 '너무 (형용사/부사)해서 ~하다'라는 의미이다.
   - Ex) She's <u>so smart</u> that she went to college when she was 12.
     I was <u>so depressed</u> that I couldn't get out of bed.

| Idea Flow |

Step 1: 자신도 쇼핑을 좋아하고 너무 자주해서 줄이려고 노력 중이라고 설명한다.
Step 2: 어디서, 얼마나 자주 쇼핑을 하는지 묻고, 함께 쇼핑할 것을 제안한다.
Step 3: 주로 무엇을 사는지 묻고, 본인의 구매 패턴에 대해 이야기한다.

Role Play

Question 5 I'd like to give you a situation and ask you to act it out. You noticed that one of your favorite stores is having a big sale. You enter the store and ask the sales clerk several questions to get as many details about the sale as you can.

상황을 드릴테니 재현해 보세요. 당신이 좋아하는 상점 중에 한 곳이 세일을 할 예정입니다. 상점에 들어가서 점원에게 세일에 대해 자세한 사항을 알아낼 수 있도록 몇 가지 질문을 합니다.

Model Answer

[Step 1] I heard that you're going to have a big sale soon. I have a few questions about it. When does it start? Oh, it starts next week. How long will it last? So it's going to **last** for a week. I see. [Step 2] I've **been interested in** Icube's new MP3 player. I mean the one with the **DMB feature** and **wireless Internet access**. Is it going to **be on sale**, too? Great! So I have to ask you the most important question. **How big of a sale** will it be? 30 percent? [Step 3] Wow! That's amazing. I'll come back on the first day the sale starts. See you then.

해석 p.214

Vocabulary

- last: 지속하다
- DMB feature: DMB 기능
- be on sale: 세일하다
- be interested in ~: ~에 관심이 있다
- wireless Internet access: 무선 인터넷 연결
- how big of a sale: 얼마나 큰 세일

Tips

1. **When does it start?**: 미리 정해진 스케줄에 의해 이루어지는 것에 대해서는 미래에 있을 일이라도 현재형을 쓰는 것이 보통이다. 이를테면 기차, 지하철, 비행기, 학교 행사, 워크숍 일정 등과 start, leave, finish, end 등의 동사들이 주로 사용된다.
   - Ex When does the next train come?
     When does the movie start?

2. **I mean the one with the DMB feature and wireless Internet access**: 「I mean ~」는 '~ 말이에요'라는 의미로, 이미 말한 내용을 다시 자세히 설명할 때 사용한다.
   - Ex I mean the ones I borrowed from Jane the other day.
     I mean the guy I fixed you up with the other day.

Idea Flow

Step 1: 세일 시작일과 기간에 대해 질문한다.
Step 2: 관심 있는 물건과 어느 정도 세일을 하는지 문의한다.
Step 3: 만족을 표하고 세일 당일에 오기로 결정한다.

LESSON SUMMARY

OPIc

[쇼핑 관련 문제 패턴]
- 자주 가는 쇼핑 장소에 대해 묻기
- 어렸을 때 다녔던 단골 상점 또는 인상 깊었던 일에 대해 묻기
- 온라인과 오프라인 쇼핑 중 선호하는 타입이나 쇼핑할 때 중요하게 생각하는 점에 대해 이야기하기
- 쇼핑을 마치고 돌아왔는데 물건이 잘못된 경우, 전화해서 상황을 설명하는 롤플레이 문제

※ 그 외 롤플레이의 질문하기에서 자주 출제 되는 유형
- 자신과 같은 취미를 가지고 있는 사람에 대해서 해당 주제에 관한 질문하기
- 도서관, 식당, 피트니스 센터 등 공공 장소에 전화를 걸어 문의하기

Strategies

1. 도입 부분에서 해당 질문을 하는 이유에 대해 먼저 이야기하면 훨씬 더 많은 질문을 유도할 수 있다.

   Ex I love shopping a lot, but I always go to the same place. So, I'm looking for a new place to go shopping. Where do you usually go shopping? Is it a good enough place?

2. 상대방이 있다고 가정하고 마치 상대방이 대답을 하고 있는 설정으로 질문하면 좀 더 다양한 질문을 하는 것이 가능해진다.

   Ex Is it a good enough place? Okay, so it's a good place. I'm interested. Where is it?

3. 공공장소에 전화해서 질문하는 경우에는 자신이 필요한 것을 설명하면서 질문을 도출해내는 것이 중요하다.

   Ex I'm driving there. So can I park there for free?

Additional OPIc Questions

1. Tell me about how you purchase goods online. Describe the process from beginning to end.
2. What kind of shopping places do people like in your country? Do you also like that kind of place?
3. Which do you prefer, online shopping or off-line shopping? Explain in as much detail as possible.
4. What's your favorite online shopping mall? Describe in as much detail as possible.

Lesson 20: Places

Oral Proficiency Interview-computer

Preview

Q1 Where do you usually go on the weekends?

Q2 Do you like to go to the beach or to the mountains?

Places

At the Park
- have a picnic, take a walk, take a rest, relax on the grass, sit on the grassy lawn, play badminton, get some air, feed the ducks, ride a bike, go for a run, walk the dog, spend time with family

At the Beach
- go swimming/fishing/surfing
- get a tan, make a sand castle, ride a boat, look for sea shells
- play beach soccer/beach volleyball
- eat ice cream

At the Theater
- book tickets online, pick up tickets at the ticket office
- the main entrance, the stage, front row seats
- the plot

At the Department Store
- window shopping, buy clothes, look for a bargain, get a refund
- designer brands, tailor made
- clearance sale, Christmas sale

Idea Map   **Question 1** **You indicated in the survey that you like to go to parks. Tell me about one of the parks that you often visit. Tell me the reasons why you like to go there.**

설문 조사에서 공원에 간다고 했습니다. 자주 가는 공원에 대해서 말해 주세요. 왜 그곳을 즐겨 가는지도 말해 주세요.

- **Park's Name**: Lake Seokchon Park
- **Reason 1**: a nice view
- **Reason 2**: an amusement park
- **Reason 3**: a street performance
- **My Impression**: feel lucky

Model Answer

[소개] I enjoy going to a park near my house. The park's name is Lake Seokchon Park. There are two big lakes in the parks. [이유 1] **To begin with**, it **has a** very **nice view**. The park is full of flowers and **fields of green grass**. [이유 2] **Furthermore**, there is **an amusement park** in the middle of the lake. We can see beautiful **castles** and all the rides at the park. **On top of that**, **fireworks take place** every night. Isn't that great? [이유 3] Finally, there are a lot of **street performances** every day. I especially like Samulnori, a type of Korean traditional music. [느낌] I really feel lucky to have this beautiful park **within walking distance** of my home.

해석 p.214

Vocabulary

- to begin with: 우선, 먼저
- fields of green grass: 푸른 잔디밭
- an amusement park: 놀이동산
- on top of that: 거기다가, 그 위에
- street performances: 거리 공연
- have a nice view: 경치, 전망이 좋다
- furthermore: 뿐만 아니라, 더욱이
- castles: 성
- fireworks take place: 불꽃놀이가 펼쳐진다
- within walking distance: 걸어갈 수 있는 거리 내에, 걸어서 멀지 않은 곳에

Guide

Question 2 How often do you go to the park? Who do you go with? Also, tell me what you usually do there and why you like going to parks.

얼마나 자주 공원에 가나요? 누구와 가나요? 주로 거기에서 무엇을 하는지, 그리고 왜 공원에 가는 것이 좋은지도 말해 주세요.

Answer Procedure
누구와 얼마나 자주 공원에 가는지 말하고, 공원에서 하는 활동을 순서대로 설명한다.

1. How often do you go to the park? Who do you go with? 누구와 얼마나 자주 공원에 가는지 설명

Ex I try to go to parks with my family whenever I have free time on weekends.
주말에는 시간이 날 때마다 가족과 함께 공원에 가려고 노력합니다.
Tips whenever: ~할 때마다

2. What do you usually do at the park? 공원에서의 활동 소개

Ex My wife usually packs a lunch. There is a nice picnic area. We put out a mat and have lunch. Sometimes we like sitting on the grassy lawn. My two sons like playing catch with me. We often play badminton.
대개는 아내가 점심 도시락을 쌉니다. 소풍 장소가 있어서 거기에 돗자리를 깔고 점심을 먹습니다. 가끔 잔디밭에 앉아있는 것도 좋아합니다. 두 아들은 저와 공주고 받기 하는 걸 좋아합니다. 자주 배드민턴도 칩니다.
Tips pack a lunch: 점심 도시락을 싸다   put out a mat: 돗자리를 깔다   grassy lawn: 풀밭

3. What's good about going to the park? 공원에 가는 것이 좋은 이유

Ex As for me, I like lying down on the grass and letting my mind wander. Surprisingly, I can get a lot of ideas for my marketing projects while watching people and relaxing with my family.
저로 말하면 잔디밭에 누워서 마음 가는 대로 생각하길 좋아합니다. 놀랍게도, 사람들을 보면서 가족과 함께 쉬다 보면 마케팅 프로젝트와 관련된 아이디어도 많이 얻는답니다.
Tips let my mind wander: 생각이 흘러가는 대로 두다   surprisingly: 놀랍게도   while ~: ~하는 동안

Model Answer

[1] I try to go to parks with my family whenever I have free time on weekends. I don't want to miss the precious chance to spend time together with my family. [2] My wife usually packs a lunch. There is a nice picnic area. We put out a mat and have lunch. Sometimes we like sitting on the grassy lawn. My two sons like playing catch with me. We often play badminton. [3] As for me, I like lying down on the grass and letting my mind wander. Surprisingly, I can get a lot of ideas for my marketing projects while watching people and relaxing with my family.

해석 p.215

Write It

Question 3 Have you had any memorable experiences at a park? Who did you go with? What happened there? Please tell me about it in as much detail as possible.

공원에서 있었던 잊지 못할 경험이 있나요? 누구와 갔나요? 무슨 일이 있었는지 자세하게 말해 주세요.

Model Answer

My family likes spending time together at the park. When the weather is nice, a lot of people visit the park around my house. Many people **walk their dogs** and my son likes to chase the dogs. One day, there was **a break-dance performance held** at the park. What an **incredible** performance it was! My wife and I **became completely fascinated**. When the B-boy dance was finished, we were **shocked**. Our son was **missing**! I shouted our son's name and **looked for him everywhere**. Then, I saw that one man was with my son. My son had chased his dog. **Ever since**, my family has a puppy and we often walk him to the park. Now, this park is my son's favorite place because he really likes to play with the dog there.

해석 p.215

Vocabulary

- walk the dogs: 개를 산책시키다
- hold: (공연이나 행사가) 열리다
- incredible: 놀라운
- shocked: 충격을 받은
- missing: 실종된
- ever since: 그 이후로
- a break-dance performance: 브레이크 댄스 공연
- become completely fascinated: 완전히 매료되다
- look for ~ everywhere: ~를 사방으로 찾다

Tips

1. What an incredible performance it was!: 감탄의 표현을 할 때는 what을 사용할 수 있는데, 「What+a(an)+형용사+명사+주어+동사!」의 형태를 쓴다. '주어+동사'는 생략이 가능하다.
   Ex What an adorable baby he is!

2. My wife and I became completely fascinated: 'fascinate'는 '~를 매료시키다'라는 타동사로서 사람을 목적어로 취한다. 따라서, 사람이 주어가 될 경우엔 수동태로 만들어서 「be동사+p.p」 형태가 온다. 이와 같은 타동사로는 'shock, disappoint, embarrass, bore, scare' 등이 있다.
   Ex The shadow in the dark alley scared me. I got scared by the shadow in the alley.

SOS (Skills of Speaking)

Combo

OPIc 시험은 1번 자기소개 이후 보통 같은 주제의 문제가 2~3개나 4~5개씩 덩어리로 연속하여 출제된다. 이를 콤보(Combo)라 하는데 3개의 문제가 연속되는 3콤보 문제가 가장 일반적이며, 두 개의 문제가 연속되는 2콤보도 있다. 일반적인 패턴이 다음과 같기 때문에 어느 정도 예측이 가능하다.

> **Three Combo 유형: 1.** 묘사/설명하기 → **2.** 설명/서술하기 → **3.** 경험 이야기하기

주의해야 할 점은 질문을 정확하게 이해하고 질문에 딱 필요한 답변 요소만 한다는 것이다. 특히 콤보 첫번째 문제에서 관련 주제에 대해 너무 자세히 말해 버리면, 이어지는 2, 3 번째 문제에서 할 말이 없게 되어, 같은 말을 되풀이하는 중복 답변의 실수를 하게 된다. 3콤보 문제의 유형에 익숙해져서 각 단계에서 필요한 이야기를 분산, 배치시키는 연습이 필요하다.

또한 '언제, 누구와, 어디로, 얼마나 자주' 등의 내용으로 한 문제에서 여러 사항을 물어보는 '복합 질문'의 경우, 여러 개의 질문이 한꺼번에 쏟아지기 때문에 질문을 잘 기억해서 모든 질문에 대해 연관성을 가지고 답변을 하도록 한다.

3콤보에서의 구체적인 팁은 다음과 같다.

1. 묘사 설명하기 문제 유형

Q1. You indicated that you like to go to a park. Describe the park in as much detail as you can.

- 전략: 주관적인 생각이나 느낌을 추가해 서술한다.
  > **Ex** I like everything about that park, except for the parking lot.

2. 설명, 서술하기 문제 유형

Q2. What do you usually do at the park? Why do you like to go there?

- 전략: 연결어를 사용해서 시간 순서대로 각 단계를 세부적으로 설명한다.
  > **Ex** first, second, third, first of all, next, then, finally

3. 경험 이야기하기 문제 유형

Q3. Have you had a memorable experience at a park? When did it happen? What happened there?

- 전략: 일화(episode)를 선택해서 '기-승-전-결'의 구성에 맞게 전개한다. Wh-Questions을 이용해서 답안을 작성해 본다.
  > **Ex** when, who, where, what, why, how

Practice

Question 4 **You indicated in the survey you like to go to see performances. Where do you usually go? Please describe the theater or the concert hall you often go to in detail.**

설문 조사에서 공연 보는 것을 좋아한다고 했습니다. 주로 어디로 가나요? 자주 가는 극장이나 콘서트홀에 대해서 묘사해 보세요.

Model Answer

[Step 1] I like to go to **the Seoul Arts Center**. [Step 2] The area around the hall is very beautiful, so I feel like I am standing in a beautiful park. It **is surrounded by** beautiful flowers, trees and **sculptures**. Inside the concert hall, I can see **plenty of** posters for musicals, operas, and orchestra concerts. The front lobby is upstairs, which **is packed with** people **waiting in line for tickets**. I always **drop by a souvenir shop**, where I can buy posters, brochures, CDs, or clothes from the performances. Inside the concert hall, everything is perfect. The sound system is fantastic, and all the **lighting** is **splendid**. [Step 3] I think the Seoul Arts Center is the best performance hall in Korea.

해석 p.215

Vocabulary

- the Seoul Arts Center: 예술의 전당
- sculpture: 조각
- be packed with ~: ~로 가득하다
- drop by a souvenir shop:
  기념품 가게에 들르다
- be surrounded by ~: ~로 둘러 싸여 있다
- plenty of: 많은
- wait in line for tickets: 표를 사려고 기다리다
- lighting: 조명
- splendid: 너무 멋진, 훌륭한

Tips

1. The front lobby is upstairs, which is packed with people waiting in line for tickets: 앞에서 말한 문장 전체를 다시 받을 때는 「which is/are ~」라고 시작하면 된다.

2. I always drop by a souvenir shop where I can buy posters, brochures, CDs, or clothes from the performances: where는 관계 부사로서 선행사가 장소일 때 사용한다.
    Ex We finally reached the top of the mountain, where we could enjoy all the scenery and have lunch.

Idea Flow

Step 1: 주로 가는 공연장이 어디인지 소개한다.
Step 2: 공연장 주위에서부터 안으로 들어가면서 공연장을 설명한다.
Step 3: 공연장에 대한 자신의 인상이나 느낌으로 마무리한다.

Role Play

Question 5 What kind of performances do you like to go to? What's so special about this type of performance? Please tell me why you like this type of performance.

어떤 종류의 공연을 즐겨 보나요? 그런 공연이 어떤 점에서 특별한가요? 왜 그런 종류의 공연을 좋아하는지 이유를 말해 보세요.

Model Answer

[Step 1] Musicals are my favorite type of performance. [Step 2] That's because musicals **contain all the aspects** that I enjoy. First, they have **touching storylines and plots**. I always become **emotional** because of the **sincere** acting. Next, I can enjoy music and dancing. Nothing can **compete with** musicals when it comes to fantastic songs and dancing. Finally, the **stage effects** and **costumes** are also fantastic. I never get bored watching musicals with splendid stage effects and costumes such as "The Phantom of the Opera" or "The Lion King." [Step 3] Even though the tickets for musicals are a bit expensive, it is definitely worth it. For these reasons, I think musicals are like an **assorted** gift set that never disappoints me.

해석 p.215

Vocabulary

- contain all aspects: 모든 요소를 포함하고 있다
- emotional: 감정의, 감정을 자극하는
- sincere: 솔직한, 진솔한
- stage effects: 무대 효과
- assorted: 여러 가지의, 갖은
- touching storylines and plots: 감동적인 이야기와 줄거리
- compete with ~: ~와 겨루다
- costumes: 의상

Tips

1. Nothing can compete with musicals when it comes to fantastic songs and dancing: 대명사 nothing이 주어로 와서 '그 어느 것도 ~할 수 없다'는 뜻의 강한 긍정을 나타내는 말로 쓰였다.

2. Even though the tickets for musicals are a bit expensive, it is definitely worth it: worth는 '~의 가치가 있는, 해볼 만한'이라는 뜻이 있다. '그만한 가치가 있다'는 표현은 「It's worth it.」으로, 패턴으로 기억하면 좋다. 「worth it」의 it대신에 다른 명사를 넣거나, 동사를 사용할 땐 「~ing」 형태를 쓰면 된다.
   Ex That movie is definitely worth watching.

Idea Flow

Step 1: 가장 좋아하는 공연 형태를 말한다.
Step 2: 좋아하는 이유를 순서대로 열거한다.
Step 3: 그 공연 형태에 대한 자신의 느낌이나 감정으로 마무리한다.

LESSON SUMMARY

OPIc

장소에 관련한 문제로 학교 캠퍼스, 회사나 여행지, 식당, 경기장, 극장, 콘서트홀, 쇼핑몰, 공원 등이 이에 해당한다. 3콤보의 경우 다음과 같이 세가지 유형이 순서대로 나온다.

1. 장소 묘사하기
   - 학교: 캠퍼스, 학교 주변, 강의실이나 교수실
   - 회사: 회사나 사무실, 사무실에 있는 기기
   - 취미 활동: 경기장, 극장, 콘서트홀, 쇼핑몰 주변 환경과 실내
   - 식당: 자주 가는 식당
   - 여행지, 공원: 여행지, 공원 등의 환경

2. 그 장소에서 하는 활동 설명하기
   - 학교나 회사: 학교나 회사에서의 일상
   - 식당: 특정 식당을 자주 가는 이유, 주로 먹는 음식, 가장 좋아하는 요리
   - 취미 활동 관련: 특정 스포츠 관람이나 특정 공연물 관람을 좋아하는 이유
   - 여행지, 공원: 누구와 언제 가는지, 가서 무엇을 하는지, 왜 좋아하는지에 관해 묻는 질문

3. 그 장소에서 있었던 특별한 경험 이야기하기
   - 언제, 어디서, 무슨 일이 일어났고, 왜 기억에 남는지 묻는 유형

Strategies

콤보 문제는 그 주제에 관해 준비가 되어 있지 않을 경우, 두번째 또는 세번째 문제를 모두 놓치는 결과가 되기 때문에 모든 주제에 다양하게 걸쳐서 예상 답안을 연습해야 한다. 특히 주의할 점은 다음과 같다.

1. 문제에서 핵심적으로 요구하는 사항에 대해서 정확히 분석해야 한다. 주제에 대한 단어만 듣고 이것저것 다 말하지 않도록 한다.

2. 첫번째 문제에서 모든 것을 말하는 실수를 하지 않도록 한다. 두번째, 세번째 문제에서 같은 주제에 관한 질문이 나왔을 경우, 할 말이 없거나 같은 내용을 반복할 수 밖에 없기 때문이다.

3. 한 질문에서 여러 가지를 묻는 복합 질문에서는 답하는 순서는 상관없지만, 유기적으로 연관성있게 빠짐없이 답할 수 있도록 한다.

4. 한 가지 주제에 관해 3콤보의 예상 답안을 준비한다.
   - 사람, 사물, 장소에 대한 묘사하기
   - 무엇을 하는지, 왜 좋아하는지 등 일반적인 내용 설명/서술하기
   - 경험 이야기하기: WH-Questions에 따라 에피소드 준비하기

Additional OPIc Questions

1. Tell me about a great place to visit in your country. Describe the place in detail.
2. Tell me about a place that you have visited recently. Who did you go there with? Tell me about the experience in detail.
3. You indicated in the survey that you like to go to museums. Tell about the most interesting museum you have visited. Describe the museum in as much detail as possible.
4. You indicated in the survey that you like going to clubs. What club do you usually go to? Why do you like that place? Who do you usually go with?

Actual Test 1

Oral Proficiency Interview-computer

Q1 Let's start the interview now. Introduce yourself and tell me about your family and your job.

> **Model Answer** [자기소개] Hello, my name is Jin-su Kim. I am 39 years old. I was born in Korea. I **have been married for** seven years. [가족 소개] My wife is 33 years old. We have one child: a four-year-old boy. His name is Jin. He likes to ride his bicycle. We also have a pet cat named Tabby. [집 소개] We live in Jamsil. We live in an apartment on the 9th floor. I moved there three years ago because of the nice parks. It's also close to my office. [직장 소개] **I work in the sales department** at JC Electronics. I like my job because I get to use the latest devices. I also like my job because I never have to work late.

해석 **Q1.** 인터뷰를 시작하겠습니다. 자기소개를 하고 가족과 직장에 대해 말씀해 주세요.
Model Answer: 안녕하십니까, 저는 김진수입니다. 나이는 39살이고 한국에서 태어났습니다. 결혼한 지는 7년이 되었습니다. 저의 아내는 33살입니다. 우리는 네 살 난 아들이 하나 있습니다. 그의 이름은 진입니다. 그는 자전거 타는 걸 좋아합니다. 저희는 또한 Tabby라는 애완용 고양이가 있습니다. 우리는 잠실에서 살고 있고 아파트 9층에서 살고 있습니다. 멋진 공원 때문에 3년 전에 이곳으로 이사 왔습니다. 저의 사무실 또한 가깝습니다. 저는 JC전자 영업부에서 근무합니다. 저는 최신 기기를 사용할 수 있기 때문에 저의 직업이 좋습니다. 또한 늦게까지 일할 필요가 없어서 좋습니다.

Expression
1. have been married for ~: 결혼한 지 (~년) 되었다
2. I work in the sales department: 영업부에서 근무하고 있습니다

Q2 You indicated in the survey that you have completed your military service. Describe your time in the military in as much detail as you can.

> **Model Answer** [소개] I am proud that I served my country for two years in the army. [좋아하는 이유1] Although there were as many downs as ups, I wouldn**'t change it for the world**. I learned so much from my training. I cannot honestly say that I enjoyed it, but the life experience I got from serving was worth so much. I learned how to manage personal relationships, listen to orders and become more confident. [단점] The most difficult part of the service was being away from friends and family for a long time. I am glad that it is over now.

해석 **Q2.** 설문에 군복무를 했다고 했습니다. 당신의 군복무에 대해 최대한 자세하게 묘사하세요.
Model Answer: 저는 제 조국을 위해 2년 동안 군복무를 했다는 것에 자긍심을 가집니다. 물론 장점뿐만 아니라 단점도 있지만 좋았던 기억만큼은 확실합니다. 훈련 기간 동안 많은 것을 배웠습니다. 물론 군복무를 정말 즐겼다고는 말할 수 없지만 그 기간 동안 배웠던 삶의 경험은 가치가 있었습니다. 동료 간의 관계를 다루는 법, 명령에 복종하는 법을 배웠고 또한 자신감도 생겼습니다. 군복무 중 가장 힘들었던 점은 가족과 친구들과 떨어져 있어야 한다는 점이었습니다. 이제 군복무를 마쳐서 기쁩니다.

Expression
1. not change something for the world: 을 절대로 바꾸지 않는다

You indicated in the survey that you like going to cafés. Describe your favorite café and favorite type of coffee.

Model Answer [소개] My favorite café is not a big franchise. It is a small independent coffee shop run by a young couple. [이유 1] The reason I like going there is because they **give everything a personal touch**, including the customer service, which is second to none. [이유 2] They always remember what I like and start making it before I even order. I can **vouch for** the taste as well, it's the best coffee I've ever had. They prepare my latte just right, with not too much milk and just the right amount of coffee in it. For me a perfect latte needs to be creamy but with a strong caffeine kick as well.

해석 **Q3.** 설문에서 카페 가기를 좋아한다고 했습니다. 좋아하는 카페와 커피 종류를 설명하세요.
Model Answer: 제가 좋아하는 카페는 대형 체인점이 아닙니다. 제가 좋아하는 카페는 젊은 커플이 운영하는 자영점입니다. 제가 그곳을 좋아하는 이유는 모든 것에 정성을 듬뿍 담는다는 것입니다. 물론 고객에 대한 서비스도 최고입니다. 그 커플은 제가 좋아하는 것을 항상 기억을 하고 제가 주문을 하기도 전에 만들기 시작합니다. 맛은 제가 보장할 수 있습니다. 제가 마셔본 커피 가운데 최고입니다. 적절한 우유와 적절한 양의 커피로 환상의 라떼를 만듭니다. 제가 좋아하는 라떼는 크림이 듬뿍 들어갈 뿐 아니라 강한 카페인도 함유를 해야 합니다.

Expression
1. give something a personal touch : ~에 정성을 다하다
2. vouch for ~: ~을 보증하다

 You indicated in the survey that you like travel. Tell me about a memorable trip.

Model Answer [소개] When I was in college, I used to go on "MT" trips with my colleagues. "MT" stands for "membership training." Korean college students go on "MT" trips to **strengthen bonds**. [추억 1] The memories of my first MT back in 1997 are still **clear in my mind**. As soon as we arrived at our destination, we started singing and dancing in front of the campfire. [추억 2] As always, a lot of drinking took place and most of us ended up with a huge headache. I really miss those days.

해석 **Q4.** 설문에 여행을 좋아한다고 했습니다. 가장 기억에 남는 여행에 대해 얘기해 보세요.
Model Answer: 제가 대학생 때 MT를 같은 과 친구들과 다녀 왔습니다. MT는 membership training 의 준말입니다. 한국 대학생들, 특히 신입생들이 우애와 동지애를 다지기 위해서 이런 여행을 떠납니다. 1997년 있었던 저의 첫 대학 MT의 기억은 아직 기억에 생생하게 남아 있습니다. 우리는 목적지에 도착하자마자 캠프파이어 앞에서 노래하고 춤추기 시작했습니다. 그리고 항상 그렇듯이 술자리가 거하게 시작되었고, 결론은 두통에 시달렸습니다. 그때가 정말 그립습니다.

Expression
1. strengthen bonds : 우애와 동료애를 키우다
2. clear in one's mind : 생생한 기억으로 남아 있다

Q5 You indicated in the survey that you invest on stocks. Describe how you invest your money in as much as possible.

> **Model Answer** [소개] I don't enjoy gambling but investing money in shares does give me a thrill. I don't **go over the top** and only invest a small percentage of my savings in domestic and international shares. [이유 1] It is very interesting to research companies and predict how successful they will be in the future. Obviously I don't get it right every time but I have a good track record with my investments. [어떤 종류의 주식] I usually pick big multinational companies that have a long history of big profits and high **turnover**. That means the risk of losing your money is quite low, but when you invest in shares you must accept you could lose all your money in an instant.

해석 **Q5.** 설문에서 주식투자를 한다고 했습니다. 어떤 식으로 투자를 하는지 자세하게 묘사하세요.
Model Answer: 전 도박은 싫어하지만 주식 투자에는 스릴을 느낍니다. 절대 무리를 하지는 않고 저축금액의 일부를 국내와 해외 주식 투자에 활용합니다. 기업에 대해 연구를 하고 그 기업이 향후 성공할 것인지를 예측하는 것은 흥미롭습니다. 물론 예측이 항상 맞는 것은 아닙니다. 하지만 투자의 흐름은 항상 기록하고 있습니다. 저는 보통 높은 수익을 냈고 매출액이 큰 다국적 기업을 선택합니다. 그 것은 투자 손실에 대한 확률이 낮다는 것입니다. 그러나 주식 투자를 할 때는 한번에 모든 투자를 잃을 수 있다는 것을 알아야 합니다.

Expression
1. go over the top : 무리하다, 오버하다
2. turnover : 매출액

 Q6 Describe a bank that you frequently visit. Where is it? What does it look like inside? Describe the bank in detail.

> **Model Answer** [위치] I often go to So Mang Bank near City Hall. It is close to my apartment, so I can walk to the bank at any time. **It only takes five minutes**. [외관] The bank is modern-looking and very clean. When I walk inside, I can see the waiting area on the left. I can watch TV or read magazines there. On the right, there's a counter where I can talk to the tellers. Five tellers help customers all day. A policeman always stays in the bank and greets people who come in or go out. **During busy hours**, he even helps customers with simple transactions. [긍정적 감정] I like this bank because it makes me feel comfortable and safe.

해석 **Q6.** 당신이 자주 방문하는 은행에 대해서 묘사해 보세요. 그 은행은 어디에 있습니까? 내부는 어떻습니까? 그 은행을 자세히 묘사해 보세요.
Model Answer: 저는 시청 근처에 있는 소망 은행에 자주 갑니다. 그 은행은 저희 아파트에서 가까워서 항상 걸어서 다닙니다. 걸어서는 5분 정도 걸립니다. 은행은 현대식이며 매우 깨끗합니다. 안으로 들어가면 왼쪽에는 대기 장소가 있어 저는 그곳에서 TV를 보거나 잡지를 읽습니다. 오른쪽에는 은행원이 있는 창구가 있습니다. 5명의 은행원들이 매일 고객들을 도와주고 있습니다. 경찰은 항상 은행 안에 있고 은행을 출입하는 사람들에게 인사를 합니다. 바쁜 시간에, 그는 간단한 거래를 하는 고객들을 도와주기도 합니다. 편하고 안전하게 느껴져서 이 은행을 좋아합니다.

Expression
1. It only takes five minutes: 5분 정도 걸린다
2. during busy hours: 바쁜 시간에

Q7 Tell me about the process of getting a new credit card. Tell me about the whole process from beginning to end.

> **Model Answer** **Getting a credit card is quick and easy.** First, go to the website of your main bank and click the "Card" button. Then, select the type of credit card you want. Each card is different, so [주의 사항] you have to read the descriptions very carefully. When you click the card you want, the application page will automatically open. Fill out all the information and click the 'send' button. If there is no problem, [승인] the credit card company will approve your request and mail the card. You will receive it in the mail after 3 to 4 days. If you don't have a computer, visit your bank. You can fill out the paper application there. When you receive the credit card, [상기] **don't forget to** call customer service to activate it.

해석 **Q7.** 신용 카드를 발급받으려면 어떤 절차를 취해야 하나요? 처음부터 끝까지 절차를 설명해 주세요.
Model Answer: 신용 카드를 발급 받는것은 빠르고 쉽습니다. 첫째, 당신의 주 은행 홈페이지에 들어가서 "카드"를 클릭합니다. 그리고 나서 당신이 원하는 카드의 종류를 클릭합니다. 각각의 카드가 다르므로 설명을 주의 깊게 읽어야 합니다. 선택을 하면, 자동적으로 신청서 페이지가 열립니다. 정보들을 기입하고 '보내기' 버튼을 클릭하세요. 만약 문제가 없다면, 신용 카드 회사에서 승인하고 카드를 보낼 것입니다. 3~4일 정도 후에 받으실 수 있습니다. 컴퓨터가 없다면, 은행에 방문하세요. 종이로 된 신청서를 작성하실 수 있습니다. 신용 카드를 받으면, 고객 센터에 전화해서 승인하는것을 잊지 마세요.

Expression
1. getting a credit card is quick and easy: 신용 카드를 발급 받는 것은 빠르고 쉽다
2. don't forget to ~: ~하는 것을 잊지 마라

Q8 I would like to give you a situation for you to act out. I want you to leave a message on the answering machine to offer your help and to find out more about a volunteer position available.

> **Model Answer** [전화 목적] Hello, my name is Kim Jihyeon. I'm calling to ask about the volunteer position for the winter season at the **soup kitchen**. I wanted to know if you still required help and whether any qualifications were needed. [자기 소개] I have worked as a volunteer for several charities before and I always **get along with** my team and love interacting with people in need. My friend told me great things about your charity after working with you last year and that is why I would **jump at the chance** to assist this time. [지원 이유] I'm very flexible with when I can work because I'm between jobs right now, so please call me when you get the message.

해석 **Q8.** 상황을 드릴테니 연기해 보세요. 자동응답기에 도움을 청하는 메시지를 남긴다고 생각하고 어떤 자원봉사 자리가 있는지 정보를 알아보세요.
Model Answer: 안녕하세요. 제 이름은 김지현입니다. 무료급식소에서 겨울에 자원봉사를 할 자리가 있는지 궁금해서 전화드립니다. 아직 자리가 남아있는지 알려주시고 또 어떤 자격이 필요한지도 알려주세요. 저는 전에 다른 자원봉사단체에서도 일 한 적이 있고 단체생활에도 잘 적응을 하고 도움이 필요한 사람들과도 잘 어울립니다. 제 친구가 이 단체에서 작년에 일한 좋은 경험을 말해 줬습니다. 그래서 저도 이번에 참여할 기회를 얻었으면 합니다. 현재 저는 구직 중이기 때문에 언제든지 일할 수 있습니다. 이 메시지를 받으시면 전화 부탁드립니다'

Expression
1. soup kitchen : 무료 급식소
2. get along with ~: ~와 잘 어울리다
3. jump at the chance : 기회를 잡다

Q9 Let's talk about city life and country life. Which one do you prefer and why? Give reasons to support your opinion in detail.

> **Model Answer** [선호하는 생활] **I prefer city life.** I grew up in the country and moved to Seoul when I was in middle school. I miss my friends but I still prefer living in the city. [선호하는 이유] City life is more fun and exciting. There are so many places to go in the city. I can visit department stores, restaurants, cinemas, cafes, and clubs. I like to go to many foreign restaurants near my house. **I love trying new food.** Also, I like going to clubs on Friday night. The clubs in the city are cleaner and there are more foreigners. I now have many foreign friends. Finally, it is more convenient living in the city because the shops are open late. [마무리] I'm glad I live in the city.

해석 **Q9.** 도시와 시골의 생활에 대해 이야기해 보겠습니다. 어떤 것을 더 선호하고, 왜 그렇습니까? 당신의 선택에 대해 이유를 들어 자세히 설명해 보세요.

Model Answer: 저는 도시 생활을 더 좋아합니다. 어려서 시골에서 자라다가 중학교 때 서울로 왔습니다. 친구들이 그립긴하지만 여전히 도시에 사는게 좋습니다. 도시 생활은 즐겁고 신납니다. 도시에는 가볼 곳도 많이 있습니다. 백화점이나 음식점, 극장, 카페, 클럽 같은 곳도 갈 수 있습니다. 저는 집 근처에 있는 외국인 식당에 가는것을 좋아합니다. 새로운 음식 먹는것을 좋아합니다. 또한 저는 금요일 저녁에 클럽에 가는 것을 좋아합니다. 도시에 있는 클럽은 깨끗하고 외국인도 많습니다. 현재 저는 외국인 친구들이 많습니다. 마지막으로 상점들이 늦게까지 문을 열기 때문에 도시에서 사는 것이 더 편합니다. 저는 도시에서 사는 것이 좋습니다.

Expression
1. I prefer city life: 나는 도시 생활을 선호한다
2. I love trying new food: 나는 새로운 음식을 먹어보는 것을 좋아한다

Q10 You indicated in the survey that you like to sing. Tell me why you like to sing and what your favorite genre of music is.

> **Model Answer** [소개] My company has office dinners on a regular basis. Usually dinner will lead to drinks and then a visit to a singing room or karaoke room. [노래 이유] I have to make it clear that I only sing in public when I'm **tipsy** because I'm too shy otherwise. But when I have drunk enough I will perform a few songs that I listened to when I was a teenager. [부르는 노래의 종류] In Korea we call the genre trot, which has an **old-fashioned** beat and emotional singing. I will **go with the flow** when my colleagues sing more recent, dance songs as well. In that case I like to play the tambourine in the background.

해석 **Q10.** 설문에서 노래하기를 좋아한다고 했습니다. 노래를 왜 좋아하고 어떤 노래를 좋아하는지 설명하세요.

Model Answer: 우리 회사는 종종 회식을 합니다. 회식 자리는 보통 술자리로 이어지고 그 다음 노래방으로 이어집니다. 저는 술에 취했을 때만 사람들 앞에서 노래 부른다는 점을 명확하게 하고 싶습니다. 그 이유는 제가 너무 소심하기 때문입니다. 그러나 어느 정도 술이 들어가면 제가 어렸을 때 즐겨 들던 노래를 몇 곡 부르곤 합니다. 한국에는 트로트라고 불리는 감성적이고 전통적인 장르의 노래들이 있습니다. 동료들이 최신 가요 또는 댄스곡을 부를 때는 그 분위기에 맞춥니다. 그럴 경우에는 뒤에서 템버린을 쳐 주기도 합니다.

Expression
1. tipsy : 술에 약간 취한
2. old-fashioned : 전통적인
3. go with the flow : 대세에 따르다

Tell me about your job. Which department do you work in? Give me a detailed description of your job.

Model Answer [근무 부서 소개] Let me tell you about my job. **I work in the R&D department.** [업무 소개] My job is to develop new e-learning content. I have to research the market. I research the market by searching the Internet. There is a lot of information on the Internet. But I have to be careful to only use reliable information. I also research the market by visiting book stores. At the book store, I can see which books are popular and what type of people buy the books. **This helps me to see** if there is a demand for the content I want to develop. [업무의 고충] The hardest part of my job is meeting deadlines. [마무리] Overall, I like my job and enjoy working with my co-workers.

해석 **Q11.** 당신의 직업에 대해 이야기해 보세요. 무슨 부서에 근무하나요? 당신의 직업에 대해 상세히 말해 보세요.
Model Answer: 저의 직업에 대해서 말씀드리겠습니다. 저는 연구 개발 부서에서 근무하고 있습니다. 제 임무는 새로운 이러닝 콘텐츠를 개발하는 것입니다. 저는 시장 조사를 해야 하는데 인터넷으로 시장 조사를 합니다. 인터넷에는 많은 정보들이 있습니다. 그러나 믿을 만한 정보만을 사용하기 위해서는 매우 신중해야 합니다. 저는 또한 서점에 방문하여 시장 조사를 합니다. 서점에서 어떠한 책들이 인기가 많고 어떤 독자들에게 인기가 많은지를 볼 수 있습니다. 내가 개발하고자 하는 콘텐츠에 대한 수요가 있다면 이것을 보는 것은 나에게 도움이 됩니다. 전반적으로 제 직업을 좋아하고 동료들과 함께 일하는 것에 큰 즐거움을 느낍니다.

Expression
1. I work in the R&D department: 연구 개발 부서에서 일하고 있다
2. This helps me to see ~: 이것은 ~보는 것에 도움이 된다

 I'm going to give you a situation for you to act out. Your boss just asked you to work overtime tonight. However, you cannot. Tell your boss the situation and give reasons why you have to leave on time.

Model Answer Excuse me, sir. **I would like to talk to you about** working overtime tonight. I know that the company is really busy because of next month's event. [문제 제시] However, I really need to leave on time today. Today is my grandfather's 90th birthday. Our family and relatives are all coming to the party. We only meet once a year so it is a very important event. Even my sister is here from Canada to attend. I'm the eldest son, so I really have to be there. [대안 제시] Can I work late tomorrow instead? **I'm sure I can finish the task by** tomorrow. [상사의 의견 묻기] What do you think? Do you have any other suggestions?

해석 **Q12.** 상황을 드릴 테니 역할 연기를 해보세요. 당신의 상사가 오늘 밤에 야근을 하도록 요구했습니다. 하지만 당신은 그럴 수가 없는 상황입니다. 상사에게 설명하고 왜 정시에 퇴근해야 하는지 이유를 말해 보세요.
Model Answer: 실례합니다만, 오늘밤 야근하는 것에 대해 드릴 말씀이 있습니다. 다음달 행사 때문에 회사가 매우 바쁘다는 것을 알고 있습니다. 그런데 오늘은 정시에 퇴근을 해야 합니다. 오늘은 저의 할아버지의 90번째 생신이십니다. 저의 식구와 친척들 모두가 파티에 참석합니다. 1년에 단 한번 모이기 때문에 매우 중요한 행사입니다. 심지어 저의 여동생은 파티에 참석하기 위해 캐나다에서 왔습니다. 제가 장남이라 꼭 참석해야 합니다. 대신 내일 야근하면 안될까요? 내일까지 충분히 그 업무를 마칠 수 있을 것 같습니다. 어떻게 생각하시는지요? 혹시 다른 방법이 있으신가요?

Expression
1. I would like to talk to you about ~: ~에 대해 드릴 말씀이 있습니다
2. I'm sure I can finish the task by ~: ~까지 충분히 그 업무를 마칠 수 있을 것 같습니다

Q13. I'm going to give you a situation for you to act out. You made reservations at a restaurant. Unfortunately, there is a problem. When you arrived at the restaurant, they couldn't find your reservation. Explain the situation and find ways to solve the problem.

> **Model Answer** Excuse me, I would like to speak with the manager. Hello, my name is Jinny Kim. [문제 소개] **There is a problem with our reservation.** I reserved a private room for 6 p.m. The reservation was under 'Kim's Publishing'. I called the restaurant yesterday to make a reservation for 20 people. **I even remember** ordering course B for everyone. However, the waiter says that he can't find the reservation. This is a very important meeting. A famous author from Australia will be coming to this dinner. It is very important that the dinner is a success. [해결] Do you think you can find us a table? We don't mind sitting at separate tables. I can also delay the dinner 30 minutes. Please let me know what you can do.

해석 **Q13.** 상황을 드릴 테니 역할 연기를 해보세요. 당신은 음식점에 예약을 했습니다. 유감스럽게도, 문제가 생겼습니다. 예약이 된 음식점에 도착하니 당신의 예약을 찾을 수 없다고 합니다. 상황을 설명하고 문제를 해결할 방법을 찾아보세요.

Model Answer: 실례합니다만, 매니저와 이야기를 하고 싶습니다. 안녕하세요, 제 이름은 김지니라고 하는데요. 저희 예약에 좀 문제가 생겼습니다. 특실로 저녁 6시에 예약을 했거든요. 예약을 '김 출판사' 이름으로 했는데요. 제가 어제 20명 모임 예약 때문에 전화했습니다. 모든 사람이 코스 B로 주문한 것까지 기억합니다. 그런데 웨이터가 예약을 찾을 수 없다고 합니다. 이 회의는 중요합니다. 이번 식사에 호주에서 유명한 작가분도 오시기 때문에 저녁식사의 성사여부가 중요합니다. 저희의 테이블을 찾아주실 수 있나요? 테이블이 떨어져 있어도 괜찮습니다. 30분 정도 늦춰도 상관없습니다. 할 수 있는 조치를 저한테 알려주세요.

Expression
1. **There is a problem with our reservation:** 예약과 관련하여 문제가 있습니다
2. **I even remember ~:** ~까지도 기억한다

Q14. You answered in the survey that you travel overseas. Tell me about the worst overseas trip you have ever been on. Describe in detail why it was so terrible.

> **Model Answer** [여행 배경] **My worst overseas trip was** my three-day trip to Hong Kong. I went last year with my wife. [문제] The weather was terrible. On the first day, the weather was hot and humid. I didn't want to leave the hotel. The next day, it rained very hard. I couldn't leave the hotel because of the rain. I didn't do any sightseeing. At the airport, we tried to do some shopping at the duty free stores. My wife bought a bag and some shoes. My wife and I enjoyed shopping so much that we forgot about the flight. We tried to run to the gate, but it was too late. The plane had already left. **We had to spend the night at** the airport. [마무리] It was a nightmare.

해석 **Q14.** 설문 조사에서 외국 여행을 다닌다고 했습니다. 최악의 외국 여행 경험에 대해 말해 보세요. 왜 최악이었는지 설명해 보세요.

Model Answer: 저의 최악의 여행은 3일간 홍콩으로 다녀온 여행입니다. 작년에 부인과 함께 다녀왔는데 날씨가 좋지 않았습니다. 첫날 날씨는 덥고 습해서 호텔을 나가기가 싫었습니다. 다음날 비가 많이 내렸는데 비 때문에 호텔을 나설 수가 없었습니다. 어떠한 구경도 할 수 없었습니다. 공항에서 저와 아내는 면세점에서 쇼핑을 했습니다. 아내는 가방과 신발을 구입했고 우리는 항공편을 잊고 있을 만큼 쇼핑을 즐겼습니다. 탑승구로 뛰어갔지만 없었습니다. 비행기는 이미 이륙했고 우리는 공항에서 밤을 새워야만 했습니다. 그 여행은 악몽이었습니다.

Expression
1. **My worst overseas trip was ~:** 최악의 여행은 ~이었다
2. **We had to spend the night at ~:** 우리는 ~에서 밤을 새야만 했다

Q15. You answered in the survey that you like soccer. How is soccer played? Describe the rules and the equipment needed to play the game.

Model Answer [소개] Soccer is an exciting game. **It is played all over the world.** It is a team sport. There are two teams and one ball. Each team has 11 players. [방법] Each team must try to kick the ball into the opponent's goal. The game has two — 45 minutes halves each. The four main positions are striker, midfielder, defender, and goalkeeper. [규칙] Only the goalkeeper is allowed to touch the ball with his/her hands. [장비] To play, you need a soccer ball and two goal posts. Soccer can be dangerous. So, **it is also important to** wear shin guards for safety. [마무리] Anyone can play soccer because of its simple rules. It is a fun game to play and watch.

해석 **Q15.** 설문 조사에서 축구를 좋아한다고 했습니다. 축구는 어떻게 하나요? 경기 규칙과 경기에 필요한 장비에 대해 묘사해 보세요.

Model Answer: 축구는 매우 흥미로운 경기입니다. 축구는 전세계에서 행해지는 팀 스포츠입니다. 두 팀이 한 개의 공을 가지고 경기합니다. 한 팀당 11명의 선수가 있습니다. 각 팀 모두 공을 차서 상대편 골대 안으로 넣으면 됩니다. 경기는 전후반 각각 45분씩입니다. 선수들은 공격수, 미드필더, 수비수, 골키퍼 이렇게 네 분류로 나누어집니다. 오직 골키퍼만이 손으로 공을 만지는 것이 허용됩니다. 축구 경기에 필요한 장비로는 축구공과 두 골대가 필요합니다. 축구는 때때로 위험하기도 합니다. 그래서 안전을 위해 다리 보호대를 착용하는 것이 중요합니다. 간단한 규칙 때문에 누구나 축구를 할 수 있습니다. 축구는 직접하고 관람하기에 즐거운 경기입니다.

Expression
1. It is played all over the world: 그것은 전세계에서 경기된다
2. It is also important to ~: 그것은 또한 ~에 있어 중요하다

Actual Test 2

Oral Proficiency Interview-computer

 Let's start the interview now. Briefly tell me about yourself and your interests.

Model Answer [자기소개] Hello, my name is Jin-su Kim. I'm 22 years old and I work for a marketing company. **I am a new employee.** Some people think that marketing is difficult, but I really like it. In the future, I want to be the CEO in this company. [가족 소개] I live in Busan with my parents, younger brother and my pet dog. **I've had him ever since** I was 11. We live in a big apartment on the 21st floor. [취미] In my free time, I enjoy watching musicals. I like them because of all the wonderful songs. I also enjoy playing basketball and cooking. [마무리] Someday, I want to learn how to cook Italian food.

해석 **Q1.** 인터뷰를 시작하겠습니다. 간략하게 자신과 자신의 관심사에 대해 말해 보세요.
Model Answer: 안녕하십니까, 저는 김진수라고 합니다. 저는 22살이고 마케팅 회사에서 일합니다. 저는 신입사원입니다. 어떤 사람들은 마케팅이 어렵다고 생각하지만 저는 정말 좋습니다. 미래에 저는 지금 회사의 최고 경영자가 되고 싶습니다. 저는 부산에서 부모님과 남동생, 그리고 애완견과 살고 있습니다. 제가 11살 때부터 이 강아지를 키워 왔습니다. 우리 가족은 큰 아파트의 21층에 살고 있습니다. 저는 여가 시간에 뮤지컬 감상을 즐깁니다. 그것을 좋아하는 이유는 멋진 음악들 때문입니다. 또한 농구와 요리를 좋아합니다. 언젠가는 이탈리아 음식을 만드는 법을 배우고 싶습니다.

Expression
1. I am a new employee: 저는 신입 사원입니다
2. I've had him ever since ~: ~부터 키워왔다

 You indicated in the survey that you like to watch movies. Give me a detailed description about a movie theater that you often go to.

Model Answer [영화관 소개] I often go to MegaPlus in Jongro. The entire theater is very clean, and it looks modern. [내부 소개] When I enter the lobby, I can see interesting movie posters all over the wall. The ticket counter is on the right. On my left, there's a counter where you can buy all kinds of snacks. My favorite movie snacks are popcorn and nachos. **Next to the counter**, there's a waiting lounge where you can eat and chat. There's also a smoking room. To watch a movie, I take the elevator up to the theaters on the upper floors. [좋아하는 이유] I think this movie theater is more special because of the wide seats. These seats **help me enjoy movies more comfortably.**

해석 **Q2.** 당신은 설문 조사에서 영화관에 간다고 말했습니다. 자주 가는 영화관을 자세히 묘사해 보세요.
Model Answer: 저는 종로에 있는 메가플러스에 자주 갑니다. 영화관은 아주 깨끗하며 현대식 건물입니다. 영화관 로비에 들어서면 벽에 붙어 있는 재미있는 영화 포스터가 보입니다. 매표소는 오른쪽에 있습니다. 왼쪽에는 모든 종류의 스낵을 살 수 있는 판매대가 있습니다. 저는 특히 팝콘과 나초를 좋아합니다. 판매대 옆에는 먹고 이야기하면서 기다릴 수 있는 공간이 있습니다. 흡연실도 마련되어 있습니다. 영화를 보기 위해서는 엘리베이터를 타고 위층으로 올라가야 합니다. 제가 이 영화관을 특별히 좋아하는 이유는 넓은 의자 때문입니다. 그것은 제가 영화를 더욱 편안하게 즐기도록 해줍니다.

Expression
1. next to the counter: 판매소 옆에
2. help me enjoy movies more comfortably: 영화를 더욱 편하게 즐기도록 해준다

Let's talk about your favorite actor/actress. Why do you like him/her? Describe your favorite actor/actress in detail.

> **Model Answer**　[좋아하는 배우] My favorite actor is Matt Damon. He's from America. [이유 1] First, I like him because he's handsome and talented. **He won many awards for** his acting. I first saw him in "Good Will Hunting." I really admired his acting. He was even better in "Saving Private Ryan." After that, I became a big fan. [이유 2] Secondly, I like him because his movies are usually exciting. For example, the "Bourne" series was full of action. I heard he did many fight scenes by himself. [이유 3] **Finally, I like him because** he helps poor people around the world. For example, he supports many organizations to help people in developing countries. He has also volunteered in Haiti to help UN activities. One day, I hope to meet him.

해석　**Q3.** 제일 좋아하는 배우에 대해 이야기해 보겠습니다. 왜 그 배우를 좋아하나요? 그 배우에 대해 자세하게 묘사해 보세요.
　　　Model Answer: 제가 제일 좋아하는 영화 배우는 맷 데이먼입니다. 그는 미국 출신 배우입니다. 우선 그는 잘생기고 재능이 있습니다. 그는 연기로 많은 상을 수상했습니다. 저는 맷 데이먼을 〈굿 윌 헌팅〉이라는 영화에서 처음 봤는데 그의 연기에 매우 감탄하였습니다. 〈라이언 일병 구하기〉에서는 더 대단했습니다. 그 이후로 저는 그의 팬이 되었습니다. 둘째로, 그의 영화는 대부분 흥미진진합니다. 예를 들어, 〈본 시리즈〉는 액션으로 가득합니다. 저는 그가 많은 격투 장면을 스스로 했다고 들었습니다. 마지막으로 저는 그가 전세계의 많은 가난한 사람들을 돕는 것을 보고 동경하게 되었습니다. 예를 들면, 그는 개발 도상국에 있는 사람들을 돕기 위해 많은 단체들을 후원하고 있습니다. 또한 그는 UN 활동을 돕기 위해 아이티 봉사 활동을 해왔습니다. 언젠가, 그를 꼭 만나보고 싶습니다.

Expression
1. He won many awards for ~: 그는 ~으로 많은 상을 수상했습니다
2. Finally, I like him because ~: 마지막으로 ~때문에 저는 그를 좋아합니다

 You indicated in the survey that you go drinking. Describe what you do when you go out to drink.

> **Model Answer**　[술자리 이유] The weekends are a chance for me to **let my hair down** and relax after a week at work. Drinking alcohol helps me feel less stressed and that's why I do it most weekends. [술자리] I usually start in a BBQ restaurant with my friends and we will drink a few beers while eating some delicious food. We'll usually stop by a pub next for another glass or two or beer before we **step** it **up a notch**. [술자리 2] There is a bar we like to visit that plays all the hits from the 1990's that has a small dance floor. We **lose count of** how many tasty cocktails we have there and usually dance until the sun comes up.

해석　**Q4.** 설문에서 술집을 간다고 했습니다..어떤 술자리를 가지는지 묘사하세요.
　　　Model Answer: 저에게 주말은 주중에 받았던 스트레스를 푸는 기회입니다. 술을 마시면 긴장을 풀 수가 있습니다. 그래서 저는 대부분 주말에 술을 마십니다. 먼저 저는 고깃집에서 친구들과 맛있는 음식을 먹으며 맥주를 조금 마십니다. 그런 다음 본격적으로 술을 마시기 전에 호프집에 잠깐 들러 맥주 한 두 잔을 더 마십니다. 90년대 히트곡을 틀어주고 조그만 댄스 무대가 있는 술집이 있습니다. 그곳에서 셀 수 없이 많은 칵테일을 마시고 날이 샐 때까지 춤을 춥니다.

Expression
1. let one's hair down: 긴장을 풀다
2. step up a notch: 단계를 한 단계 올리다, 강도를 높이다
3. lose count of ~: ~가 몇 개인지 셀 수가 없다

Tell me about a memorable vacation. What did you do? Explain that experience in detail.

> **Model Answer** **A few years ago**, I went to Jeju Island with my family. First, we went hiking on Halla mountain. It was amazing. [시간] It was early in the morning, but there were many people at the top, taking a rest and talking. The breeze was nice and cool. The next day, we went to Joongmoon Beach. Unfortunately, it was so cold we couldn't go into the water! We were disappointed because we really wanted to swim. [대체] We went to the Teddy Bear Museum instead. There were many kids. After that, we went to a restaurant to enjoy steak. [잊지 못할 경험] I ate the best steak **I've ever had in my life**! It was a short trip, but I had a lot of fun.

해석 **Q5.** 기억에 남는 휴가에 대해 말해 보세요. 무엇을 했나요? 그 경험에 대해 자세히 말해 보세요.
Model Answer: 몇 년 전 저는 가족들과 제주도에 갔습니다. 첫날 저희는 한라산을 등반했습니다. 정말 멋졌습니다. 이른 시간이었지만, 정상에는 많은 사람들이 쉬거나 이야기를 하고 있었습니다. 바람도 좋고 시원했습니다. 다음날, 우리는 중문 해수욕장에 갔습니다. 불행히도, 너무 추워서 물에 들어갈 수가 없었습니다. 저희는 수영을 몹시 하고 싶었는데 못하게 되어서 실망했습니다. 대신에 저희는 테디 베어 박물관으로 갔습니다. 그곳에는 많은 아이들이 있었습니다. 그다음, 저희는 스테이크를 먹기 위해 식당에 갔습니다. 제가 살면서 먹었던 스테이크 중 가장 맛있었습니다. 짧은 여행이었지만, 매우 재밌었습니다.

Expression
1. a few years ago: 몇 년 전
2. I've ever had in my life: 내가 살면서 경험했던

 Let's talk about how you use the Internet for your work. Describe what you do in as much detail as possible.

> **Model Answer** [목적] I use the Internet to do research when I need to find information. I work for a trading company, and I often need data and facts. When I need to find information about partner companies or shipping companies, I go online and look for their information. Then, I create links on my company blog, so I can **share the information with many other colleagues**. I also go onto their blogs and find useful information. I learn so much from them. I did a lot of research and my blog became very popular. My online research skills made me popular at work. It felt so rewarding. [결과] Thanks to my blog, I met many people, who gave me advice and useful tips. Also, some people **asked me to** teach them to improve their researching skills. The Internet has helped me a lot to become a better worker.

해석 **Q6.** 직장에서 인터넷을 어떻게 활용하는지 알고 싶습니다. 당신이 하는것을 가능한 자세히 설명해 보세요.
Model Answer: 저는 정보가 필요할 때마다 인터넷으로 자료를 찾습니다. 저는 무역회사에서 일하며 데이터와 실상을 자주 필요로 합니다. 협력회사와 운송회사에 관해서 그 정보가 필요할 때마다 온라인상에서 그것들을 찾아봅니다. 그리고 회사 블로그에 링크를 만들어서 다른 동료들과 나눌 수 있게 만듭니다. 저도 그들의 블로그를 방문해서 유용한 정보를 찾아냅니다. 그들로부터 배우는 게 참 많습니다. 나는 많은 검색을 했고 제 블로그는 굉장히 유명해졌습니다. 저의 온라인 검색 기술은 저를 직장에서 유명하게 만들었어요. 성취감을 느낄 수 있었습니다. 저의 블로그 덕분에 조언과 유용한 정보를 준 사람들도 많이 만났습니다. 어떤 사람들은 검색 방법을 가르쳐 달라고 부탁을 하기도 하였습니다. 인터넷은 제가 더 나은 직원이 되는데 도움을 주었습니다.

Expression
1. share the information with many other colleagues: 다른 동료들과 정보를 공유하다
2. ask me to ~: 나에게 ~해 달라고 요청하다

You indicated in the survey that you read newspapers. Tell me why you have this habit and what your favorite section of the newspaper is.

Model Answer [이유 1] I read the newspaper every day because I like to **keep up with** current affairs, especially international current affairs. [이유 2] The newspaper features **a full round up of** headlines from around the globe. [이유 3] With the popularity of smartphones and tablet PCs many of my colleagues read digital newspapers, but I **am hooked on** the old-style paper version. Feeling the pages in your hand and the smell of ink make me feel nostalgic and I recall my father reading the paper when I was young. I don't see myself switching over to a digital newspaper anytime soon because I am quite stuck in my ways.

해석 **Q7.** 설문에 신문을 읽는다고 했습니다. 왜 이런 습관을 가지게 됐고 신문에 어떤 부분을 읽는지 설명하세요.
Model Answer: 저는 매일 신문을 읽습니다. 그 이유는 최신 이슈들, 특히 국제 뉴스를 접하고 싶기 때문입니다. 신문은 전 세계의 모든 뉴스를 담고 있습니다. 스마트폰과 태블릿 PC의 인기 덕분에 많은 제 친구들은 디지털 신문을 읽습니다. 그러나 저는 아직까지 종이 신문을 즐깁니다. 손으로 종이의 감촉을 느끼며 잉크 냄새를 맡으면서 전 추억에 잠기고 저는 아버지가 신문을 읽으시던 장면을 떠올립니다. 저는 제 방식을 좋아하기 때문에 조만간 디지털 신문을 읽는 일은 없을 것입니다.

Expression
1. **keep up with ~:** ~을 따라 잡다
2. **a full round of ~:** 전반적인, 모든
3. **be hooked on ~:** ~에 중독이 된

 I'd like to give you a situation for you to act out. You are leaving a message for a prospective employer to ask about a position they have available.

Model Answer [소개] Hello. This is Mike Lee and I'd like to find out about the vacant sales job. I have worked in sales for most of my life so I'm very familiar with the field. My last job was at a large automobile company, selling cars to customers in a showroom. [지원 이유 1] I don't like to **blow my own horn**, but I was employee of the month on 4 separate occasions in only 2 years. The company actually offered me a promotion but after careful thought I **turned** it **down in favor of branching out**. [지원 이유 2] I have always wanted to work for a multinational company and hope that the next step in my career is with you. Please could you contact me to let me know about the pay and employee benefits. Thank you.

해석 **Q8.** 상황을 드릴테니 연기해 보세요. 지원하는 회사에 메시지를 남긴다고 생각하시고 지원이 가능한지 문의하세요.
Model Answer: 제 이름은 마이크 리입니다. 현재 지원이 가능한 영업직에 대해 알고 싶습니다. 제 사회생활 대부분을 영업에서 보냈기 때문에 그 분야에 대해선 잘 압니다. 제 마지막 직장은 큰 자동차회사였는데 그곳에서 전 매장 영업을 담당했습니다. 자랑을 하는 것은 아니지만 저는 단 2년 동안 4번에 걸쳐 '이달의 사원'으로 선정되기도 했습니다. 그 회사는 저에게 승진을 약속했지만 저는 더 큰 성장 기회를 위해 승진을 반려했습니다. 전 항상 다국적 기업에서 일하기를 원했고 다음 일할 회사는 귀사가 되었으면 합니다. 연봉은 얼마고 직원 혜택은 어떤지 알려 주시면 감사하겠습니다.

Expression
1. **blow one's horn:** 자랑하다
2. **turn down:** 거부하다
3. **in favor of ~:** ~을 하기 위해서
4. **branch out:** 성장하다, 더 뻗어나가다

You indicated in the survey that you enjoy taking pictures. Please, explain the reasons in detail.

Model Answer [이유 1] I enjoy taking pictures of pretty much anything but if I needed to choose one thing as my favorite then children is my answer. [이유 2] They are so innocent and when you capture that in a picture it's an **indescribable** feeling. Since my job is not very **stimulating**, I use photography as a creative outlet. [이유 3] When I have a camera in my hand I feel free to express myself and I sometimes forget I'm just an office worker. I like that feeling and that is why I am trying to become a professional photographer.

해석 **Q9.** 설문에서 사진을 찍는다고 했습니다. 사진 찍는 이유를 자세하게 설명해 보세요.
Model Answer: 전 거의 모든 것을 피사체로 사진을 찍습니다. 그러나 한 가지를 고르라고 한다면 아이들을 주로 찍습니다. 아이들은 순수하며 또한 그 순수함을 사진으로 담을 때는 형용할 수 없는 감정을 느낍니다. 제 직업이 조금 따분하기 때문에 저는 창의적인 도구로서 사진을 활용합니다. 제 손에 카메라를 들고 있으면 저 자신을 마음껏 표현할 수 있고 또한 종종 제가 회사원이란 사실을 잊게 해 줍니다. 전 그런 감정을 좋아합니다. 그리고 그것이 제가 프로 사진가가 되고 싶어하는 이유이기도 합니다.

Expression
1. indescribable: 묘사할 수 없는
2. stimulating: 자극적인, 짜릿한

 Tell me about the process of going to a concert. Explain in detail from beginning to end.

Model Answer I enjoy going to pop concerts. [순서 1] **The first step in watching a pop concert is buying tickets.** I usually buy them online because I can choose good seats. [순서 2] Then, I print out the e-tickets from my computer. On the day of the concert, I arrive about one hour before the concert. When I arrive, [순서 3] I take the e-ticket to the counter and exchange it for the real ticket. Then, I eat some food and go to the restroom. **I like to arrive early because I can watch the musicians warming up on the stage.** Last time, I even got an autograph from my favorite singer! [마무리] When the concert starts, I usually sit back and enjoy the music. At the end of the concert, I try to take a picture of the band.

해석 **Q10.** 콘서트를 가는 과정을 이야기해 보세요. 처음부터 끝까지 자세하게 설명해 보세요.
Model Answer: 저는 대중 콘서트를 즐깁니다. 대중 콘서트를 관람하기 위해서는 우선 입장권을 구매합니다. 저는 좋은 좌석을 선택할 수 있기 때문에 보통 온라인으로 구매합니다. 그리고 프린터에서 전자 입장권을 출력합니다. 콘서트 당일에는 시작 1시간 전에 콘서트장에 도착합니다. 도착해서 전자 입장권을 카운터에 가져가서 실제 입장권으로 교환하고, 먹을 것을 좀 먹고 화장실에 다녀옵니다. 무대에서 가수들이 준비하는 것을 볼 수 있기 때문에 저는 일찍 도착하는 것을 좋아합니다. 지난 번에는 제가 좋아하는 가수로부터 사인을 받기도 했습니다! 콘서트가 시작하면 저는 보통 앉아서 음악을 즐깁니다. 콘서트가 끝나고 밴드와 사진을 찍습니다.

Expression
1. The first step in watching a pop concert is buying tickets: 대중 콘서트를 관람하기 위해서는 첫번째로 입장권을 구매합니다
2. I like to arrive early because I can watch the musicians warming up on the stage: 가수들이 무대에서 연습하는 것을 볼 수 있기 때문에 일찍 도착하는 것을 좋아합니다

Please describe where you live. Do you live in a house or an apartment? Explain your place in detail.

Model Answer   I live in an apartment ten minutes from Samsung Station. [이사 이유] I moved here because it's close to my company. [집의 특징] **There are ten buildings in my apartment complex.** All the apartments have glass walls with tall antennas on the roof. Each building has 30 floors. My place is on the 15th floor. My apartment has one big room. [좋은 이유] **My favorite thing is the view from my bedroom.** I can see a beautiful sunrise when I wake up. It is great. I can see the river and a mountain from my window. The apartment is small, but it's nice. I am always busy, so I don't spend much time at home.

해석   **Q11.** 당신이 살고 있는 곳을 묘사해 보세요. 주택 혹은 아파트에 살고 있나요? 당신의 집을 자세히 설명해 보세요.
Model Answer: 저는 삼성역에서 10분 거리에 있는 아파트에 살고 있습니다. 직장과 가까워서 여기로 이사왔습니다. 아파트 단지 안에는 10개의 동이 있습니다. 모든 아파트들은 유리로 된 벽이 있고 지붕에는 높은 안테나가 있습니다. 각각의 건물들은 30개의 층을 가지고 있고 저는 15층에 살고 있습니다. 저의 아파트에는 큰 방이 하나 있습니다. 제가 가장 마음에 드는 건 침실에서의 전망입니다. 일어나면 아름다운 일출을 볼 수 있어요. 전망은 정말 최고입니다. 창문 너머로 강과 산도 볼 수 있습니다. 아파트는 작지만 좋습니다. 어차피 바쁘게 생활하고 있고 집에 있는 시간이 많지 않거든요.

Expression
1. There are ten buildings in my apartment complex: 아파트 단지 안에는 10개의 동이 있습니다
2. My favorite thing is the view from my bedroom: 제가 가장 좋아하는 것은 침실에서의 전망입니다

 Please act out the following situation. You want to take your children to an amusement park. Call the information desk and ask three or four questions about visiting the amusement park.

Model Answer   [서론] Hello, is this Joyland? **I'd like to visit there with my child**, but I have a few questions. [문의 1] What are the opening hours? Are you open everyday? I think many people visit there on weekends and holidays. We don't want to go when it is crowded. **What is the best time to visit?** How much is the admission fee? My child is eight years old. Can she get a discount? [문의 2] I'd also like to know about the shows. Do you have any good parades or events for young kids? Wow, you have special exhibits for children? That's great. [마무리] My daughter and I will have a wonderful time when we go there. Thank you for your help!

해석   **Q12.** 다음의 상황을 연기해 보세요. 당신은 놀이공원에 아이를 데리고 가고 싶습니다. 안내 데스크에 전화해서 놀이공원 방문에 관한 서너 가지 질문을 해 보세요.
Model Answer: 여보세요, 조이랜드인가요? 아이들을 데리고 가고 싶은데 몇 가지 궁금한 점이 있어서요. 개장 시간은 어떻게 되나요? 매일 개장하나요? 주말이나 휴일에는 사람이 매우 혼잡하다고 알고 있습니다. 사람이 많을 때 가고 싶지는 않거든요. 방문하기 제일 좋은 시간이 언제인가요? 입장료는 얼마인가요? 제 아이가 8살인데 입장료 할인이 되나요? 또한 공연에 대해 알고 싶습니다. 아이들을 위한 퍼레이드나 공연이 있나요? 아이들을 위한 전시관도 있다구요! 좋네요. 딸과 제가 좋은 시간을 보낼 수 있을 것 같아요. 안내해 주셔서 감사합니다.

Expression
1. I'd like to visit there with my child: 아이들을 데리고 방문하고 싶습니다
2. What is the best time to visit?: 방문하기 제일 좋은 시간이 언제인가요?

You indicated in the survey that you enjoy driving. Describe your favorite road and why you enjoy driving on it.

> **Model Answer** [배경] I fell in love with cars at a young age and ever since then they have been my obsession. I got my driver's license as soon as I was old enough to take the test and bought my first car straight away. [선택한 도로] I like driving on any road that **is not congested**, but my all-time favorite road to drive is the coastal road on Jeju island. The views are **breath-taking** and the road goes all around the island. [이유] There are great places to stop along the way to eat or just sit back and **soak in** the scenery. I have driven on this road more than 10 times but I never **get sick of** it because the sea looks different every time I return.

해석 **Q13.** 설문에서 드라이브를 즐긴다고 했습니다. 주로 가는 도로를 설명하고 왜 그 도로에서 운전하는 것을 즐기는지 설명하세요.
Model Answer: 저는 어렸을 때 자동차와 사랑에 빠졌습니다. 그리고 그 이후 저는 자동차에 집착을 해 왔습니다. 저는 연령 자격이 되자 마자 시험을 보고 면허를 땄습니다. 그리고 바로 제 첫 차를 샀지요. 저는 막히지 않는 도로라면 어디든지 좋아합니다. 그러나 제가 제일 좋아하는 드라이빙 코스는 제주도의 해안도로입니다. 경치는 정말 장관이고 도로는 제주도를 일주합니다. 동쪽으로 가면 잠깐 멈추고 경치를 즐길 수 있는 곳이 많습니다. 저는 그 도로를 10번 이상 운전을 했지만 전혀 질리지 않았습니다. 왜냐하면 제가 갈 때마다 바다는 다른 경치를 보여주기 때문입니다.

Expression
1. be congested: 막히는
2. breath-taking: 숨 막힐 정도로 아름다운
3. soak in ~: ~에 푹 빠지다
4. get sick of ~: ~에 질리다

 Can you tell me about a recent trip to the hospital? Why did you go? What was the result? Explain that experience in detail.

> **Model Answer** [이유] I went to the hospital one month ago for my upset stomach. [수속] I arrived 30 minutes early, signed in, and sat down in the waiting room. I met my friend there and we had a nice chat. **A nurse came out and took me into the X-ray room.** They took X-rays of my stomach and asked me to lie down on the bed. The doctor came in and asked me questions about my condition. [결과] After checking my stomach, he said it was a small indigestion problem. He always says I am in good health and so it wasn't a big problem. Then, I paid for the treatment and **made an appointment for my next check-up.** The doctor and nurses are very friendly, so I always go to the same hospital.

해석 **Q14.** 최근에 병원에 다녀온 경험을 설명해 보세요. 왜 갔나요? 치료 결과는 어땠나요? 자세하게 설명해 주세요.
Model Answer: 저는 배탈 때문에 한 달 전에 병원에 다녀왔습니다. 30분 전에 도착해서 명부에 이름을 적고 대기실에서 기다렸습니다. 그곳에서 친구를 만났고 우리는 즐거운 수다를 나눴습니다. 간호사가 와서 나를 엑스레이실로 안내했습니다. 위 엑스레이를 찍고 나서 저에게 침대에 누워 있으라고 했습니다. 의사분이 오셔서 저의 상태에 대해 몇 가지 질문을 하셨습니다. 검사 후, 그는 내가 약간의 소화 불량 문제를 가지고 있다고 했습니다. 그는 항상 저에게 건강하고 별로 큰 문제가 없다고 말하십니다. 그리고 나서 치료 비용을 지불하고 다음 검진을 위해 예약을 했습니다. 의사와 간호사들이 너무 친절하기에 저는 항상 같은 병원으로 갑니다.

Expression
1. A nurse came out and took me into the X-ray room: 간호사가 와서 나를 엑스레이실로 안내했습니다
2. I made an appointment for my next check-up: 다음 검진을 위해 예약을 했습니다

Q15 I'm going to give a situation for you to act out. You just received an item that you bought online. However, it is broken. Call customer service, describe the problem, and ask for help.

> **Model Answer** Hello, is this customer service? My name is Jae Ho Lee. [문제점] I have a problem with my DVD player. I bought it from your website a few days ago, but it does not work. I can't turn it on. **I tried many times, but I can't see any signals.** I think the wire is damaged. What is your return policy? [제안] So, you'll send me a new one? That's great! When I get the new player, I will pack the old one and send it back to you. [추가 질문] When you send a new player, can I choose a new color? I want a white one. Thank you. Do you still have my address or do you need it again? **How long will it take?** Thank you for your help.

해석 **Q15.** 상황을 드릴테니 연기를 해보세요. 당신은 조금 전에 인터넷에서 구매한 물품을 받았습니다. 그런데 고장입니다. 고객 서비스 센터에 전화해 문제를 설명하고 도움을 요청해 보세요.

Model Answer: 여보세요, 고객 서비스 센터인가요? 저는 이재호라고 하는데요. 제 DVD 플레이어에 문제가 있어요. 몇 일 전에 웹 사이트에서 구입했는데 작동을 하지 않아요. 켤 수가 없어요. 몇 번을 시도했지만 어떤 신호도 보이질 않네요. 배선이 손상된 것 같아요. 반품 규정이 어떻게 되나요? 새것으로 보내주시게요? 잘됐네요! 제가 새것으로 받으면 이전 것은 포장해서 다시 보내드릴께요. 그리고 새것으로 보내주실 때 제가 새로운 색으로 고를 수 있을까요? 저는 흰색을 원하거든요. 감사합니다. 제 주소 아직도 가지고 계시나요, 아님 다시 알려드릴까요? 시간은 얼마나 걸릴까요? 도와주셔서 감사합니다.

Expression
1. I tried many times, but I can't see any signals: 몇 번을 시도했는데, 어떤 신호도 보이질 않네요
2. How long will it take?: 시간이 얼마나 걸릴까요?

Listening Practice-OPIc Questions

Lesson 01 Self Introduction ▶ p.18

1. Let's start the interview now. Tell me about yourself and your job.
2. Let's start the interview. Tell me about yourself and your interests.
3. Tell me a little bit about yourself and what you enjoy doing on weekends.
4. Tell me about yourself and what you want to do in the future.
5. Imagine that you are having a job interview for a sales position. Explain why your personality is suitable for this job to the interviewer.

Lesson 02 Family ▶ p.26

1. You indicated in the survey that you live with your family. Can you tell me about your family members in as much detail as possible? What do they look like? What kind of people are they?
2. What do your family members usually do when they have free time? Tell me about their activities on weekdays and weekends. Also, tell me about what you usually do at home.
3. Tell me about a difficult experience you had with one of your family members. What was the problem? How did you solve the problem?
4. Let's talk about household chores. Who is responsible for each household chore? What are you usually responsible for at home? Tell me in detail.
5. I'd like to give you a situation and ask you to act it out. You have a family gathering this weekend, but you have to go on a business trip. Call your family and explain the situation. Also, offer other options.

Lesson 03 Housing ▶ p.34

1. Can you describe your favorite room in your home?
2. Let's talk about your house. Describe your neighborhood in detail. Tell me about a place around your house or apartment building. What does it look like? Why do you like that place?
3. Tell me about the place you lived in when you were a child. Describe your home in detail.
4. Now describe where you live. Please tell me something about your neighbors or people who live near your apartment. How often do you meet them? Also, what do you usually do with them?
5. I'm sorry, but there is a problem you need to resolve. Imagine that on the day you move, your refrigerator doesn't work. Call the service center, explain what is going on and ask for a repair as soon as possible.

Lesson 04 Work ▶ p.42

1. You indicated that you are currently working. Tell me about your company. What kind of products or services does it offer? What is your impression of the company?
2. You indicated that you are currently working. Which department do you work in? What are your responsibilities during working hours? Tell me all about your duties in detail.
3. Describe a memorable co-worker. Which department was he or she in? Why does that person stick in your memory? Tell me all the details.
4. I'd like to know about the history of your company. When was it founded and who was the founder? What were your company's first products? Explain the background and vision of your company in detail.
5. I'm going to give a situation for you to act out. Your boss just asked you to stay to work overtime tonight. However, you must leave on time tonight. Explain the situation to your boss and give reasons why you cannot work overtime.

Lesson 05 Travel ▶ p.50

1. You indicated in the survey that you like to travel. Can you describe one of the countries or cities you have traveled to? What was it like? Describe in detail.
2. What is the most memorable tourist attraction in your country? Why is the place so unforgettable? Please tell me in detail.
3. You indicated in the survey that you like to travel. What is the most memorable country or city you've ever traveled to? What was it like? What did you like about it? What did you not like about it?
4. You indicated in the survey that you like to travel. What place in Korea would you like to recommend to foreign travelers? Why would you like to recommend this place?
5. I'd like to give you a situation for you to act out. Imagine that you would like to send your parents to a nice place for their 30th wedding anniversary. Call a travel agency and ask a few questions about the place.

Lesson 06 School ▶ p.58

1. Let's talk about your University. Where is it located? Are there any famous things or places on your campus? Also tell me about the area around the campus. Describe it in as much detail as you can.
2. Tell me about your favorite class while you were at school. What did you like about it? Give me all the details.
3. What is the most memorable experience you had while you were in school? What happened? Tell me about the experience in detail.
4. Tell me about a teacher or professor you had when you were a student. What did he/she look like? Why was he/she special to you? Tell me about him/her in as much detail as you can.
5. I'm sorry, but there is a problem that you need to resolve. You signed up for the English class, but you just found out the class time has changed. So you can't take the class. Call the school office and explain the situation. Ask questions that will help you solve the problem.

Lesson 07 Cooking ▶ p.66

1. You indicated in the survey that you like to cook. What kind of food do you like to cook? Describe the process.
2. You indicated in the survey that you cook. How did you first start cooking? What kind of food did you cook? Why did you cook it?
3. Describe how to make a Korean dish in detail. Please include all the ingredients, utensils and equipment you need to make the dish.
4. You indicated in the survey that you like cooking. What do you usually cook? How do you cook it? Describe the process in the proper order.
5. I'd like to give you a situation for you to act out. Imagine that you are going to have a housewarming party at your home. Ask your family members and friends several questions to find a good day and time for the party. Also, ask what they'd like to eat.

Lesson 08 Health ▶ p.74

1. You indicated you like working out at the gym. Why did you decide to work out at the gym? How do you feel after working out?
2. What does being healthy mean to you? What do healthy people usually do? What do they eat? Are there any special things they do?
3. Tell me about a healthy person you have met. What was the most impressive thing about that person? How did he or she affect you?
4. When was your last visit to the dental clinic? Why did you visit the dental clinic? How did you feel about going to the dental clinic?
5. I'd like to give you a situation for you to act out. You made an appointment at the dental clinic, but you can't go. Call the clinic and explain the situation. Then, reschedule your appointment.

Lesson 09 Sports ▶ p.82

1. Tell me about your favorite sports. Please explain why you like it in detail.
2. Talk about an athlete you admire. Go into as much detail as you can about why you admire them and what you think makes them special.
3. Tell me about a sport you play or participate in yourself. Explain how you first got interested in it and why you continue to enjoy it to this day.
4. If you had to teach someone how to play a sport or how to exercise, what would you teach them, and why?
5. In an interview, you are asked to explain how important you think exercising is. Give me your reasons in detail.

Lesson 10 Holidays ▶ p.90

1. Tell me about the holidays in your country. Which is the biggest holiday? What do people do on that day? Why is this holiday important to you?
2. Let's talk about the food that people eat during holidays in your country. Tell me about a special food and explain why it is special.
3. Have you ever prepared any food for a holiday? Which holiday? What did you make? Please describe your experience in detail.
4. What was your most memorable holiday experience? Why was it so memorable? Please tell me what happened in detail.
5. I'd like to give you a situation for you to act out. Imagine that your foreign friend invited you to a party to his/her house. Your friend said the party was to celebrate a traditional holiday from his/her country. Before you go, call your friend to ask him/her four or five questions about the holiday and the party.

Lesson 11 Daily Life ▶ p.98

1. You indicated in the survey that you work. Tell me about a typical work day.
2. Describe your typical weekend. How do you spend your weekends? Tell me in as much detail as you can.
3. Tell me about your daily commute in as much detail as you can.
4. What do you usually do after work? Describe in as much detail as you can.
5. I'd like to give you a situation for you to act out. You were planning to meet your friend on the weekend. However, your parents called and told you that they were going to visit you on the weekend. Now you have to call your friend and explain your situation.

Lesson 12 Music ▶ p.106

1. You indicated in the survey you like to listen to music. What kind of music do you like? When do you usually listen to music? Why do you like to listen to that kind of music?
2. You indicated in the survey that you play a musical instrument. Tell me about how you first became interested in playing this instrument. How did you learn to play it? Tell me all the details.
3. You indicated you like to sing by yourself. When do you usually sing? Where do you sing?
4. These days there are so many different ways to listen to music. Tell me how you listen to music, including what device and/or program you mainly use.
5. I'd like to give you a situation for you to act out. I also like to listen to music. Ask me three or four questions about my favorite singers and their songs.

Lesson 13 Movies ▶ p.114

1. Do you like any movie stars in particular? What movie star would you like to meet most? Tell me who your favorite actor or actress is and why.
2. I'd like you to tell me about one of the most memorable movies you've seen. What was the story about? Who was the main actor or actress? How did the movie affect you?
3. You indicated that you like to go to movies. What is your favorite genre and why? Tell me what it is and why you like it most.
4. Can you tell me about a movie theater you often go to? Where is it? Why is it better than other theaters?
5. I'm going to give you a problem to solve. You are supposed to book tickets for a movie, but all the tickets are sold out. Call your friend and explain the situation. Also, make two or three suggestions.

Lesson 14 TV ▶ p.122

1. You indicated in the survey that you enjoy watching TV. What is your favorite TV program? What is it about? What do you like most about it?
2. How do you select a TV program? Please tell me about one of your favorite shows.
3. Despite the increase of internet news websites and news applications, traditional news on TV is still popular. Which segment of the news are you particularly interested in and why?
4. One of your family members say it would be better to get rid of the TV set at home. Do you agree or disagree? Explain your opinion and support it with two or more reasons.
5. I'm sorry, but there's a problem that you need to resolve. Imagine that something is wrong with your TV. Call the TV service provider and explain what the problem is.

Lesson 15 Eating Out ▶ p.130

1. You indicated that you eat out. Please describe a restaurant you often go to.
2. Can you tell me about your favorite restaurant? Please explain the reasons in detail.
3. You indicated in the background survey that you like to dine out. What kinds of food do you like the best? Why is it your favorite food? Explain in detail.
4. I'm sorry, but there is a problem that you need to solve. You had dinner at a restaurant and it seems that you left your wallet there. Call the restaurant and explain the situation to the manager. Then, suggest some solutions so that you can solve the problem.
5. I'm sorry, but you have a problem to solve. You reserved a table at a restaurant for dinner with your friends. However, you find out your name is not on the list of reservations for the night. Call the restaurant's manager and explain the situation.

Lesson 16 Internet ▶ p.138

1. What types of social networking services do use and for what purpose do you mainly use them?
2. How have social networking services changed the way you use the internet? Do you think they have had a big impact on your life?
3. What do you think are the advantages and disadvantages of social networking services?
4. What is one feature you would like to see SNS sites introduce or one way in which you would change current SNS sites? Be as creative as you like.
5. I'd like to give you a situation for you to act out. Pretend that you have to explain social networking services to somebody who had never heard of them before. Describe what they are, how they work and why they are popular.

Lesson 17 Exercise ▶ p.146

1. You indicated in the survey that you enjoy jogging. Why do you like it? How often do you jog?
2. What are the benefits of yoga? Try to discuss as many different kinds of benefits as you can.
3. You indicated in the survey that you like swimming. Can you please tell me how you first learned to swim? How old were you? Did you like swimming at first?
4. I'd like to give you a situation for you to act out. One of your friends has gained a lot of weight recently. She wants to lose it. Give her some suggestions so that she can solve her problem.
5. There is an issue you need to resolve. Your friend wants to go jogging with you, but you want to go alone. Explain to him or her your situation. Give two alternatives to solve this problem.

Lesson 18 Books ▶ p.154

1. You indicated in the survey that you like to read. Tell me about your favorite author. Why do you like him/her? What's special about him/her?
2. What genre do you like to read? Tell me several reasons why you like to read that genre. Also, tell me about your favorite book and author in that genre.
3. You indicated you like reading. Which do you prefer, reading electronic books or paperback books? Please tell me your opinion and provide several reasons to support it.
4. I'd like to give a situation for you to act out. Your friend is asking for your advice. He/She said his/her children hate reading books. Call your friend and provide several suggestions to your friend.
5. Let me give you a situation for you to act out. I also like reading books. Ask three or four questions to find out more about the book that I'm reading now.

Lesson 19 Shopping ▶ p.162

1. You indicated in the survey that you enjoy shopping. Where do you usually go shopping? Why do you go there?
2. I'm sorry, but there's a problem that you need to resolve. You went shopping last weekend, but you found a problem with one of the goods you bought after you got home. Call the shop and explain your situation so that you can solve the problem.
3. You indicated in the survey that you like shopping. Tell me about the last time you went shopping. When was it? What did you buy? Were you satisfied with the goods you bought? Please describe in as much detail as you can.
4. I'm going to give you a situation for you to act out. I like shopping, too. Ask me three or four questions about how I shop.
5. I'd like to give you a situation and ask you to act it out. You noticed that one of your favorite stores is having a big sale. You enter the store and ask the sales clerk several questions to get as many details about the sale as you can.

Lesson 20 Places ▶ p.170

1. You indicated in the survey that you like to go to parks. Tell me about one of the parks that you often visit. Tell me the reasons why you like to go there.
2. How often do you go to the park? Who do you go with? Also, tell me what you usually do there and why you like going to parks.
3. Have you had any memorable experiences at a park? Who did you go with? What happened there? Please tell me about it in as much detail as possible.
4. You indicated in the survey you like to go to see performances. Where do you usually go? Please describe the theater or the concert hall you often go to in detail.
5. What kind of performances do you like to go to? What's so special about this type of performance? Please tell me why you like this type of performance.

Translation(해석)

Lesson 01 Self Introduction

Idea Map p.19
안녕하세요. 저는 윤미정입니다. 나이는 33살이고 굴지의 IT 회사에서 엔지니어로 일하고 있습니다. 5년째 일하고 있는데 아직까진 상당히 좋습니다. 저는 제 일을 좋아하고 제 동료들과 함께 일하는 것도 좋습니다. 저는 회사 프로그램 사용법을 동료들에게 가르치고 있습니다. 또한 새로운 소프트웨어 시스템도 만들구요. 저는 창의적이고 사교적이기 때문에 저의 성격과 직업이 잘 맞는다고 생각합니다. 저희 가족은 4명입니다. 아빠, 엄마, 여동생, 그리고 접니다. 아빠는 은행원이시고 엄마는 선생님입니다. 제 여동생은 대학교에 다닙니다. 오, 까먹을 뻔 했네요. 우리에게는 아롱이라는 이름의 또 한 명의 가족이 있습니다. 그는 세 살 된 푸들이에요. 정말 귀엽고 짜증 날 정도로 에너지가 넘칩니다. 저는 우리 가족을 정말 사랑합니다.

Guide p.20
제 이름은 이성민이고 30대 중반입니다. 저는 JD 엔터테인먼트에서 5년간 마케팅 과장으로 일해 오고 있습니다. 저의 주된 역할은 영업팀을 지원하는 것입니다. 이 직업을 가진 이후로 일산에서 살고 있습니다. 저는 예쁜 여자를 아내로 둔 유부남으로, 3살 난 멋진 아들이 있습니다. 저는 가족을 사랑합니다. 그래서 가능한 많은 시간을 함께 하려고 노력합니다. 요즘에 사진 찍기에 아주 흠뻑 빠져 있습니다. 가족과 함께 사진 찍는 일이 참 즐겁습니다. 게다가 준비할 것이 별로 없습니다. 우리는 대개 주말에 집 근처 공원에 사진을 찍으러 가곤 합니다.

Write It p.21
제 이름은 김민호이고 나이는 30대 중반입니다. 저는 현재 모바일 회사에 다니고 있습니다. 저는 제 일을 좋아하고, 일에 관해서는 정말 열심히 하고 있어요. 저는 회사 근처 원룸형 아파트에서 살고 있어요. 현재는 미혼이지만 여자친구가 있습니다. 언젠가 결혼할 생각이지만 그렇게 서두르지는 않고 있습니다. 주말에는 가끔 일하러 가기도 하지만 대부분 여자친구를 만납니다. 제 여자친구는 매우 활동적인 사람입니다. 자전거로 하이킹을 하거나, 공원에 가고, 뭔가 밖에서 하는 일을 좋아하지요. 그래서 대부분 여자친구와 밖으로 나가서 그녀가 같이 하고 싶어 하는 일을 합니다. 처음에는 좀 짜증났지만 지금은 상관없습니다. 그래도 시간이 나면 저는 그냥 쉬는 것이 좋습니다.

Practice p.23
제 소개를 하겠습니다. 제 이름은 김수민이고 28세입니다. 저는 잠실에서 남편과 5살 난 아들과 삽니다. 저는 보통 샐러리맨과 결혼했고 저 역시 IT 회사에서 프로그래머로 일하고 있습니다. 주중엔 저희 어머니께서 아들을 돌봐주십니다. 제 일은 매우 흥미롭고 또한 제 경력에 필요한 많은 새로운 정보를 배웁니다. 현재는 회사를 떠나거나 이직할 계획이 당분간은 없습니다. 요즘 저는 회사에서 제공하는 외국 연수 프로그램에 지원하는 것에 관심이 있습니다. 제 생각에 저의 직무능력을 키우는데 많은 도움이 될 것 같습니다. 그러나 경쟁이 상당히 셉니다. 이것이 제 가까운 미래 계획이고 결과가 잘 나왔으면 합니다.

Role Play p.24
저는 매우 외향적이고 활동적인 사람입니다. 새로운 사람들을 만나고 새 프로젝트를 시작하는 일을 즐깁니다. 저는 제가 뛰어난 사교 및 대인관계 기술을 가진 사람이라고 생각합니다. 또한 저는 설득의 기술을 갖고 있어요. 이 말은 일반적으로 다른 사람들을 제 의견에 동의하도록 만든다는 거죠. 그래서 친구들은 저를 '사교적인 사람'이라고 말합니다. 제 생각에 이런 기술은 이 직업과 직접적인 관계가 있습니다. 사람들을 상대하는 일은 쉬운 게 아닙니다. 그러나 저는 저의 긍정적인 성격이 이 일을 하는데 적합할 것이라고 확신합니다. 저는 귀사에 최선을 다할 것입니다. 감사합니다.

Lesson 02 Family

Idea Map p.27
우리 가족은 엄마, 아빠, 오빠, 남동생 그리고 저, 이렇게 다섯 명입니다. 우리 어머니께서는 전업 주부이세요. 이해력이 깊으신 분입니다. 저는 어머니와 매우 친합니다. 아버지께서는 건설업에서 일하십니다. 일을 많이 하셔서 늘 피곤해 보이십니다. 오빠는 지금 군대에 가 있어요. 며칠 전에 휴가를 나왔는데 체격이 좋아지고 성숙해져서 놀랐습니다. 남동생은 이제 대학교 1학년인데, 조금 통통하고 여드름이 났습니다. 성격은 매우 적극적입니다.

Guide p.28
우리 가족은 집에서 별로 다양하게 하는 게 없네요. 더군다나 서로 얘기를 많이 하는 편도 아닙니다. 어머니께서는 보통 집안

일을 하느라 바쁘시지만, 시간이 나면 한국 드라마를 즐겨 보십니다. 아버지께서는 드라마를 안 좋아하세요. 하지만, 주말에는 두 분이 꼭 함께 하시는 게 있는데요, 등산이에요. 제 여동생은 요즘 인터넷 쇼핑에 빠져 있습니다. 저는 늦게 퇴근하는 편이라, 뭘 할 시간이 없지만, 자기 전에 잠시 facebook을 합니다. 무엇보다 잠자는 것이 제일 좋습니다.

Write It p.29
저희 부모님은 매우 보수적이십니다. 예를 들면, 제가 집에 늦게 들어 오는 것을 싫어하셔서 통금 시간을 10시로 정하셨습니다. 하루는 제가 친구들과 한국 스타일의 가라오케인, 노래방을 갔습니다. 시간이 10시가 넘었는지도 몰랐어요. 부모님께 전화 드리는 것도 잊었고, 더군다나 시끄러워서 부모님 전화도 받지 못했습니다. 결국 통금 시간보다 늦게 집에 왔습니다. 부모님께서 소리치실 줄 알았는데, 아니었습니다. 화가 나신 것보다 제 안전을 더 걱정하셨던 거죠. 부모님의 얼굴을 보니 얼마나 걱정을 하셨는지 알겠더군요. 우리는 그날 심각하게 대화를 나누었습니다. 마침내 부모님을 설득해서 통금 시간을 11시로 허락받았고, 걱정하시지 않도록 늦을 때는 전화 드리기로 했습니다.

Practice p.31
아내와 저는 둘 다 일합니다. 주로 일을 마치면 굉장히 피곤합니다. 그래서 저는 가능하면 아내를 많이 도와주려고 합니다. 저녁은 주로 아내가 합니다. 그래서 설거지는 제 몫이죠. 아내가 빨래를 하고 너는 것은 제가 합니다. TV를 보면서 같이 빨래를 개죠. 제가 자기 전에 쓰레기를 갖다 버립니다. 일요일엔 같이 시장을 가죠. 아내가 욕실 청소하는 것도 가끔 도와요. 꼭 제가 하는 것이 하나 있는데요, 주말에 청소기 돌리는 거에요. 아내가 힘들어해서 제가 합니다.

Role Play p.32
여보세요, 어머니. 저 태호에요. 이번 주 토요일 가족 모임 때문에 전화 드렸어요. 삼촌 가족도 오신다고 들었어요. 정말 가서 모두들 만나려고 했거든요. 그런데 금요일에 출장을 가게 되었어요. 토요일 오후에 돌아오긴 하는데요, 시간 안에 못 갈 것 같아요. 캐슬 호텔에서 6시에 만나기로 했죠? 그런데 공항에서 호텔이 너무 멀어요. 그래서 9시 넘어서야 갈 것 같아요. 다음에 모두 볼 수 있으니까요. 아니면 저녁 드시고 집으로 다 같이 가시나요? 그럼, 모두 볼 수 있도록 공항에서 곧장 집으로 들를게요.

03 Housing

Idea Map p.35
우리 집에는 여러 개의 방이 있습니다. 그러나 제가 가장 좋아하는 방은 서재입니다. 그 방은 그렇게 크지도 화려하지도 않습니다. 사실은 작고 단순하다고 말할 수 있지요. 제가 제일 좋아하는 색인 연청색으로 칠해져 있습니다. 그 방에는 크고 검은 책상, 두 개의 의자, 책장, 그리고 편안한 소파가 있습니다. 그 방은 우리의 모든 책들을 보관하고 있는 곳입니다. 사실 저는 독서를 그렇게 좋아하지 않고 소파에 앉아 쉬는 것을 즐깁니다. 가끔 음악도 듣습니다. 일에서 스트레스를 받은 날에는 그만한 장소가 없습니다. 그것이 제가 서재를 그렇게 좋아하는 이유입니다.

Guide p.36
저희 동네는 가족들이 살기 매우 편리하고 조용한 곳입니다. 현대적인 시설과 자연의 아름다움이 잘 어우러진 곳입니다. 예를 들어, 우리 아파트 단지 내에는 아이들이 놀 수 있는 큰 놀이터가 있어요. 거기 자주 가요. 나무도 많아서 저는 제 아이들이 놀이터에서 노는 동안 벤치에서 책을 읽으면서 시간을 보내요. 신선한 공기를 마시고 싶을 때, 느긋하게 산책을 하거나 그네를 타요. 대체로 우리 동네는 참 좋습니다.

Write It p.37
제가 어렸을 때 시골에 있는 큰 주택에 살았어요. 우리는 대가족이라 거기가 살기 좋았어요.. 제 기억에 따르면 제 옛날 집에는 침실이 세 개 있었고 커다란 거실이 있었어요. 우리는 텔레비전을 보고 대화를 나누면서 거실에서 많은 시간을 보냈답니다. 그리고 엄마가 오래된 옷가지나 장난감, 책을 보관하시던 지하실이 있었어요. 언니들과 나는 그곳에서 숨바꼭질을 자주 하곤 했죠. 그곳에서의 많은 추억들 때문에 저는 그 집이 그리워요. 언젠가 그런 집에서 다시 살 수 있기를 희망해요.

Practice p.39
저는 홍대 지역에 있는 아파트에 삽니다. 두 개의 방과 1개의 손님 방, 그리고 화장실이 있습니다. 여기서 3년 살았지만 이 동네를 그다지 좋아하지는 않아요. 홍대는 카페, 나이트클럽, 술집이 많은 곳이죠. 제가 여기 사는 유일한 이유는 제 일터랑 꽤 가깝기 때문입니다. 이웃도 거의 아는 사람이 없지만 한 사람은 잘 아는 사람이 있어요. 그녀의 이름은 Jinny입니다. 그녀는 바로 옆집에 삽니다. 제가 이 아파트로 이사 들어오던 날 제가 박스 옮기느라 좀 고생을 하고 있었는데 친절하게도 그녀가 도와주겠다고 했어요. 알고 보니 우리는 공통점도 많더라고요. 우리는 바로 마음이 통했어요. 우리는 적어도 일주일에 한두 번은 만나요. 우린 주로 커피를 마시면서 가벼운 대화를 나누죠.

Role Play   p.40
안녕하세요? SM 가전 제품 서비스 센터인가요? 제가 집에서 문제가 좀 생겼어요. 사실 오늘 이사했고 정말 힘든 하루를 보냈습니다. 가구를 옮기고 난 후에 보니까 냉장고가 작동을 안 하네요. 저희 집에 수리하는 분을 바로 보내줄 수 있나요? 너무 갑작스럽고 오늘이 일요일인 줄 아는데 정말 급해서요. 바로 와 주시겠다고요? 감사합니다. 저희 주소는 마포입니다. 여기 오시는 데 15분 정도 걸릴 거예요. 감사합니다. 곧 뵐게요.

Idea Map   p.43
저는 TB은행 직원입니다. TB은행은 약 32년 전에 설립되었고, 전국적으로 132개 지점이 있습니다. 저는 강남 지점에서 일하는데, 강남역 근처에 있습니다. 각종 금융 관련 업무는 다 봅니다. 펀드, 예금, 대출 같은 건데요. 구체적으로, 현금 인출과 인출 처리를 하구요. 은행 계좌도 새로 열어 드리고 고객에게 알맞은 상품도 추천해 드립니다. 제가 이 회사를 선택한 이유는 회사가 직원들에게 지원을 아끼지 않기 때문입니다. 다양한 활동과 동아리가 있고 많은 동료들이 자원봉사에 참여합니다. 저희 회사는 장래도 밝고 능률적이라고 생각합니다.

Guide   p.44
저는 인사부에서 일합니다. 직원 관련 업무를 담당합니다. 주로 직원 관련 서류를 하는데요. 지원자 이력서도 검토합니다. 계약 관련으로 직원들과 연락하구요. 거기다가 새로운 정보는 추가도 합니다. 회사 전체 직원 1000명의 서류를 다루다 보면, 가끔 녹초가 되어 버릴 때가 있습니다. 하지만 서류가 섞이지 않도록 모든 것을 다 정리해야 퇴근합니다.

Write It   p.45
잊지 못할 동료가 한 명 있는데 김정태라는 사람입니다. 그는 총무과 직원이라서 회사 전반 상황을 잘 알고 있었습니다. 제가 회사에 적응하도록 도와주었습니다. 대학 졸업 후, 지금 회사에서 일을 시작했습니다. 첫 직장 생활이라 굉장히 긴장했습니다. 더군다나 아는 사람도 아무도 없었어요. 정태씨는 동료들에게 저를 인사를 시켜 주었고, 어디에 무엇이 있는지도 알려 주었죠. 친절한 정태씨 덕분에 새로운 환경에 잘 적응할 수 있었습니다. 우리는 좋은 친구가 되었죠. 지금까지 가장 친한 친구이자 직장 동료입니다.

Practice   p.47
우리 회사는 1967년 이재민이라는 사람에 의해 설립되었습니다. 초기에는 작은 전자 제품 수입 회사였습니다. 곧 전자 제품 제조 회사로 되었고, 몇 년 만에 최고의 회사로 성장했습니다. 사장님께서 돌아가시고 그 아들이 회사를 물려받았습니다. 그분은 열의를 갖고 반도체 영역으로 제품 라인을 확대하셨죠. 그분이 CEO가 되신 후 중국, 유럽, 동남아 지역에 공장도 설립하셨습니다. 그 덕분에 우리 회사는 세계 최고 브랜드 중 하나가 되었습니다. 금년에 그가 발표한 우리 회사의 장기 전략에 의하면, 우리 회사는 2020년까지 세계 곳곳에 현지 기지를 건설할 것이라고 합니다.

Role Play   p.48
저기, 시간 좀 있으세요? 오늘 야근 때문에 드릴 말씀이 있어요. 프로젝트 때문에 우리가 무척 바쁘다는 것 잘 압니다. 마감일을 맞추기 위해서 야근해야 하는 것도 알고 있고요. 그런데 제가 문제가 좀 있어요. 오늘 저녁에 돌아가신 아버지 제사가 있습니다. 제가 외아들이라서 제사를 지내야 합니다. 제가 가지 못하면 어머니 혼자서 다 하셔야 하거든요. 죄송하지만, 오늘은 정시 퇴근을 해야 할 것 같습니다. 하지만, 프로젝트를 95%까지 끝냈고 종찬씨가 마무리하도록 넘겼습니다. 필요하면, 일요일에 나와 마무리를 하겠습니다. 그렇게 해도 될까요?

Idea Map   p.51
저는 여행을 좋아합니다. 특히 해외여행을 좋아하죠. 지난 여름 방학에 홍콩으로 짧게 여행을 했습니다. 친구들과 함께 갔어요. 한 주만 그 곳에 머물렀지만 여러 가지를 했답니다. 쇼핑도 좀 했고요, 유명한 레스토랑에서 지역 별미도 먹었죠. 무엇보다 우린 그 유명한 2층 관광 버스를 탔죠. 홍콩의 밤은 너무 아름다웠어요. 홍콩이 왜 '아시아의 진주'라고 불리는지 이해할 수 있었어요. 언젠가 다시 한번 홍콩을 방문하고 싶어요.

Guide p.52
저는 여행을 좋아합니다. 그래서 한국의 많은 곳을 여행했습니다. 제가 가장 기억에 남는 곳은 제주도입니다. 정말 멋진 곳이기 때문입니다. 제주도는 기분 좋은 바람, 따뜻한 날씨, 놀랄 만큼 아름답고, 이국적인 풍경으로 유명합니다. 제주도가 유명한 또 한가지는 한라산입니다. 그곳은 한국에서 가장 아름다운 산 중 하나입니다. 산을 끝까지 오르는 데만 거의 5시간이 걸렸고 내려오는 데 또 5시간이 걸렸습니다. 그렇지만 내가 그 위에 있을 때, 난 마치 세상이 내 것인 듯 느껴졌습니다. 그래서 다음번 제주도에 갈 때 반드시 또 한라산에 오를 것입니다.

Write It p.53
저는 여행을 좋아합니다. 그렇지만 일하고 공부하느라 바빠서 자주 여행을 하지는 못해요. 그래서 휴가 때마다 여행을 하려고 합니다. 몇몇 곳에 가 봤지만 저는 뉴욕이 가장 좋았어요. 아름다운 고층 건물들과 거리들, 스미스소니언 박물관, 자유의 여신상, 브로드웨이 뮤지컬…. 그냥 뉴욕의 모든 것들이 좋았어요, 교통만 빼고요. 교통은 형편없었어요. 서울을 연상시켰어요. 그렇지만 서울은 더 좋은 지하철이 있잖아요. 물론 이건 경쟁은 아니지만요. 어쨌든 제가 뉴욕에서 가장 좋았던 점은 뉴욕이 진짜 다인종 도시라는 거예요. 전 세계의 사람들을 만나게 되었죠. 멋진 경험이었어요.

Practice p.55
아실지 모르겠지만 한국은 오랜 역사를 가지고 있는 나라입니다. 그래서 한국에는 많은 관광지가 있습니다. 그들 중 저는 외국인들에게 경주를 추천하고 싶습니다. 이곳은 경상도 남동쪽에 위치해 있고 서울에서는 기차로 4시간 정도 떨어진 곳입니다. 경주는 고대 삼국 시대의 한 국가인 신라의 수도였습니다. 훌륭한 절, 탑, 성들이 많이 있습니다. 경주에서 여러분은 한국 절의 정수를 경험하게 될 것입니다. 유럽의 것처럼 화려하지는 않지만 단순하고 아취가 있으며 우아합니다. 저는 그것이 한국 건축의 진정한 아름다움이라고 생각합니다.

Role Play p.56
KS 여행사인가요? 안녕하세요. 몇 가지 물어보려고 전화했는데요. 부모님 서른 번째 결혼기념일이 돌아오는데 저하고 제 자매들이 한 일주일 정도 좋은 곳에 보내드릴까 생각 중인데요. 부모님께 추천해 드릴 곳이 있나요? 부모님은 추운 날씨를 싫어하세요. 지금 추천하시는 곳이 부모님이 원하시는 만큼 충분히 따뜻한가요? 그리고 가능하다면 호텔이 아니라 해변을 마주보고 있는 빌라 같은 게 있었으면 하는데요. 거기 그런 곳이 있나요? 그럼 항공편, 빌라, 음식, 전부 포함해서 얼마나 될까요? 아, 깜빡 잊을 뻔 했네요. 가장 중요한 질문이 있어요. 그 곳은 안전한가요? 좋아요, 안전하다고요. 다행이네요. 저희 자매들과 상의하고 다시 연락드릴게요. 감사합니다. 좋은 하루 보내세요.

06 School

Idea Map p.59
저는 서울에 있는 국민대학교를 다녔습니다. 캠퍼스가 거대한 성 같아요. 대부분 건물이 대리석으로 지어졌고, 담장이 덩굴로 가득하죠. 교내 곳곳에 정원이 있고, 본관 앞에는 큰 연못이 있습니다. 연못 주변은 학생들이 좋아하는 장소인데, 주위의 벤치에 앉아서 책을 읽거나 쉬거나 합니다. 무엇보다 연인들이 제일 좋아하는 장소이기도 하구요. 정문을 나서면 상점과 식당들이 많습니다. 모든 것이 그리워서 언제 한번 가보고 싶네요.

Guide p.60
저는 경영학 전공입니다. 모든 과목이 다 도움이 되었지만, 특히 경영학 수업을 통해 많은 것을 배웠습니다. 하루는 교수님과 함께 우리나라 최고 기업 중 한 곳으로 견학을 갔습니다. 우리 학교 선배님이 그 회사의 CEO셨어요. 유명한 CEO를 직접 만난다는 건 대단한 일이었습니다. 그분은 회사 경영 철학은 물론 회사의 비전까지도 설명해 주셨습니다. 리더십 스킬에 대해서도 배웠습니다. 한 시간의 대화를 통해서 우리는 그분이 왜 그 분야 최고이신 줄 알겠더군요. 실질적이고 많은 것을 배운 견학이었습니다.

Write It p.61
제가 중 2때 정말 잊지 못할 일이 있었습니다. 체육 시간에 달리기를 했는데요. 제가 달리기를 꽤 잘해서 쉽게 모두 다 이겼습니다. 신이 나서 뛰어다니다가 한 여학생과 부딪혔습니다. 우리는 소리를 치면서 뒤로 넘어졌죠. 둘 다 코피가 무지 났습니다. 운동장의 친구들 전부 웃음보가 터졌고, 저는 얼굴이 빨개졌습니다. 그 이후로 친구들이 '충돌 커플'이라고 불렀죠. 당시에는 별명이 당황스러웠지만, 지금은 즐거운 추억이 되었군요. 친구들이 그 얘기를 꺼낼 때마다 웃음보가 터진답니다. 저와 부딪혔던 여학생은 어떻게 되었는지 아세요? 지금 저와 함께 살고 있답니다. 제 아내거든요.

Practice p.63
고등학교 때 선생님 한 분을 소개하겠습니다. 김 선생님은 고 1때 수학 선생님이었습니다. 키가 매우 작고 커다란 안경을 쓰셨죠.

검은 중절모를 잘 쓰셨는데 탐정 같았어요. 그래서 우리가 '탐정 K'라고 불렀답니다. 우리와 가까이 하려고 항상 노력하셨죠. 학교에서 가장 인기가 많으셨어요. 한 가지 싫은 점이 있었는데요. 퀴즈를 너무 많이 보시는 거였죠. 너무 힘들긴 했지만, 배운 것을 복습할 좋은 기회가 되었죠.

Role Play p.64

여보세요? 교무과죠? 월, 수 영어 수업 때문에 전화 드려요. 제가 박 교수님 수업을 신청했거든요. 근데 5시 수업이 1시로 변경되었네요. 문제가 생겼어요. 제가 1시에 경영학 수업이 있어요. 다른 경영학 수업이 다 마감이거든요. 1시 수업이 유일하게 들을 수 있는 수업인데다가, 이번 학기 전공 수업이라 꼭 들어야 해요. 월, 수 5시에 다른 영어 수업은 없나요? 제가 아침에 수업이 없으니까 아침 수업이면 됩니다. 아니면 화, 목에 다른 수업이 있을까요? 다른 방법이 있으면 알려 주세요. 감사합니다.

Lesson 07 Cooking

Idea Map p.67

저는 요리를 좋아하는데 특히 스파게티를 만들기 좋아합니다. 왜냐하면 정말 맛있거든요. 무엇보다도 정말 만들기가 쉬워요. 우선 프라이팬에 갈아놓은 쇠고기를 양파, 마늘과 함께 올리브 오일에 익혀야 해요. 그리고 나선 토마토 소스와 약간의 소금을 넣어요. 그 다음 스파게티 국수를 포장지 설명에 맞게 삶고는 물을 잘 빼세요. 마지막으로 국수를 프라이팬에 있는 쇠고기와 토마토 소스에 넣어 잘 섞고, 한 5분 정도 더 익히세요. 만들기 아주 쉽습니다.

Guide p.68

제 기억에 따르면 몇 년 전 주말이었어요. 아내는 무슨 이유때문인지 외출 중이었고 아이들이 배가 고파졌어요. 그래서 제가 스스로 요리를 할 수 밖에 없었죠. 저는 김치 볶음밥을 만들었어요. 김치볶음밥을 만든 이유는 두 가지 이유에서였어요. 우선 그때 냉장고에 재료가 많이 없었어요. 있는 것이라곤 김치와 밥 그리고 참치가 전부였죠. 그리고 또 다른 이유는 제 아이들은 음식에 있어서는 별로 참을성이 없기 때문이에요. 그래서 저는 김치 볶음밥이야말로 완벽한 선택이라고 생각했어요. 그리고 그 선택은 옳은 것으로 판명이 났죠. 제 아이들은 정말 제 김치 볶음밥을 좋아했어요. 저는 아직도 종종 그걸 만들곤 합니다.

Write It p.69

저는 '즉석면'이라고 알려진 라면 끓이는 법을 설명해 드리겠습니다. 저는 일주일에 적어도 한번은 끓여 먹습니다. 그러나 그 횟수를 줄이려고 노력은 하고 있습니다. 조리법은 간단하고 준비 과정도 정말 쉽습니다. 필요한 것은 라면 한 봉지, 물 약간, 달걀 하나, 치즈 조금, 냄비 그리고 가스레인지가 전부입니다. 먼저 냄비에 물을 좀 끓입니다. 그 다음 라면 봉지의 내용물을 물에 넣습니다. 그리고 3분 30초 정도 강한 불에 끓입니다. 그런 다음 가스불을 줄이고 푼 달걀을 넣고 면을 계속 저어 줍니다. 조리 과정 중 가장 중요한 부분은 냄비의 국물의 양을 조절하는 것입니다. 물의 양은 라면이 살짝 잠기는 수준이 적절합니다. 그 양을 넘으면 라면은 너무 싱거워 집니다. 그리고 마지막으로 뜨거운 라면과 국수를 큰 그릇에 옮겨 담고 얇은 치즈 조각 하나를 얹고 치즈가 라면 위에서 녹기를 기다립니다. 라면이 고난이도의 요리가 아닌 건 압니다. 그러나 라면보다 쉽게 만들면서도 맛있는 음식을 찾기는 힘들 것입니다.

Practice p.71

사실 저는 요리를 잘 못하고 요리할 시간도 많지 않습니다. 그래서 요리를 해야 할 때면 샌드위치같이 쉽고 빠른 메뉴를 선택합니다. 제가 좋아하는 샌드위치를 만드는 방법을 알려드리겠습니다. 첫 번째로 통밀 빵 두 조각을 얇게 자릅니다. 그리고 한 쪽 빵에 약간의 크림 치즈를 바르고 훈제 연어를 몇 조각 올립니다. 그리고 나서 연어에 약간의 레몬즙과 후추를 뿌립니다. 마지막으로 나머지 빵을 그 위에 올립니다. 시간도 별로 안 걸리고 맛도 아주 좋아요. 게다가 연어나 통밀 같은 몸에 좋은 재료들을 먹을 수 있기 때문에 이 샌드위치는 몸에도 좋습니다. 언젠가 한번 만들어 보세요.

Role Play p.72

안녕? 나 지나야. 잘 지내지? 우리 집들이에 관해 물어볼 게 있어서 전화했어. 난 이달에 하고 싶어. 시간이 많이 없어서 몇 가지 사안을 정해야 해. 첫째로, 이달 말 금요일 시간이 어떠니? 뭐라고? 그날 출장이 있다고? 다른 생각나는 요일 있어? 알겠어… 토요일이 모두에게 나을 것 같다. 오전에 일하는 친구들도 있으니 시간은 오후에 하는 게 좋겠지. 또 하나, 음식 메뉴는 뭐가 좋을까? 불고기와 잡채? 사실 그건 이미 생각해 뒀어. 다른 건 없어? 좋아. 다른 생각이 떠오르면 알려줘. 고마워. 곧 다시 이야기해 줄게. 안녕!

Lesson 08 Health

Idea Map　p.75
대학교 일학년 때 저는 몸이 마르고 체력도 약했습니다. 친구들이 그 몸으로는 여자 친구 만들기 힘들다고 했어요. 뿐만 아니라, 쉽게 피로해졌죠. 멋진 몸을 만들고 체력도 보강하고 싶어서 집 근처에 있는 헬스클럽에 등록을 했습니다. 매일 밤 운동을 했어요. 처음엔 너무 힘들어서, 거의 포기할 뻔했습니다. 하지만, 개인 트레이너의 도움으로 계속 운동할 수 있었죠. 결과적으로 더 건강해지고 체력도 좋아졌어요. 무엇보다 멋진 복근을 갖게 되었답니다.

Guide　p.76
건강한 사람은 건강한 신체를 유지할 뿐만 아니라 건전한 마음도 가지려고 노력하는 사람이라고 생각합니다. 건강한 신체를 위해서 규칙적으로 운동하고 건강에 좋은 음식을 먹죠. 몸매 유지를 위해서 절대 과식하지 않구요. 마음의 건강을 위해서는 시간을 내어 취미 생활을 즐깁니다. 다양한 사회 활동에 참여해요. 그 활동들은 마음을 건강하게 만들어요. 이런 이유로 자원봉사 활동을 하구요. 언제나 긍정적으로 생각하기 때문에 늘 많이 웃습니다. 그래서 더 젊어 보입니다.

Write It　p.77
우리 삼촌은 제가 아는 사람 중에서 가장 건강한 사람이에요. 자신만의 규칙을 정해 놓고 그 규칙들을 엄격하게 지킵니다. 규칙적으로 매일 운동을 하고 균형 잡힌 식단을 유지해요. 고열량 음식을 멀리하고, 건강을 해치는 습관인 술, 담배도 피하죠. 그래서 실제 나이보다 더 젊고 건강해 보여요. 저는 많이 먹고 마셨거든요. 하지만 삼촌 덕분에 다이어트를 하게 됐고, 아침에 조깅도 시작했어요. 균형 있는 삶을 살아가는 방법을 제게 보여주셨습니다. 정말 저에게 큰 영향을 주신 분입니다.

Practice　p.79
작년에 심한 치통 때문에 치과에 갔습니다. 충치 때문에 온 치통이었는데, 단 것을 좋아하는 것이 원인이었습니다. 약간 통증이 있을 때, 그냥 무시했어요. 정말 치과 가는 게 싫었거든요. 소리뿐 아니라 냄새도 다 싫었어요. 결국 일주일이나 치료를 받았습니다. 완전히 충격 받았어요. 결코 기분 좋은 경험은 아니었죠. 그 이후 6개월에 한번씩 정기 검진을 받고 스케일링도 받습니다.

Role Play　p.80
여보세요? 김미나라고 합니다. 예약을 변경하려고 전화했어요. 이번 주 금요일 치과 검진 예약입니다. 죄송하지만, 부서의 중요한 미팅이 금요일 오후에 잡혀서요. 토요일 오후에 예약을 잡을 수 있을까요? 4시 이후면 다 좋은데요. 아, 4시에 문을 닫으세요? 그렇군요. 그럼 토요일 아침도 좋습니다. 언제 문 여세요? 제일 일찍 비어있는 시간이 언제인가요? 9시요? 좋아요. 9시에 맞출 수 있습니다. 그럼 토요일 아침 9시로 변경된 거죠? 감사합니다. 토요일에 뵐게요!

Lesson 09 Sports

Idea Map　p.83
저는 테니스부터 수영까지 다양한 종류의 스포츠를 좋아합니다. 그러나 하나의 종목을 골라야 한다면 축구가 될 것입니다. 그 어떤 스포츠도 축구에 비할 수 없습니다. 축구는 모든 것을 다 갖추고 있습니다. 전술적으로, 격정적이고, 재미도 주고 또한 경기 관람과 직접 해 보는 것도 큰 즐거움입니다. 운이 좋게 저는 관람과 경기 둘 다를 합니다. 전 매주 토요일마다 직장 동료들과 아마추어 축구 동호회 경기를 합니다. 우리의 실력이 좋지는 않지만 즐겁게 경기를 합니다. 경기를 마친 후엔 호프집에 들려 멤버들과 축구 경기를 봅니다. 휴식을 위한 최고의 방법이지요. 몸은 힘들지만 주중 근무에서 오는 스트레스를 그런 식으로 풉니다. 경기를 하면서 골을 넣고 동료들의 칭찬을 받는 것 보다 더 즐거운 것은 없는 것 같습니다. 제 생각에 축구는 최고의 운동입니다.

Guide　p.84
제제가 정말 존경하는 축구 선수는 손흥민 선수입니다. 현재 독일 함부르크에서 공격수로 활약하고 있습니다. 손흥민 선수가 존경스러운 여러 이유가 있지만 가장 중요한 이유는 바로 그의 재능입니다. 많은 선수들이 실력향상을 위해 부단한 노력을 기울이지만, 손 선수는 천부적인 재능을 가진 선수입니다. 그의 공 다루는 기술은 아주 인상적이고 또한 동료의 도움 없이도 놀라운 골을 넣는 선수입니다. 저는 손 선수가 언젠가는 레알 마드리드 또는 맨유와 같은 세계적인 팀에서 활약할 것이라 믿습니다. 또한 손 선수가 대한민국 대표팀을 이끌고 월드컵에서 한국을 빛낼 것이라 믿습니다. 만일 그런 일이 현실화되면 그가 한국 축구 역사를 다시 쓰고 그 즉시 영웅이 되리라 확신합니다.

Oral Proficiency Interview-computer

Write It
p.85

제가 현재 정기적으로 즐기는 스포츠는 태권도입니다. 어떤 이들은 태권도가 스포츠가 아니라 무도라고 주장을 하곤 했습니다. 하지만 올림픽 종목으로 등장하면서 그런 논란은 줄어 들었지요. 제가 처음으로 태권도를 접한 것은 5살 또는 6살 무렵이었습니다. 방과후 활동으로 친구들과 즐겼지요. 처음에는 고함 소리 때문에 조금 주눅이 들었습니다. 그러나 곧 적응하게 되었고 모든 품세를 익히게 되었습니다. 기술과 동작의 정확성은 엄청납니다. 하지만 나이가 어릴수록 더 쉽게 배울 수 있었지요. 태권도장은 우리 집 근처에 있었기 때문에 방과 후 들리기가 용의했습니다. 저는 일주일에 두 번씩 거의 10년 동안 태권도를 배워 왔습니다. 과거를 돌아보니 어떻게 질리지 않고 태권도를 배웠는지 신기합니다. 저는 태권도 기술을 연마한 후 현재는 강사로서 수업에 한 달에 두 번씩 참가하고 있습니다. 제가 현재까지 태권도를 하는 이유는 바로 제가 잘한다는 것입니다. 잘난 척 하는 것이 아니라 저는 제가 잘 하지 못하는 것을 억지로 해서 망신당하긴 싫어합니다. 그래서 저는 다른 스포츠 보다 무엇보다는 태권도를 즐기고 있습니다.

Practice
p.87

제 생각엔 참여비용이 저렴하고 쉽게 배울 수 있는 스포츠를 가르칠 것 같습니다. 제가 좋아하는 운동 가운데 에어로빅이 있습니다. 에어로빅은 한국에서 많은 이들이 즐기고 있습니다. 태어나서 한번도 에어로빅을 해 보지 못한 친구들과 헬스클럽을 다니고 있는데 아직까지 같이 즐기고 있습니다. 모든 동작에 익숙해 지는데 그리 오래 걸리지 않습니다. 저는 종종 친구들에게 균형을 유지하는 방법과 운동 전 스트레칭 방법에 대한 조언을 줍니다. 사람은 각각 개인별로 차이가 있고 더 늦게 습득을 하는 사람이 있다는 것은 당연한 얘기입니다. 그런데 제 친구들 대부분이 놀랍게도 너무나 쉽게 에어로빅을 배우고 있습니다. 새로운 무언 가를 배운다는 것이 부담스러운 나머지 사람들은 쉽게 흥미를 잃습니다. 제가 사람들에게 에어로빅 강습을 하려는 또 다른 이유는 집에서 편하고 쉽게 할 수 있다는 점입니다. 기구가 필요가 없고 또한 의상도 자유롭게 선택할 수 있습니다.

Role Play
p.88

제 생각에 운동은 상당히 중요합니다. 모든 이들은 꾸준한 운동이 건강에 왜 좋은지 알고 있습니다. 체중 조절에 도움을 주고, 여러 질병의 위험성을 낮춰 주고, 그리고 궁극적으로 장수를 누리게 해 줍니다. 음식과 DNA 다음으로, 운동만큼 우리 건강에 중요한 것이 없는 것 같습니다. 그래서 저는 일주일에 적어도 3번 운동을 합니다. 저는 컨디션이 안 좋을 때도, 가벼운 운동을 해서 에너지를 얻습니다. 저는 또한 일이 너무 바빠서 운동을 빠질 때면 평소 때 보다 더 스트레스를 받는 것을 느낍니다. 그래서 저는 운동을 그 어떤 것보다 중요하게 생각합니다. 저는 주로 일주일에 3번 모임을 갖는 태권도 동아리를 통해 운동을 합니다. 멤버 대부분은 5년 이상 같이 활동을 해 오고 있어서 서로 아주 친합니다. 같이 운동을 하는 사회적인 측면은 제가 가장 마음에 들어 하는 부분입니다. 운동을 하면 가족 또는 일로부터 받는 스트레스를 잠시나마 잊을 수 있습니다. 동아리 멤버들 대부분은 태권도 수업을 하면서 안정을 얻고 있습니다. 이렇게 스트레스를 풀 수 있는 기회가 없다면 저는 아마 미쳐버릴 수도 있습니다. 이미 말한 것과 같이 저에게 운동은 중요한 것을 넘어서 없어서는 안 될 부분이 되었습니다..

Lesson 10 Holidays

Idea Map
p.91

한국에서 가장 큰 명절은 말할 필요도 없이 추석과 설날이죠. 추석은 한국의 추수 감사절 같은 것이고, 설날은 음력 1월 1일이죠. 이 날에는 조상을 기리는 제사를 지냅니다. 가족과 친척들이 모두 모여서 전통 음식을 만들어요. 제사를 지내고 같이 음식을 먹죠. 두 명절은 한국인에게 의미가 큽니다. 가족의 중요함을 느끼게 해주고 가족 간의 유대도 더 강해집니다. 거의 이천만이 넘는 사람들이 10시간 이상의 운전도 마다하지 않고 고향에 갑니다. 이것만으로도, 이 두 명절이 한국인에게 얼마나 중요한지 보여줍니다.

Guide
p.92

한국 사람들은 설날에 떡국을 먹습니다. 저는 떡국 때문에 설날이 기다려집니다. 어떤 사람은 떡국을 만들기 위해서 멸치 육수를 사용하기도 하는데, 우리 어머니는 쇠고기 육수를 사용하십니다. 그래서 더 맛있습니다. 더군다나 설날에 떡국을 먹는 것에는 특별한 의미가 있답니다. 한국 사람들은 떡국 한 그릇을 먹어야 한 살을 더 먹는다고 생각해요. 아이들이 나이를 더 먹으려고 떡국을 몇 그릇씩 먹는다는 것이 재미있습니다.

Write It
p.93

할머니와 송편 만들던 기억이 잊혀지지 않습니다. 송편은 한국 추수 감사절인 추석에 먹는데요. 안에 설탕과 깨소금을 넣은 떡 종류입니다. 밤이나 콩을 넣기도 해요. 우리 할머니께서 만드신 송편이 최고였죠. 할머니께서는 어떻게 송편을 빚는지 가르쳐 주셨어요. 늘 웃으시면서, "송편을 예쁘게 만들어야 나중에 멋진 신

랑을 만난단다"라고 하셨죠. 예쁘게 만들기 위해서 연습했어요. 할머니는 다 빚은 송편을 솔잎 위에 넣고 찌셨어요. 향기가 정말 좋았어요. 이제 할머니께서 돌아가셔서 더이상 그렇게 맛있는 송편은 맛볼 수가 없네요. 할머니와 할머니의 송편이 그립습니다.

Practice   p.95

과식했던 경험을 잊지 못할 것입니다. 그 끔찍한 경험을 한 지 5년이 되었네요. 설날에 우리 가족이 조부모님댁에 갔어요. 조상님께 제사 지내고 주로 다 같이 음식을 먹었습니다. 엄마, 이모들, 할머니께서 명절 음식을 준비하셨어요. 떡국과 여러 종류의 전을 만드셨죠. 음식이 너무 맛있었어요. 문제는 제가 과식을 했다는 겁니다. 심하게 아파서 아무것도 먹지 못했습니다. 명절 내내 누워 있어야 했죠. 그날 이후로 과식을 하지 않습니다. 끔찍한 경험이었습니다.

Role Play   p.96

안녕! 나 제이야. 초대해줘서 고마워. 명절에 관해 질문을 좀 하고 싶어. 무슨 명절이니? 너희 나라에서 추수 감사절이 가장 큰 명절이니? 보통 무엇을 하니? 그래, 우리도 한국의 추수 감사절에 다같이 모여. 특별히 준비하는 음식이 있니? 추수 감사절에 어떤 음식이 유명한지 말해줄 수 있니? 와우, 정말 맛있겠다. 나도 칠면조를 언젠간 먹어보고 싶어. 추수 감사절에 하는 전통적인 게임이 있니? 없구나. 단지 가족끼리 모여서 함께 이야기하는 시간이구나. 그런데, 몇 시까지 가면 될까? 정장을 입어야 하니? 알았어. 마지막으로, 내가 뭘 가져가야 할까? 정말이니? 좋았어. 그럼. 그때 보자! 안녕!

Lesson 11 Daily Life

Idea Map   p.99

직장에서의 제 보통의 일과를 말씀 드리겠습니다. 저는 보통 8시 50분경에 직장에 도착해서 출근부를 찍습니다. 아침에 제일 먼저 하는 것은 컴퓨터를 켜고 매일 아침 커피를 마시며 인터넷 기사를 읽는 것입니다. 그리고 나서 이메일을 체크하고 답장을 하고서 동료들에게 중요한 전화를 겁니다. 그런 후에는 점심 식사 전까지 많은 서류 작업을 처리해야 하죠. 점심시간 이후에는 깨어있기 위해 커피를 한잔 더 마십니다. 저는 마케팅 부서에서 일하기 때문에 마케팅 전략을 짜고 수행하는 일을 합니다. 그러기 위해서 저는 많은 연구와 회의를 해야 하는데요. 그게 바로 제가 나머지 시간 동안 하는 일의 전부죠.

Guide   p.100

주말마다 저는 늦잠을 잡니다. 금요일 밤에 너무 늦게 자기 때문이기도 하고 또 그래도 되니까요. 주중엔 일이며, 영어 학원에 다녀서 매우 바쁩니다. 그래서 주말에는 주로 외출해서 친구들하고 놀면서 보내요. 영화를 보거나 술을 마시기도 합니다. 주중에 일이 많을 때는 그 주 주말에 계획을 세우지 않습니다. 그럴 땐 집에서 머무르며 휴식을 취합니다. 대부분 그냥 쉬면서 좋아하는 TV 프로그램 재방송을 보죠. 패스트푸드나 폭식하면서 말이죠. 물론 잠자느라 꽤 많은 시간을 보내기도 합니다.

Write It   p.101

저는 차가 있습니다. 진짜 괜찮은 SUV 차량입니다. 그러나 통근할 땐 거의 운전하지 않습니다. 서울에서 러시아워에 운전하는 건 별로 좋은 생각이 아니지요. 직장에 도착하는 데 오래 걸리기 때문입니다. 그래서 매일 중간에 갈아타야 함에도 불구하고 직장까지 지하철을 탑니다. 한 40분 정도 걸립니다. 저는 주로 지하철에서 MP3 플레이어로 음악을 듣거나 책을 읽습니다. 사실 그렇게 나쁘게 들리지는 않습니다. 그렇지 않은가요? 근데 사실은 정말 힘들긴 해요. 왜냐하면 사람이 너무 많기 때문입니다. 그러니까 내가 20분 정도 집에서 일찍 출발하면 러시아워 인파를 피할 수 있습니다. 만약 그러지 못하면 사람들로 꽉 찬 지하철을 타는 수 밖에 없습니다. 그때가 제가 대도시에 산다는 사실이 싫어질 때입니다. 그렇지만 어쩌겠습니까? 할 일은 하고 살아야 하니까요.

Practice   p.103

제 근무 시간은 9시부터 6시까지입니다. 그러나 제가 보통 일이 많아서 거의 제시간에 퇴근을 못해요. 보통은 7시까지 일하죠. 퇴근 후엔 아주 빨리 식당에서 저녁식사를 해요. 왜냐하면 제가 8시에 영어 수업을 듣거든요. 그게 지루하다고 생각이 드실지 모르겠지만 저는 사실 좋아해요. 왜 안 그렇겠어요. 저는 영어를 좋아해요. 그리고는 집으로 향하죠. 집에 도착하자마자 처음으로 하는 일은 샤워를 하는 거에요. 그리고서 매일 집에 진공청소기를 돌려요. 저는 지저분한 것을 조금도 참지 못하거든요. 그 후엔 차를 마시죠. 저는 저녁 시간엔 절대 커피는 마시지 않아요. 잠자는 데 문제가 생기면 안되니까요. 잠자리에 들기 전까지 세탁을 하고 쓰레기를 내놓죠. 그게 제가 거의 매일 저녁 하는 일입니다.

Role Play   p.104

진영이니? 나 영수야. 너한테 할 얘기가 있어서 전화 걸었어. 우리 이번 주말에 만나기로 했잖아. 그런데 우리 부모님이 이번

주말에 여기 오신다네. 우리 집에 오고 싶어하셔. 그래서 우리 약속을 취소해야 할 것 같아. 나도 주말이 겨우 이틀 남은 거 알아. 이렇게 촉박하게 취소하게 돼서 미안해. 그렇지만 나도 지금 막 아버지한테 전화 받았어. 너도 부모님이 얼마나 멀리 사시는지 알잖아. 안된다고 말씀드릴 수가 없었어. 내가 보상 차원에서 뭐든지 해줄게. 네가 고른 레스토랑에서 비싼 저녁 사줄게. 알았지? 고맙다. 너밖에 없어.

Lesson 12 Music

Idea Map p.107

저는 모든 종류의 음악을 다 즐겨 듣습니다. 상황에 따라 다른 음악을 듣는데요. 예를 들면 러닝머신 위에서 달릴 때는 빠른 음악을 듣죠. 댄스 음악의 박자에 맞추어 뛰면 힘이 생기거든요. 반대로 공부할 때는 평화로운 음악이 더 좋아요. 공부에 집중이 잘되게 해주죠. 어떨 때는 팝 음악이 졸음을 쫓아주기도 하구요. 마지막으로 클래식 음악은 피로를 푸는 데 제일 좋습니다. 집에 돌아오면 항상 클래식 음악을 듣죠. 스트레스가 풀리고 잠도 잘 옵니다.

Guide p.108

제가 중학교 3학년 때, 삼촌이 재즈 콘서트를 데려가 주셨는데 거기서 세계적인 드러머 데이비드 웨클을 만났습니다. 저는 완전히 그에게 빠져들었습니다. 몇 달 동안 드럼을 치게 해달라고 엄마를 졸랐고, 마침내 허락해 주셨어요. 음악 학원에 등록하고 일주일에 두 번씩 레슨을 받았습니다. 학교 축제 때 여러 번 공연을 했어요. 대학 다닐 때는 밴드를 조직했었고, 지금도 회사 밴드에서 드럼을 치고 있습니다. 드럼을 칠 때마다 직장에서 받는 모든 스트레스가 날아갑니다.

Write It p.109

저는 노래하는 것을 정말 좋아해요. 하지만, 남 앞에서 노래하는 건 별로네요. 왜냐고요? 말하기 부끄럽지만, 음치에요. 그래서 방에서 혼자 노래하면 편하답니다. 다른 사람이 듣지 않으니까 음정, 박자 뭐 그런 것을 신경 쓰지 않아도 되거든요. 또, 인터넷을 하면서 컴퓨터에 저장된 음악을 따라 부르죠. 가끔은 친한 친구들과 한국식 가라오케인 노래방도 가요. 제가 노래를 하면 친구들이 박장대소하죠. 하지만, 회사 사람들 앞에서 부르는 건 아직은 편하지 않네요. 그 앞에서 노래하려면 좀 친해져야 하거든요.

Practice p.111

저는 자동차 오디오, 노트북컴퓨터 그리고 티비 등을 이용해 다양한 방식으로 음악을 듣습니다. 그러나 그 중에서도 저는 스마트폰을 활용해서 음악을 가장 자주 듣습니다. 약간의 월간 이용료를 내면 스마트폰 앱을 통해 음악을 듣습니다. 어떤 음악을 얼마나 듣는 부분은 제한이 없습니다. 사실, 한 달에 실질적으로 수백 명의 음악가들의 음악을 들으면서 추가 비용을 낼 필요가 없습니다. 앱을 통해 즐길 수 있는 음악가들은 국내 가수들 뿐 아니라 해외 스타들 그리고 인디밴드들을 다 포함합니다. 한 가지 단점이 있다고 한다면 음악이 제 스마트폰에 저장된 것이 아니기 때문에 음악을 듣기 위해서는 인터넷에 연결되어야 한다는 것입니다. 해외 여행을 할 때면 비싼 로밍 요금 때문에 조금 짜증이 납니다. 그러나 이런 엄청난 수의 노래를 듣기 위해 지불하는 약간의 대가라고 생각합니다. 이런 앱 없이는 저는 생활을 못할 것 같습니다. 왜냐하면 이런 음악 앱이 아침마다 버스를 타고 통근을 할 때 시간을 보낼 수 있게 도와주기 때문입니다.

Role Play p.112

당신도 음악 듣는 것을 좋아한다구요? 그럼, 몇 가지 질문을 드리겠습니다. 먼저, 솔로나 밴드를 좋아하나요? 밴드를 좋아하세요? 가장 좋아하는 밴드가 누구인가요? 정말요? 어떻게 이런 우연이! 저도 그 사람들 굉장히 좋아해요. 한국에서 하는 콘서트를 갔었다니 믿을 수가 없네요. 나도 갔는데! 진짜 멋지지 않았어요? 가장 좋아하는 멤버가 누구인가요? 드러머요? 정말 재미있네요! CD도 있나요? 제일 인기 있는 걸로 추천 좀 해 주시겠어요? 저는 CD가 하나뿐이라서 더 사고 싶네요. 추천해줘서 고마워요!

Lesson 13 Movies

Idea Map p.115

저는 모든 장르의 영화를 좋아한다고 할 수 있습니다. 좋아하는 배우도 또한 많습니다. 그 중에서 제일 좋아하는 배우는 톰 행크스입니다. 그가 출연했던 영화 '빅'을 봤는데 그때부터 팬이 된 거 같아요. 순수하고 천진난만한 어른 역할을 했던 그의 모습이 정말 기억에 남습니다. 전 놀라운 연기라고 생각했습니다. 그는 또한 장애를 가진 남자의 실제 이야기에 기반한 '포레스트 검프'에서 사랑스러운 캐릭터로 두 번째 아카데미상을 거머쥐었지요. 기회가 된다면 그를 직접 꼭 만나보고 싶어요. 영화와 삶에 대한 그의 철학에 대해 듣고 싶거든요. 또 그렇게 순수한 이

미지를 간직할 수 있는 비결을 묻고 싶습니다.

Guide p.116
저는 영화를 좋아해서 자주 보는 편입니다. 그 중에서도 가장 기억에 남는 영화는 제리 맥과이어입니다. 주연 배우는 톰 크루즈와 르네 젤위거였습니다. 실화에 근거한 이 영화는 미국 엔터테인먼트 산업을 다루고 있죠. 영화 내용은 직업을 잃고, 사랑하던 사람들에게서 배신당한 한 에이전트가 어려움을 극복하고 결국에는 성공한다는 것입니다. '어떤 상황에서든 최선을 다하고 포기하지 말자' 이것이 영화가 제게 준 교훈입니다. 자, 어떤가요? 멋진 영화 아닌가요?

Write It p.117
제가 가장 즐겨 보는 영화 장르는 액션입니다. 그러나 그냥 의미없이 싸우기만 하는 내용이 아닌, "미션 임파서블" 같이 멋진 스토리가 가미된 액션 영화를 좋아합니다. 사실 영화를 보러 갈 때는 기분 전환하려고 가는 거 아닌가요? 그래서인지 너무 심각하거나 슬픈 영화는 싫더라구요. 액션 영화를 보면 줄거리가 어렵지 않아 몰두해서 볼 수 있고, 또 액션 장면을 보고 스트레스도 해소됩니다. 코믹한 장면을 보면서 신나게 웃기도 하구요. 종종. 영화가 권선징악의 결말로 끝나기도 해요. 착한 사람은 항상 이기죠. 마치 현실처럼 말이에요.

Practice p.119
저는 영등포 지역 타임스퀘어 쇼핑몰 안에 있는 영화관을 자주 갑니다. 거기는 상당히 큰 쇼핑 단지 지역으로 항상 사람들로 붐비지요. 그러나 다른 영화관보다 상영관도 많고 좌석도 편안해서 저는 그 곳을 좋아합니다. 새 건물이라 영화관도 깨끗하고 직원들도 아주 친절합니다. 또 서점, 레스토랑, 백화점과 같은 재미있는 장소가 많아서 좋아요. 저는 주로 친구들과 영화를 본 후, 식사를 하고 쇼핑도 즐깁니다. 그래서 그 영화관이 저에겐 가장 좋은 만남의 장소입니다. 하지만 영화를 보고 싶다면 예약을 해야 한다는 것은 잊지 마세요.

Role Play p.120
안녕, 유진이니? 잘 지냈지? 내일 영화 보러 가기로 한 것 때문에 전화했어. 내가 티켓 예약을 하겠다고 했는데 어제까지 일이 너무 바빠서 예약을 못했어. 그래서 오늘 하려고 했더니 우리가 보기로 한 영화는 모두 매진됐네. 재미없는 영화만 남았어. 정말 미안하게 됐어. 그래서 말인데 대학로에서 하는 연극을 보고 거기서 멋진 저녁을 먹으면 어떨까? 영화는 다음으로 미루자. 내가 다음주에 반드시 좋은 좌석으로 예약할게. 맹세해! 또 음료수와 팝콘은 내가 쏜다. 알겠지? 좋아. 그럼, 내일 봐. 안녕!

Lesson 14 TV

Idea Map p.123
제가 가장 좋아하는 TV 프로그램은 '개그 콘서트'인데 한국에서 가장 유명한 코미디 쇼 중 하나입니다. 일요일 밤에는 항상 채널 고정입니다. 매 회마다 7, 8개의 코너가 있습니다. 각 코너는 뒤틀어진 우리 삶의 모습이나 다양한 사회 문제를 정말 재미있게 그려냅니다. 등장인물들이 좀 과장되긴 하지만, 그들이 처한 상황이 자연스럽게 이해가 됩니다. 말할 것도 없이 항상 너무 웃깁니다. 등장인물들이 말하는 많은 표현들이 전국적으로 유행이 되죠. 오늘은 금요일 밤이니까 개그 콘서트가 할 때까지 이틀 남았어요. 정말 기다려지네요!

Guide p.124
TV에서 무엇을 볼 건지는 전적으로 줄거리와 주인공에 달려 있습니다. 뻔하고 결말이 예상되는 이야기는 전혀 흥미가 없습니다. 저는 장점과 단점을 모두 지닌 독특한 성격의 주인공들이 좋습니다. 또한 줄거리가 복잡한 것을 좋아하는데 사건이 마지막에 어떻게 해결되는지 보는 게 재미있거든요. 그런 면에서 CSI 시리즈는 제일 좋아하는 프로그램입니다. 각 회마다 정말 빠져 있습니다. 주인공들이 너무 매력적이고 이야기가 설득력이 있습니다. 더군다나 사건이 얼마나 생생하게 컴퓨터 그래픽으로 묘사되는지! CSI 라스베이거스, 마이애미, 뉴욕 중에서 순위를 매길 수가 없습니다. 역대 최고로 좋아하는 TV 프로거든요.

Write It p.125
저는 아직까지 전 세계에서 일어나는 일들을 알기 위해 주중에는 거의 매일 밤 8시 뉴스를 보는 것을 중요한 일과로 정하고 있습니다. 저는 약간 뉴스 중독에 가까워서 인터넷을 통해 하루 종일 주요 뉴스를 본다고 해서 8시 티비 뉴스를 보는 것을 소홀히 하지 않습니다. 저는 주로 스포츠 뉴스를 즐겨 보는데 그 이유는 제가 축구와 야구 광팬이라서 제가 좋아하는 팀이 어떤 성적을 내는지 어떤 선수가 이적이 되는지 알고 싶기 때문입니다. 스포츠 뉴스는 필연적으로 우울할 수 밖에 없는 국제뉴스로부터 약간의 위안을 제공합니다. 그날의 스포츠 하이라이트는 전체 경기를 볼 필요 없이 경기 내용을 파악하게 만들어 줍니다. 특히 선수의 놀라운 실력을 보여주는 '오늘의 경기' 코너를 늘 기다립니다. 어떤 장면은 정말 놀랍고 스포츠에 대한 저의 갈망을 씻어 줍니다.

Practice p.127
엄마, 우리 집 TV를 없애고 싶다고 하셨잖아요. 저는 완전히 동감해요. 영은이가 대학 입학 시험 때문에 무지 불안해하고 있어요. TV소리가 당연히 방해가 되요. 전기 요금도 걱정이에요. 보는 사람도 없는데 TV를 계속 켜 놓으니까 요금이 점점 많이 나와요. 그리고 우리가 정말 심각한 문제에 처해 있어요. 운동 부족이요! 우린 정말 TV 앞에만 앉아 있어요. 완전히 연속극, 드라마에 중독되었어요. 정말 운동 좀 시작해야 되요. TV가 없다면 저녁 먹고 대신 산책할 시간이 날 겁니다. 다 고려해 보니까 TV를 없애면 우리 모두에게 좋을 것 같아요.

Role Play   p.128
여보세요. 거기 SM TV 서비스 회사죠? TV에 문제가 생겨서 전화 드립니다. 화면이 짜증날 정도로 흐릿하고요, 가끔 멈춰 버립니다. 윙윙 소리 같은 것도 나요. 지난주부터 이런 증상이 있어서 기술자가 와서 고치고 갔어요. 그런데 또 그러는 겁니다. 이제 정말 짜증나요. 기술자 분이 TV는 문제가 없대요. 수신에 문제가 있다고 합니다. 오늘은 화면이 완전히 나갔습니다. 도대체 문제가 뭔가요? 가능한 빨리 와서 고쳐줄 수 있나요? 정말 더 이상은 참을 수가 없습니다.

Lesson 15 Eating Out

Idea Map   p.131
제가 자주 다니는 식당은 홍대 인근에 있는 '젠'이라는 퓨전 식당입니다. 친구 소개로 알게 됐는데, 저희 집에서도 가깝고 음식이 맛있어서 이제는 제가 가장 좋아하는 식당이 됐습니다. 식당 안에 들어서면 깔끔하고 현대적인 인테리어를 느낄 수 있습니다. 로맨틱한 분위기라 커플들이 많이 찾기도 합니다. 퓨전식당이라 메뉴도 다양한데 특히 이태리 음식이 맛있습니다. 그 외에도 해산물, 중국, 일본 요리도 맛볼 수 있습니다. 분위기나 음식 맛에 비해 가격도 적당한 편입니다. 저는 주로 친구들이나 남편과 가는데 후회해 본 적이 없어요. 주말에는 예약을 해야 하지만 주중에는 그냥 가도 괜찮아서 더욱 좋구요.

Guide   p.132
제가 가장 좋아하는 식당은 '아웃백' 스테이크하우스입니다. 저는 점심이나 저녁, 특별한 경우에 그 식당을 자주 갑니다. 그 식당을 좋아하는 이유는 제가 웨스턴 음식을 좋아하기 때문입니다. 특히 저는 호주에서 잠시 공부했기 때문에 호주 스타일의 식당이 편안하게 느껴집니다. 아웃백에 들어서면 마치 호주에 온 듯한 기분을 느끼게 됩니다. 제가 자주 먹는 메뉴는 스테이크입니다. 저는 잘 익힌 고기를 좋아하는데 특히 함께 나오는 감자도 좋아합니다. 식당은 항상 바쁘지만 종업원들의 서비스는 훌륭합니다. 가격이 그렇게 싸지는 않지만 그만한 가치가 있습니다. 생일 또는 가족 모임을 하기에 정말 좋은 곳이에요. 저는 정말 가까운 시일에 다시 가고 싶어요.

Write It   p.133
저는 외식을 자주 합니다. 왜냐하면 바쁘고 요리도 잘 못하기 때문이죠. 이런 이유로 자주 먹는 것도 패스트푸드이고 그러다 보니 햄버거가 가장 좋아하는 음식이 됐습니다. 평소에 집이나 회사 근처 맥도날드, 버거킹, 롯데리아를 이용합니다. 그 중에서도 맥도날드의 빅맥을 가장 좋아합니다. 무엇보다도 고기가 두껍고 육즙이 많아 맛이 좋습니다. 또 양파, 토마토와 양상추같은 신선한 야채를 먹는 것도 좋습니다. 저는 감자튀김과 콜라를 같이 먹는데 항상 만족스럽습니다. 햄버거는 맛은 물론 식사로서도 완벽합니다. 그것이 제가 빅맥을 항상 좋아하는 이유입니다.

Practice   p.135
안녕하세요, 저는 김미경이라고 합니다. 번거롭게 해서 죄송한데 문제가 좀 있어서요. 얼마 전에 제가 당신 식당에서 친구들과 저녁을 먹고 나왔는데 지갑을 놓고 온 거 같아요. 그래서 몇 가지 방법을 생각해 봤어요. 먼저 제가 앉았던 자리에서 지갑을 한번 찾아봐 주시겠어요? 저희 자리는 주방 근처 구석에 있었고 지갑은 빨간색입니다. 기다릴게요. 아, 없다구요? 큰일이네요. 그렇다면 제가 전화번호를 남기겠습니다. 발견하면 연락을 부탁합니다. 아니면 제가 지금 거기로 가서 직접 찾아보는 게 나을까요? 어떻게 생각하세요? 다시 찾아보고 연락해 주시겠다고요? 네. 알겠습니다. 감사합니다. 전화 기다릴게요.

Role Play   p.136
안녕하세요! 빕스 레스토랑인가요? 사실 예약 건 때문에 매니저와 통화해야 할 것 같은데요. 매니저를 좀 바꿔 주시겠어요? 괜찮아요. 기다리죠. 네, 저는 김지원이라고 합니다. 1주일 전에 오늘 저녁을 예약했어요. 그런데 오늘 예약이 확인이 안되네요. 너무 당황스러워요. 오늘은 저의 가장 친한 친구 생일이고 오늘 당신 식당에서 파티를 할 예정이거든요. 다른 장소를 알아보기에는 너무 늦었고 제 친구가 당신 식당을 너무 원하고 있어요. 저를 도와줄 방법이 없으신가요? 아직 7명이 앉을 자리가 가능한가요? 정말요? 자리를 만들어 주시겠다고요? 너무 근사하네요. 정말 감사합니다. 오늘 밤에 뵙죠.

Lesson 16 SNS

Idea Map　　　　　　　　　　　　　　　　p.139

저는 제가 가입을 한 SNS가 몇 개인지 파악이 안 될 정도로 가입을 많이 했습니다. 그리고 항상 또 다른 새로운 SNS 가 등장을 합니다. 저는 만일 누가 저한테 어떤 SNS를 통해 연락을 할 것에 대비를 해서 모든 SNS의 회원 가입 신청을 해야 한다고 느낍니다. 저는 요즘 주로 대부분의 시간을 페이스북과 트위터를 하면서 보냅니다. 그 두 사이트는 제 친구들이 가장 많이 사용하는 사이트들입니다. 전 페이스북을 전 세계의 친구들과 연락을 하는데 씁니다. 프로필 페이지에 제 사진을 올려 제가 어떻게 지내는지 알리기도 합니다. 또한 페이스북은 어렸을 때 연락이 두절된 친구와 다시 연락이 되는 훌륭한 방법입니다. 예를 들어 전 최근에는 25년 동안 연락이 끊겼던 초등학교 동창을 다시 만났습니다. 전 그 친구에게 친구 신청을 보냈고 그 이후 우리는 옛 추억을 온라인 상으로 서로 나누면서 즐거운 시간을 가졌습니다. 만일 페이스북이 존재하지 않았더라면 우리는 이렇게 절대 만날 수 없었을 겁니다. 페이스북 말고도 전 제가 존경하는 사람들을 팔로우 하기 위해 트위터를 사용합니다. 전 제 트위터 계정에는 별로 글을 올리지 않습니다. 전 단지 제가 좋아하는 유명인사를 팔로우 하면서 그들의 올리는 글을 봅니다. 혹시 흥미로운 가십 거리가 있나 기대를 하면서요.

Guide　　　　　　　　　　　　　　　　　p.140

제가 SNS에 푹 빠지기 전에는 인터넷을 거의 대부분 뉴스 사이트 서핑을 위해 썼습니다. 전 세계에서 들어오는 주요 뉴스 헤드라인을 확인하고 직장에서 소일을 하기 위해 종종 온라인 게임을 하곤 했습니다. 그러나 SNS가 대세가 된 이후, 난 점점 더 많은 시간을 SNS를 하는데 사용한 나머지 거의 중독의 상태까지 가게 되었습니다. 출퇴근할 때 거의 스마트폰에 코를 박고 SNS에 열중하면서 친구의 SNS 업데이트를 확인하고 사진에 댓글을 다는 수준까지 가서 거의 SNS에 빠져 지내고 있습니다. 제 생각엔 SNS가 제 인생에 큰 영향을 줬다고 봅니다. 왜냐하면 SNS 사용이 하루에 한 두 시간은 차지하기 때문입니다. 예전보다 훨씬 더 정기적으로 친구와 가족들과 연락을 합니다. 그래서 이런 삶의 변화에 대해 만족을 합니다. 물론 SNS 중독의 위험성에 대해 조심을 해야 한다고 봅니다. 그러나 다른 모든 것 처럼, 적당한 사용이 최선일 겁니다.

Write It　　　　　　　　　　　　　　　　p.141

SNS는 확실하게 우리의 삶에 많은 긍정적인 부분을 가져 왔습니다. 그러나 점점 우리 삶에 유해한 존재가 돼 간다는 느낌을 받습니다. 일주일에 한번은 반드시 SNS을 통한 학교 폭력 또는 SNS의 과다 사용에 따른 스마트폰 중독에 관한 기사를 접하게 됩니다. 제 생각에는 직접 사람 얼굴 앞에서 말하는 것 보다 SNS를 통한 악성 댓글을 다는 것이 훨씬 쉬운 환경에서 SNS 폭력은 번성할 것입니다. 말할 필요도 없이, SNS는 폭력을 조장하기 위해 만들어 진 것이 아니지만 통제 불능이 되는 것을 막기 위한 조치가 필요합니다. SNS의 장점은 친구와 가족의 근황을 쉽게 알 수 있다는 겁니다. 간단하게 뉴스피드만 봐도 넘쳐나는 그들의 상태와 사진을 볼 수 있습니다. 그것은 꼭 가족과 친구들과 그 순간을 같이 보내는 것과 같은 느낌일 것입니다. 그러나 SNS 에 너무나도 쉽게 빠질 수 있습니다. 눈 깜짝할 사이에 다른 사람들의 소식을 보면서 한 시간을 허비할 수도 있습니다. 대부분의 사람들이 SNS의 단점보다 장점이 더 많다고 말은 하지만 전 동의하지 않습니다.

Practice　　　　　　　　　　　　　　　　p.143

제가 SNS에 가진 가장 큰 불만은 우리가 잘 알지도 못하고 연락도 안 하는 사람들과 '친구'로 연결이 된다는 것입니다. 종종 한 번 정도 만나 본 사람 또는 다른 친구의 프로필을 통해 만나 본 사람과도 친구가 된다는 것입니다. 일반적으로 그런 친구 관계는 곧 시들게 되지만 전 그들을 '친구 삭제' 시키는 것을 잊곤 합니다. 그 결과 진정한 친구가 아닌 온라인 친구들만 늘어갑니다. 전 오래 동안 연락을 안 해서 삭제를 해야 하는 친구들을 자동적으로 알려주는 기능을 추가하고 싶습니다. 분위기 깨는 사람이 되기는 싫지만 SNS에 너무나 많은 친구가 있는 것은 차라리 없는 것 보다 못 합니다. 이 기능을 통해서 진정한 친구들을 더욱 쉽게 관리할 수 있게 될 것이고, 또한 진정한 친구들과의 연락에 더욱 집중할 수 있게 될 것입니다. 이 기능은 '친구 삭제'를 주저하는 사람들에게 도움이 될 것입니다. 왜냐하면 이 기능은 얼마나 당신이 특정 인물과 연락을 하지 않았는지를 보여주고 강퇴 결정을 아주 쉽게 만들어 줄 것이기 때문입니다. SNS는 늘 변화하고 있기 때문에 이 기능은 곧 등장을 할 것이라 생각합니다.

Role Play　　　　　　　　　　　　　　　p.144

쇼셜네트워킹 또는 일반적으로 SNS라고 불리는 것은 사람들이 서로 소통하고 네트워크를 형성할 수 있는 기반을 제공하는 웹사이트입니다. 어떤 SNS는 실제 현실에도 친구인 사람들을 서로 연결시켜 주는 것을 목적으로 하지만 어떤 SNS는 이전에 서로 만나 본 적이 없는 사람들을 서로 연결시켜 주는 것을 목적으로 합니다. 제가 생각하기엔 모든 SNS는 가입을 위해서 이름에서 주소, 생일과 직업까지 포함하는 개인 정보를 요구합니다. 대부분의 SNS는 당신의 이메일 주소록을 통해서 자동적으로 친구를 찾아주는 지름길을 제공합니다. 이런 기능은 사람들과 연락을 취하기 위한 여러 귀찮은 단계를 없애 줍니다. 당신은 메시지를 보내거나 아니만 의견을 쓰거나 사진을 올리면서, 또

는 직접 친구 요청을 하면서 그들과 친구가 될 수 있습니다. 이런 시대에 SNS 없이 산다는 것은 어둠의 시대에 사는 것과 같습니다.

Lesson 17 Exercise

Idea Map p.147
제가 좋아하는 운동은 조깅입니다. 제가 조깅을 좋아하는 점은 어떤 장비도 필요하지 않다는 거죠. 그냥 일찍 일어나서 뛰기만 하면 되죠. 그게 다에요. 그리고 아침에 뛰다 보면 신선한 아침 공기도 마셔요. 그것은 잠도 깨워주고 하루에 몸을 준비시켜 주죠. 매일 조깅을 하려고 하지만 그렇게는 못해요. 가끔 회의 때문에 일찍 출근해야 하거든요. 주로 일주일에 서너 번은 조깅을 하는 거 같아요. 하루를 시작하는 멋진 방법입니다.

Guide p.148
저는 3년 전 6개월 동안 요가 수업을 들었습니다. 그리고 그때 이후로 집에서 일주일에 세 번 정도 요가를 수련해오고 있습니다. 저는 요가야말로 가장 훌륭한 운동 중 하나라고 생각합니다. 요가는 몸을 날씬하고 유연하게 해줍니다. 요가를 하고 있으면 많은 스트레칭을 하게 되어서 그렇습니다. 그리고 많은 스트레칭을 하는 것에 의해 근육을 단련시키고 강하게 만들 수 있습니다. 제가 요가에서 가장 좋아하는 것은 명상인데 그것은 요가의 중요한 부분입니다. 그것은 모든 마음을 어지럽히는 일을 차단하고 뇌에 휴식을 주는데 도움이 됩니다.

Write It p.149
저는 수영을 많이 좋아합니다. 초등학생 때부터 수영을 해왔습니다. 처음 수영을 배운 것은 10살이나 11살이었던 것 같습니다. 하루는 엄마가 저를 동네에 있는 수영장에 데려가셨습니다. 저는 처음에는 정말 물을 두려워했습니다. 풀장 안에 들어가고 싶지 않았죠. 그래서 엄마가 저를 거기 계신 수영 코치께 수영 수업을 받도록 하셨습니다. 제 기억에 따르면 그분은 매우 친절하시고 재미있으셨어요. 그분은 항상 저와 다른 아이들을 웃게 해주셨죠. 그래서 저는 수영 수업을 많이 좋아하기 시작했어요. 그리고 시간이 지남에 따라 제 수영 기술은 점점 더 발전했죠. 저는 지금도 수영을 잘합니다.

Practice p.151
나는 네가 요즘 체중이 좀 불었다고 들었다. 그래서 네가 그 살을 빼려고 하고 있지, 맞지? 음, 나도 같은 경험이 있어. 지난 크리스마스 동안 5킬로그램이나 늘었어. 살을 빼려고 노력해서 마침내 성공할 수 있었지. 그래서 내가 널 도울 수 있을 거라고 생각해. 나는 너에게 하루에 한 시간씩 매일 걸어 볼 것을 추천하고 싶어. 우리 사무실 근처에 큰 쇼핑몰 있는 거 알잖아. 난 점심 시간에는 늘 그 쇼핑몰의 긴 통로를 걸어 다녀. 사실 그런 운동을 부르는 말도 있어. 그걸 "몰 워킹"이라고 부르더라. 내가 시도해봤던 어떤 운동보다 효과적이야. 재미있고 쉽지. 우리 같이 하면 어떻겠니? 오늘 시작해도 돼.

Role Play p.152
지난 번 우리가 얘기 나눴을 때 네가 살을 빼고 싶다고 그랬지. 그리고 내가 너에게 조깅을 해보라고 그랬어. 왜 네가 나와 조깅을 하고 싶어하는지 이해할 수 있어. 나랑 같이 뛰면 덜 지루할 거라고 생각하는 거지. 그렇지만 사실은 내가 좀 생각할 문제가 있어. 조깅은 나한테는 육체 운동일 뿐만 아니라 정신 운동이기도 하거든. 그래서 내가 오늘은 혼자 조깅을 해야 해. 아마 다음 주에는 같이 조깅을 할 수 있을 거야. 약속해. 아니면 이제부터 일주일에 한 번 조깅을 같이 하는 게 어떨까? 그것이 좋지 않겠어?

Lesson 18 Books

Idea Map p.155
저는 자서전 읽는 것을 좋아하는데 제일 좋아하는 자서전 작가는 월터 아이작슨입니다. 그가 쓴 자서전들은 잘 알려진 것들인데요, 말할 것도 없이 스티브 잡스의 자서전을 제일 좋아합니다. 900페이지나 되는 책이지만, 전혀 지루하지 않아요. 정말 월터 아이작슨이 얼마나 대단한 작가인지! 그가 CNN사장과 Time의 편집장을 지냈다는 게 당연한 것 같습니다. 스티브 잡스를 40번 넘게 인터뷰했다는 사실에 감명받았습니다. 더군다나 스티브 잡스와 가까운 사람들을 100명 넘게 인터뷰했다고 하네요. 그러니 스티브 잡스의 인생을 그렇게 진실되게 묘사한 것 같습니다.

Guide p.156
저는 역사 소설을 가장 좋아합니다. 과거로의 모험 여행은 매력적입니다. 또한 역사 소설에서 전쟁 이야기를 빼면 재미가 없죠.

전투신. 영웅의 승리와 죽음. 그들의 투쟁이 정말 호소력 있습니다. 왕과 영웅 주위를 지키는 여인들의 이야기도 가슴 아프고요. 그 중에서 김진명의 '고구려'를 가장 좋아합니다. 고구려는 BC 1세기 무렵 삼국시대의 권력 쟁탈을 그리고 있습니다. 과거의 권력 투쟁이 현재와 너무 비슷하다는 것이 정말 재미있습니다.

Write It   p.157

아무리 새로운 기술의 시대라고 해도, 저는 여전히 종이책이 더 좋습니다. 전자책보다 더 좋아하는 이유가 몇 가지 있는데요. 무엇보다도 작은 스크린을 쳐다보면 눈이 정말 피로합니다. 두 번째로, 종이책을 읽는 것이 더 재미있어요. 모양과 크기도 모두 다르게 나오거든요. 다음으로는 책장에서 읽고 싶은 책을 한눈에 쉽게 고를 수 있죠. 마지막으로, 종이책 여백에 메모를 남길 수도 있습니다. 예전에 써 놓은 메모를 읽으면 그 당시에 느꼈던 감정이 떠오르면서 새롭습니다. 이런 이유들로 저는 여전히 출퇴근할 때마다 책 한 권을 들고 다니며 읽습니다.

Practice   p.159

여보세요? 수민이니? 애들이 책 읽는 것을 싫어한다고 들었어. 우리 애들도 책 읽는 걸 싫어했는데 이제는 좋아하거든. 내가 몇 가지 조언을 해줄게. 먼저, 애들이 흥미있어할 책을 골라야 해. 도서관에 한번 같이 가보면 어떨까? 책의 그림에 흥미를 보이면 그림에 대해서 얘기를 해 봐. 그럼 애들이 이야기에도 집중하게 될 거야. 두 번째로, 책을 읽어 줄 때 책에 나오는 주인공에 맞게 목소리를 다양하게 해. 틀림없이 애들이 좋아하고 재미있어 할거야. 마지막으로 책을 한 권 끝내면 과자같은 것으로 상을 주는 거야. 이렇게 하면 애들이 책 읽는 것을 좋아할거야. 어떻게 되었는지 알려줘. 잘해 봐!

Role Play   p.160

책 읽는 것을 좋아하세요? 저도 좋아해요. 저는 소설을 좋아해요. 당신은 어떤가요? 스릴러를 좋아한다구요? 저두요! 흥미가 같은 사람을 만나다니 정말 반갑네요. 혹시 존 그리샴을 좋아하는 건 아니죠? 제가 제일 좋아하는 작가거든요. 오, 당신도요? 요새 그 사람의 책을 읽고 있는 것이 있나요? 제목이 뭔가요? 아, 아직 못 읽어 봤는데요. 주인공이 누구죠? 부패한 정치인이요? 정말 재미있겠는데요. 주된 갈등이 뭔가요? 어떻게 해결되었나요? 그렇군요. 당신 말이 맞습니다. 그 사람들은 벌을 받을 만하죠. 저도 읽고 싶네요. 이번 주말은 그 책을 읽어야겠어요.

Lesson 19 Shopping

Idea Map   p.163

저는 쇼핑을 좋아하는데요. 특히 식료품 쇼핑을 좋아해요. 그래서 저는 적어도 일주일에 한번은 쇼핑을 해요. 제가 좋아하는 쇼핑 장소는 우리 집 근처의 이마트에요. 지하철이랑 연결되어 있어서 편리해요. 회사에서 집에 돌아오는 길에 항상 들러서 물건을 살 수 있어요. 그리고 또 매우 커서 식료품에서 전자 제품까지 거의 모든 것을 팔아요. 지난 번에 갔을 때 저는 매우 좋은 에스프레소 머신을 40% 할인된 가격으로 샀답니다. 그 말이 나와서 말인데요. 거기서는 종종 특정 물건에 대한 특별 세일을 해요. 운이 좋으면 물건들을 좋은 가격에 살 수 있죠.

Guide   p.164

안녕하세요. 거기 IU 가게이죠? 제가 지난 주말에 거기서 청바지를 샀거든요. 하얀색 스티칭이 들어간 연청색 청바지에요. 80% 할인한 거 말이에요. 제가 전화한 이유는 물건에 몇몇 문제를 발견해서입니다. 딱 한 번 입었는데 무슨 일이 일어난 줄 아세요? 발목에 있는 스티칭이 뜯어졌어요. 그리고 뒷주머니 주변에 작은 얼룩도 발견했고요. 그게 정말 창피했어요. 가능하다면 다른 걸로 교환하거나 환불 받고 싶어요. 그럴 수 있는지 알려주시면 고맙겠습니다.

Write It   p.165

사실 마지막으로 쇼핑한 때가 바로 지난 주말이었어요. 'It Girl'이라는 가게에 갔었는데 거기가 제가 제일 좋아하는 옷가게입니다. 강남역 근처에 있는 작은 여성복 가게인데요. 사람이 정말 많았어요. 주말이어서도 그랬고 그 주에 특별 세일이라 그랬던 것 같아요. 운 좋게도 제가 좋아하는 예쁜 꽃무늬 원피스를 발견했어요. 30% 할인가로 구입했죠. 다음날 그걸 입고 회사에 갔더니 동료들이 진짜 예뻐 보인다고 그랬어요. 그래서 아주 만족했죠.

Practice   p.167

쇼핑을 좋아하신다고 들었어요. 우연의 일치네요. 저도 그래요. 저는 쇼핑이 너무 좋아서 적어도 일주일에 한 번은 꼭 해요. 제가 쇼핑 중독자라고 생각하실지 모르겠어요. 저도 알아요. 안다구요. 줄이려고 노력하고 있어요. 당신은 어떠세요? 얼마나 자주 쇼핑하세요? 그리고 주로 어디로 쇼핑을 가시죠? 저는 현대백화점에 가서 쇼핑하는 걸 좋아하는데요. 괜찮으시면, 저랑 언제 한번 쇼핑 같이 가셨으면 해요. 그리고 쇼핑 가면 주로 무엇

Oral Proficiency Interview-computer

을 사세요? 저는 식료품부터 옷까지 거의 모든 것을 사요.

Role Play   p.168

세일을 할 예정이라고 들었는데요. 그것에 대해 몇 가지 질문이 있어요. 언제 시작하나요? 아, 다음주에 시작한다구요. 그럼 얼마나 길게 하는데요? 그럼 일주일 동안 계속 된다구요. 알겠습니다. 제가 Icube의 새 MP3 플레이어에 관심이 있었는데요. DMB 기능과 무선 인터넷이 되는 거 말이에요. 그것도 세일하나요? 잘됐네요. 그럼 제가 가장 중요한 질문을 해야겠네요. 세일은 얼마나 크게 하시는 건데요? 30%요? 잘됐네요. 그럼 세일 시작하는 첫 날 오겠습니다. 그 때 봐요.

Lesson 20 Places

Idea Map   p.171

저는 집 근처의 공원에 가는 걸 좋아합니다. 공원 이름이 '석촌 호수 공원'입니다. 공원에 두 개의 큰 호수가 있습니다. 무엇보다도 경치가 좋습니다. 꽃들과 푸른 잔디밭으로 덮여 있습니다. 더군다나 호수 중앙에는 놀이동산이 있거든요. 공원에서 아름다운 성과 모든 놀이기구를 볼 수 있습니다. 거기다가 밤에는 불꽃놀이를 해요. 멋지지 않나요? 마지막으로 매일 거리 공연이 있답니다. 저는 특히 한국 전통 음악인 사물놀이를 좋아합니다. 집에서 걸어갈 수 있는 거리에 이렇게 아름다운 공원이 있다니 저는 정말 운이 좋습니다.

Guide   p.172

주말에는 시간이 날 때마다 가족과 함께 공원에 가려고 노력합니다. 가족과 함께 시간을 보낼 수 있는 소중한 기회를 놓치고 싶지 않거든요. 제 아내가 주로 점심 도시락을 쌉니다. 소풍 장소가 있어서 거기에 돗자리를 깔고 점심을 먹습니다. 가끔 잔디밭에 그냥 눕는 것도 좋아합니다. 우리 두 아들은 저와 공주고 받기 하는 걸 좋아합니다. 자주 배드민턴도 칩니다. 저로 말하면 잔디밭에 누워서 마음 가는 대로 생각하길 좋아합니다. 놀랍게도, 사람들을 보면서 가족과 함께 쉬다 보면 마케팅 프로젝트와 관련된 아이디어도 많이 얻습니다.

Write It   p.173

우리 가족은 공원에서 함께 시간 보내는 것을 좋아합니다. 날씨가 좋을 때면 많은 사람들이 우리 집 주변의 공원에 갑니다. 많은 사람들이 개와 산책을 나오고 우리 아들은 그 개들을 쫓아다니는 것을 좋아하죠. 어느 날, 공원에서 브레이크 댄스 공연이 있었습니다. 정말 놀라운 공연이더군요! 제 아내와 저는 완전히 빠져 들었어요. 비보이 공연이 끝났을 때 우리는 경악했습니다. 아들이 사라졌거든요! 나는 아들의 이름을 소리쳐 부르면서 사방을 찾아 헤맸죠. 그때, 어떤 남자가 우리 아들과 함께 있는 것을 보았습니다. 우리 아들이 그 사람의 개를 따라간 겁니다. 그 이후 우리 가족은 강아지를 갖게 되었고, 자주 공원으로 강아지와 산책을 나갑니다. 이제 이 공원은 우리 아들이 가장 좋아하는 장소가 되었답니다. 왜냐하면 우리 아들이 거기서 우리 강아지와 함께 노는 것을 정말 좋아하거든요.

Practice   p.175

저는 예술의 전당에 가는 것을 좋아합니다. 공연장 주위가 정말 아름다워서 마치 아름다운 공원에 서 있는 기분이 듭니다. 아름다운 꽃들과 나무, 조각들로 둘러싸여 있습니다. 공연장 안으로 들어서면 수많은 뮤지컬, 오페라, 오케스트라 공연 포스터를 볼 수 있습니다. 로비는 위층인데 늘 표를 사는 사람들로 가득하죠. 저는 꼭 기념품 가게에 들르는데, 거기서 포스터나 책자, CD, 공연 옷들을 살 수 있죠. 공연장 안은 모든 것이 완벽합니다. 음향 시설은 환상적이구요, 조명도 엄청납니다. 제 생각에 예술의 전당이 한국 최고의 공연장인 것 같습니다.

Role Play   p.176

뮤지컬이 제가 제일 좋아하는 공연입니다. 뮤지컬에는 제가 좋아하는 요소가 모두 있거든요. 먼저, 감동적인 이야기와 줄거리가 있습니다. 언제나 진실된 연기로 감동을 받습니다. 다음으로 음악과 춤이 있습니다. 멋진 노래와 춤하면 그 어느 것도 뮤지컬과는 비교가 되지 않죠. 마지막으로 무대 효과와 의상 또한 너무 멋집니다. '오페라의 유령'이나 '라이언 킹' 같은 공연의 환상적인 무대 효과와 의상을 보다 보면 지루해질 수가 없습니다. 티켓이 좀 비싸지만, 정말 그만한 가치가 있습니다. 이런 이유로 저에게 뮤지컬은 저를 절대 실망시키지 않는 종합 선물 상자 같답니다.

MEMO

OPIc 대비 멀티캠퍼스 Best 온라인 과정

OPIc 등급공략과정
빅데이터 분석 및 최신 출제 트렌드 완벽 커버로 단기 OPIc 등급 취득 완성 과정

데이터와 트렌드로 쉽게 취득하는 OPIc IL

데이터와 트렌드로 쉽게 취득하는 OPIc IM

데이터와 트렌드로 쉽게 취득하는 OPIc IH Step 1, 2

데이터와 트렌드로 쉽게 취득하는 OPIc AL Step 1, 2

OPIc 막판뒤집기과정
시험장 가기 전에 꼭 봐야 하는 OPIc 전문강사의 생생한 전문 특강 과정

[막판뒤집기] OPIc IM Pass

[막판뒤집기] OPIc IH Pass

OPIc 전략과정
한국인의 말하기 취약점 분석 기반의 OPIc 전략과정

한국인의 말하기 특징 분석 IL공략

한국인의 말하기 특징 분석 IM공략
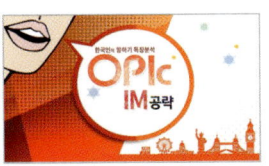

한국인의 말하기 특징 분석 IH공략

한국인의 말하기 특징 분석 AL공략
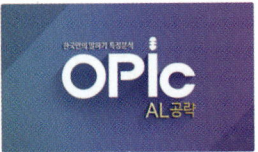

OPIc 등급공략과정
OPIc 주관사 멀티캠퍼스에서 제시하는 레벨별 맞춤 공략 과정

New OPIc 첫걸음

New OPIc SOS Start

New OPIc SOS IM공략

New OPIc의 정석! IH공략

중국어 대비 멀티캠퍼스 Best 온라인 과정

TSC 전략 과정
단시간 레벨 UP!을 위한 유형별 공략법과 막판 핵심 족집게 전략을 제시하는 국내 최고의 TSC 대비 과정

한달에 끝내는 TSC 첫걸음 3급공략
초단기 TSC 4급공략
초단기 TSC 4급공략 실전테스트
[막판뒤집기] TSC 3급 Pass
[막판뒤집기] TSC 4급 Pass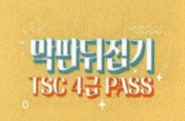

비즈니스 중국어 회화 과정
삼성 해외 주재원 집중과정 교재 기반, 진정한 中國通이 되기 위한 중국어 실무 과정

직장에서 당장 써먹는 중국어 회화(上)
직장에서 당장 써먹는 중국어 회화(下)

OPIc중국어 전략과정
OPIc 평가 주관사 멀티캠퍼스에서 개발한 국내 유일무이한 OPIc 중국어 대비 과정

New OPIc 중국어 첫걸음
OPIc 중국어의 정석! IM공략
OPIc 중국어의 정석! IH공략

新BCT 전략과정
새롭게 바뀐 BCT 문제 유형 분석을 통한 시험 완벽 대비 및 비즈니스 중국어 회화 능력을 향상할 수 있는 과정

초단기 新BCT Speaking 공략
초단기 新BCT Speaking 실전테스트
新BCT 첫걸음 A형 공략
新BCT 첫걸음 B형 공략

온라인 교육과정 문의 TEL 1544-9001 | Website www.multicampus.com